『鷹狩りの書』
（ヴァティカン図書館蔵）

a septimo climate versus regiones meridionales. et nidificant sic et peregrini. Peregrini vero dicuntur quasi de pelago venientes, pro eo quod veniunt a remotis et per occeanum transeunt. Dicunt autem multi quod falcones gentiles peregrini et falcones absolute gentiles sunt due diverse species falconum et non una. Videntur enim maiorem diversitatem inter gentiles peregrinos et gentiles absolute quam inter peregrinos ad invicem et quam inter gentiles ad invicem, videlicet quod peregrini tardius mutantur et maiores et pulcriores sunt. Nos vero nullam videntes substantialem differentiam inter ipsos dicimus quod sunt una species falconum non diverse, sed sunt similes et propinqui et utrique gentiles. Diversitas vero que est inter ipsos accidit propter diversitatem regionum in quibus nascuntur. Nam peregrini tardius mutant quia tardius nascuntur; tardius autem nascuntur et maiores et pulcriores sunt propter frigiditatem locorum in quibus nascuntur. Diversitas enim regionum colorum et morum non facit homines aut animalia esse diverse speciei.

Falcones autem laynerii nidificant in omnibus climatibus et in locis predictis sicut et alii falcones et sic nidificant in illis regionibus in quibus sacri nidificant in arboribus sicut et sacri. Predicte vero species falconum generaliter nidificant in rupibus altis et in locis predictis, ut aves quas capere volunt pro pastu suo et pullorum suorum quas per violentiam longi volatus quem habent acquirunt facilius videant et avantagium habeant capiendi eas, et quod hostes et alie aves rapaces seu animalia ad ipsos offendere nequeant. De accipitribus.

Austures et accipitribus nisi nidificant in omnibus climatibus in nemoribus videlicet supra arbores et quanto sunt magis ime tanto credunt esse audaciores. Et communis opinio est quod hoc faciant quia capiunt magnas aves ut eas ad nidum facilius deferant, et in convallibus ut predam quam capiunt in locis altioribus circum circa nidum ad nidum suum volando a sursum deorsum facilius ferant. Immo quando capiunt predam in planis aut in convallibus, ipsam licet cum labore trahunt et deferunt trahendo ad locum altiorem nido et de illo loco volant descendendo ad nidum facilius cum preda. Et propter aquas que plus sunt illic quam in altis locis, precipue tempore sue nidificationis estivo, scilicet tunc quando illas aquas frequentant alie aves propter potum balneum ipsorum. Et sic vo

magis ime

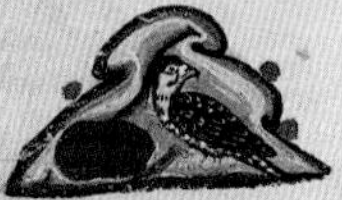

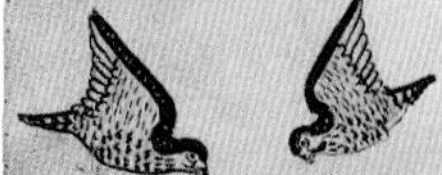

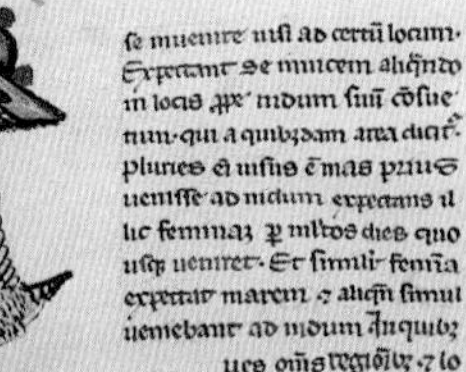

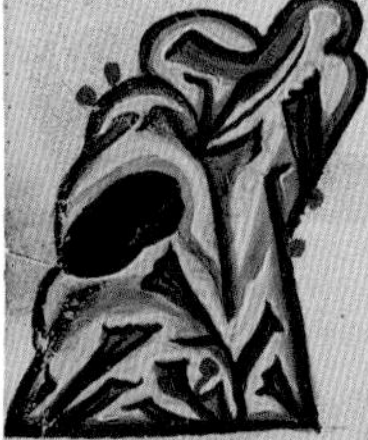

se invenire nisi ad certũ locum. Expectant se invicem aliq̃n do in locis prope nidum suũ cõsue tum. qui a quibusdam area dicit᷑. pluries eciam visus ẽ mas prius venisse ad nidum expectans il lic feminam per multos dies quo usque veniret. Et similiter femĩa expectat marem. et aliq̃n simul veniebant ad nidum. Aliquibus aves omnes regionib; et lo rapaces nidificãs. in cant in septẽtrio Dı fica sexto. quinto. et q̃rto climate. nec Et credimus q̃ in aliis climatib; nidificent. Alie autem ĩ uno cli mate. et alie in alio. Girofalci autem q̃ sunt maiores fortiores audaciores et velociores omnib; aliis falconib;. ideo primo de ipsis tamq̃ de dignioribus tractare vo lumus. et subseq̃nt᷑ de aliis sp̃eb; falconũ. Nidificant aut᷑ girofal ci in fine septimi climatis et ultra. in rupib; altis. videlicet in fixuris. cryptis. foraminibus saxorum montium. quorum q̃dam nidificant in saxis remotis a maritima. et q̃dam in rupibus propinquis maritime. Et isti sunt meliores et nobiliores illis qui nidificant in remotis a mariti ma. et q̃dam nidificant ĩ insulis maris septemtrionalib;. scilicet in altis rupib; ipsarum. videlicet in

quadam insula que est int᷑ No roegiam et gallandiam. et voca tur theutonice ysländia. et latĩe ĩ p̃sentatur contrata seu regio gla ciei. Et isti sunt meliores omnib; aliis. Girofalco enim dicit᷑ a ie ro quod est sacer. inde gerofalco id est sacer falco. vel a gyri quod ẽ dñs. inde girofalco. id est dñs falco secũ grecam linguam. Circa septimũ clima ñ nidifi cant neque morant᷑ etiam. neque e longant᷑ ab ipso versus sextũ qu intum aut q̃rtum. Sed a septẽo cli mate ultra versus polum articũ nidificant et morantur. Falco nes vero sacri nidificant ĩ minus frigidis regionib; q̃m girofalci q̃ nidificant in septẽo climate et circa. et freq̃ncius ĩ boemia et bulgaria. Audivimus et q̃ ubi nascunt᷑ nidificant sup arbores q̃ in partib; dictis non sũt mon tes sed arbores tñ. credimus tamẽ q̃ si in dictis regionib; essẽt mõ tes libencius in rupib; nidifica rent cum sint de genẽ falconum. Falcones autem q̃ dicunt᷑ gentiles peregrini nascunt᷑ in septẽtriona lib; regionib; valde longinquis ult᷑ septimũ clima prope occanũ et nidificant in insulis septem trionalib; et in altis locis sicut nidificant girofalci. Falconẽ autem absolute gentiles nascũt᷑

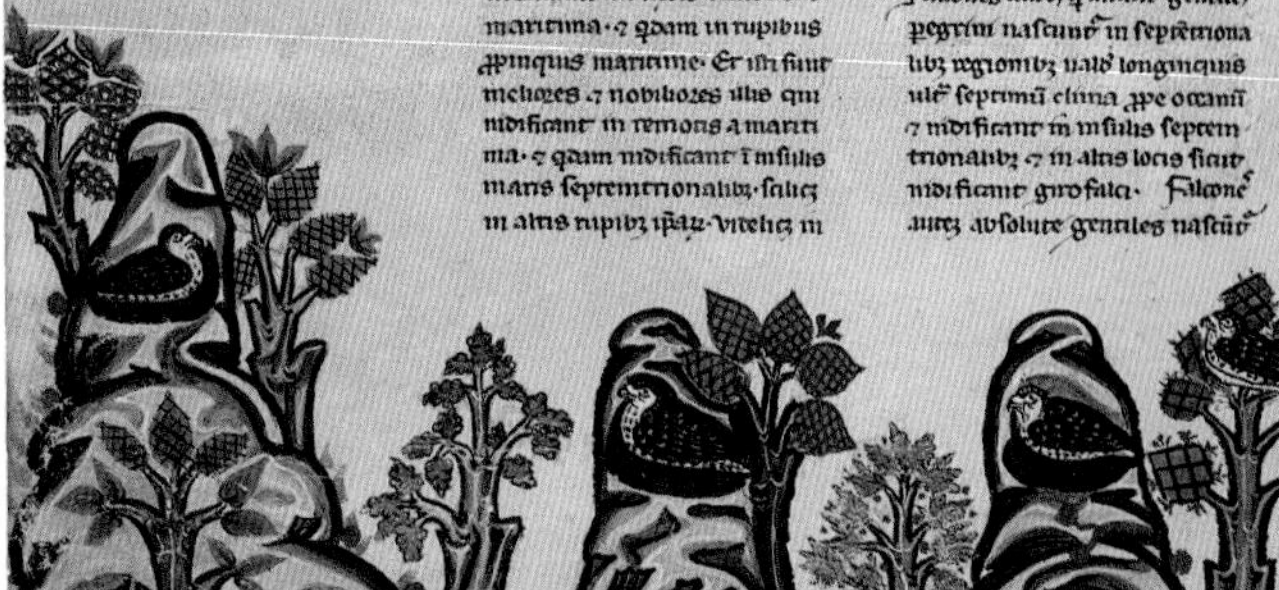

diuerberare se ad altum. In ce-
teris suis omnibus diuerberationibus
huiusmodi diuerberare minus est
nocivum ei. Quando uero diuer-
berat se in longitudine brachii
uersus humerum, falconarius sic
plicet brachium et manum ad
faciem suam sic uertat se quod o-
porteat falconem uertere se uer-
sus faciem, et tunc retrahendus
erit cito ad manum super quam sta-
bat quemadmodum quando diuerberabat
se uersus faciem. Et quando diuer-
berat se per longitudinem manus
extra manum, et falconarius uer-
tat se et manum suam retrahat
taliter quod per giramentum suum fal-
conem oporteat esse uersus
aliud latus falconarii, et tunc
cito retrahat falconem ad ma-
num quemadmodum in diuerberatione
fit que est de uno latere ad ali-
ud. Si autem falco diuerberat
se uersus aliud latus ut nimium
noceat ei, falconarius debet
assentire falconi cum manu por-
tante ipsum, quam manum laxam
et assentientem falconi teneat
non rigidam, quod est proderit
in omni diuerberatione. Postea
debet retrahere manum eandem
suam et cito in loco in quo pri-
mo erat dum portabat falco-
nem. Et si falco diuerberauerit
se ad altum faciet hoc modo:

assentiet cum manu et post-
retinebit eam. Quando in retrahendo
falconem falco descendet facilius.
Et si diuerberabit fuerit se falco in-
ter sursum et deorsum oportebit
ut declinet manum. Nam falco
conuenientius retrahetur ad ma-
num si fuerit per lumbos suos. Et si
diuerberauerit se in deorsum prius
consentiet ei cum manu et de-
inde aliquantulum eleuet manum
ut cum adiutorio ipsius manus sub-
leuantis et attrahentis falconem
melius et altius se releuet. Et post-
quam se releuauerit humilietur
in tantum manus quod subsit fal-
coni. Falco enim rediens ad sur-
sum in deorsum conuenientius
semper redit super manum. Quod autem
dictum est de consentiendo falconi
cum manu et de submittendo ma-
num eandem de eleuando ubi expe-
dit et de retrahendo falconem, fal-
conarius sine mora faciet quanto
citius poterit. Mora enim in talibus
trahit a se periculum. Contra illud uero
quod dictum erat si consuetus est
portari in una manu et altera
iuuat assuescere portare falco-
nem super utramque manum. Quando ad-
sciet facere diuerberationes de
utraque manu ad aliud latus et
non ad posteriora manus. Quan-
do uero falco diuerberabit se ad
posteriora manus oportebit fal-

ostendat ei carnes ab alto ante
faciem falconarii ut falco con
uolet desiderio comedendi, et
se diuerberet ad altum ubi sint
carnes alio modo. ut quotiens
uolet falconarius ponere falco
nem ad sedendum super perticam
altam ponat tergum suum
a parte pertice uel perticam scilicet
licet et falconem et replicet ma
num suam in qua portat fal
conem ad anterius pectoris
tantum quod falco uidens perticam
et affectans uolare in eam di
uerberet se illuc. sic enim assue
scet diuerberare se uersus fa
ciem falconarii. hoc autem modo
faciet falconarius si pertica erit
altior suo capite. si uero non erit
altior capite suo. humiliet se
falconarius tantum quod pertica su
persit capiti suo ex hoc assuescet
diuerberare ad altum et uidere
faciem hominis. hoc autem
faciat falconarius frequenter in
die. non tamen totiens quod cedat
ad superfluum laborem falconis
Alio autem modo docebitur falco
diuerberare se uersus faciem
hominis. quando enim falco stans super ma
num in domo aspicit ad fene
stras domus et ad certa loca
domus luminosa falconarius
uertat dorsum suum ad illa lo
ca. ex hoc namque accidet quod se

diuerberabit ad illa loca ad faci
em hominis. et sursum se di
uerberabit in quo assuescet
meliorem diuerberationem. In
illis uero tribus modis falconis
diuerberantis se falconarius
consentiat falconi cum manu
sua sequendo ipsum. nam frigida
tenet manum noceret tenibus
et coxis falconis. Alio modo
docetur etiam falco diuerbera
re se ad altum hoc modo. si plures
sunt fenestre in domo obtu
rentur omnes preter unam et il
la una sit opposita pertice uel
sedi quibus alligandus est falco
et sit illa fenestra altior quam per
tica uel sedes statuenda est
ergo pertica uel sedes in tali lo
co domus quod opponantur lu
mini alto. sic enim falco pertice
alligatus seu sedi. capite suo
existente uersus illud lumen
desiderans exire ad aerem li
berum libentius se diuerbe
rabit ad illud lumen. et esto
quod se non diuerberet stabit
erectus super pedes suos. sic enim
faciendo falco dimittet alias
diuerberationes malas et assu
escet bonas. Unde iste diuer
berationes bone quas quas as
suescet uertentur per consue
tudinem in quandam naturam
et ex hac consuetudine amabit

Capitulum de signis falconum
male portatorum

[A]lio vero qui per longum tempus
male portatus est vel diu ma
le portatus est facit hec signa.
tenet alas dimissas cauda non
descendit in directo dorsi. appodi
at se super manum cum cauda sua
et verberat manum cum cauda.
Cauda facit gibbum in loco
in quo continuata est dorso non
tenet pennas caude recollectas
invicem neque coadunatas non
tenet pedes equaliter distantes
firmat se super unum pedem plus
quam super alium. stringit cum
pedibus manum portantis. si com
moneatur manus super quam est
non audet commutare pedes su
os. sed apprehendit stricte ma
num. timens ne cadat. excutit
se. et diverberat debiliter non fla
gellat alis. sed extendit quandoque
unam alam. quandoque aliam. quandoque
ambas et cauda similiter. tenet
oculos lassos. et claudit quandoque
unum quandoque ambos. hec sunt signa
que facit super manum. et similia
facit quando sedet super perticas aut
sedile. plures diverberationes
et inquietationes erunt in falcone
qui consuetus erat bene portari
quando stabit super manum mali por
titoris quam in illo falcone qui
semper male portatus est quando

stabit super manum mali portito
ris. Ille enim tamquam non usus
malo portitore nescit esse super
manum mali portitoris et facit
omnia supradicta. et diverberat se
gravius sit de illis falconibus qui
naturaliter parum se diverberant
et diverberando deicit se de ma
nu mali portitoris cum non
libenter stat super manum eius. hic
autem tamquam devictus. consuetus
et usus malo portitore sustinet
sua mala. signum autem
certum et evidens quod falco di
verberat se et inquietatur ex
malo portamento est. quod quando re
dit de manu mali portitoris
ad manum bene portantis excu
tit se super manum boni porti
toris. et quiescit postmodum
in ea quemadmodum de manu bene
portantis ad perticam vel ad se
dile. excutit illic se. pro quod ex
cutere innuit quod membra que erant
fatigata recreat et pennas col
locat que fuerant dislocate
ex malo portitore. in pertica vero
aut sedili facit hoc itera li
bentius pro eo quod pertica et sedile
firmiora sunt sibi quam manus
quecumque. Illi qui male por
tatus est et tamen adeo est bene man
suefactus quod non est timendum
neque de facie hominis neque de
aliis rebus supradictis remedium

qua timere solebat [illegible]
uni contra ea que fiunt [illegible] ascen
ditur super equum [illegible]
tiratorium quotiens ascendit
super equum · et falconarius ascen
dat super equum · quando firmatus p̄
terit · illo modo qui dictus est
supra · Contra illo ea que facit
super manum equitantis & quod fal
conarius sit sollicitus · et atten
tus proprie omnia de quibus ti
mere potest falco et porrigatur
tiratorium falconi prius quam p
veniat ad omnia timoris · In
tesc' usu etiam de equo porriga
tur ei prius tiratorium carno
sum · Contra inquietationes
et diverberationes fiat sicut quod
dictum est supra · In balneando [illegible]
fiat quicquid dictum est & blandian
do ei cum tiratorio et cum aliis
que dicta sunt quousque assuefiat
ad balneandum se prope hominem ·
Illi autem falconi qui male man
suefactus est ut timeat de facie
hominis · et de aliis rebus supradictis · et
tamen bene portatus est · ciliantur
oculi · et fiat quicquid supradictum
est in capitulo assuefaciendi fal
conem · ad videndum faciem hominis
et ad cetera · Illum autem qui
bene portatus est · et male mansue
factus · tamen quod timeat de facie ho
minis · et de ceteris · et etiam de
fatigatus est ex longo itinere ·

[illegible]poter ciliare aut totaliter aut
usque ad medietatem oculorum secundum
agrestitatem quam habebit nam
si multum erit agrestis totaliter
ciliabitur · si parum erit agre
stis ciliabitur usque ad medieta
tem oculorum · et debet poni ad q
escendum super sedem in tali
facto ea que diximus · Nam si
macer est debet impinguari
non tamen quod pro pinguedine re
deat ad agrestitatem · et postquam
sufficienter quieverit mansuefiat
eo modo quo exigit agrestitas sua;
Illum autem falconem qui non
est male mansuefactus neque ti
midus ad faciem hominis · et ad ce
tera · sed tamen eo quod portatus est
longo itinere · et quamquam est de illis
qui naturaliter se diverberant est
fatigatus debemus ponere in
domo obscura ad quiescendum
et si pro hoc non cessabit ab inqui
etationibus suis neque quietem re
cipiet · debet ciliari · et debet ei
succurri diverberationibus suis
factis et faciendis quemadmodum
dictum est · Illi autem qui naturaliter
diverberant se · nichil defatiga
tur propter longo itinere quam ce
teri · Nam ex itinere · et ex suis
diverberationibus suis se nimium fa
tigant · et hoc accidit pluribus
eorum ex eo quod a principio mansue
factionis fuerit minus macri
ficati.

新潮文庫

皇帝フリードリッヒ二世の生涯

下巻

塩野七生著

新潮社版

11227

皇帝フリードリッヒ二世の生涯　下巻

皇帝フリードリッヒ二世の生涯　下巻＊目次

皇帝フリードリッヒ二世の生涯　上巻＊目次

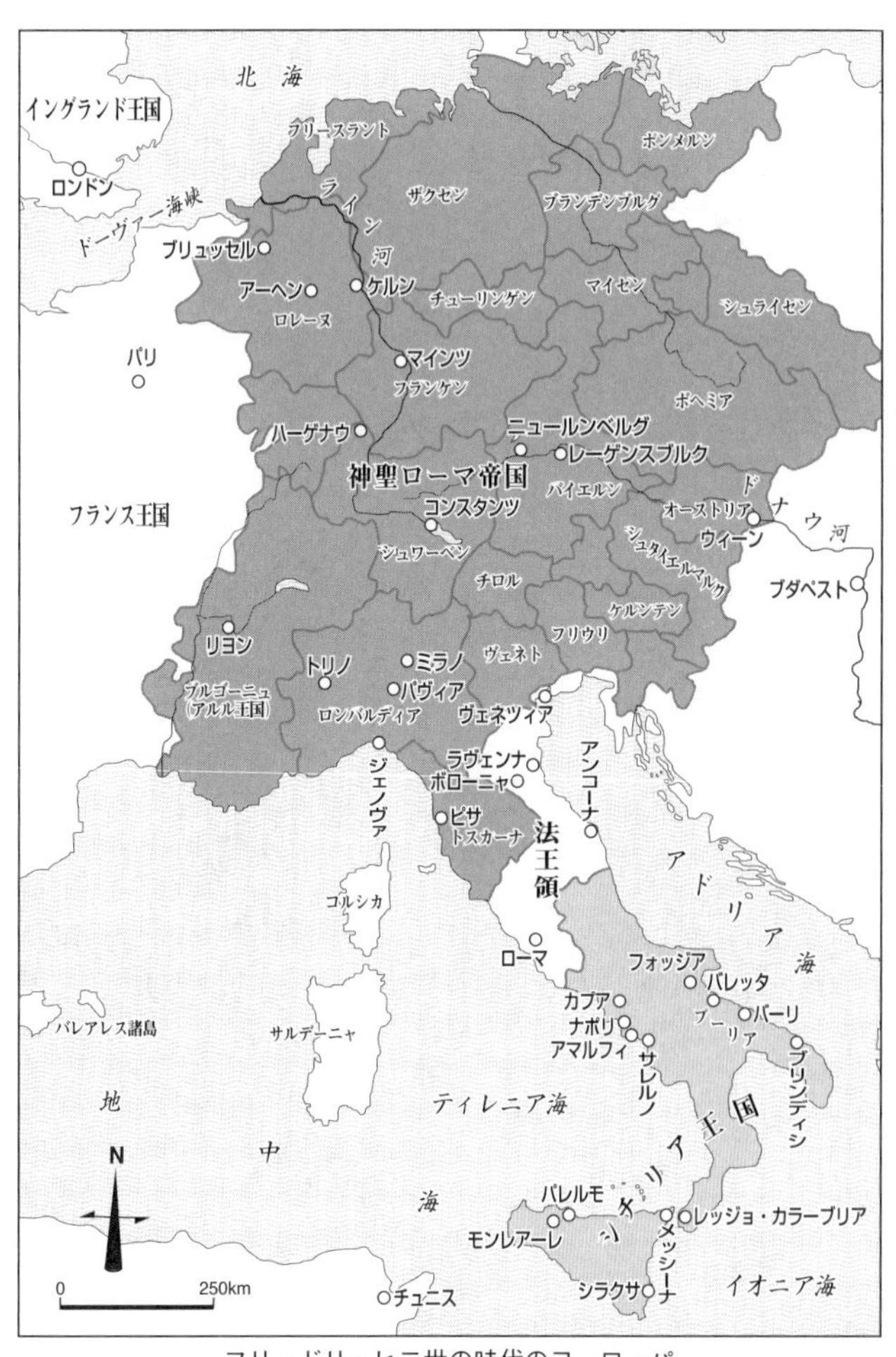

フリードリッヒ二世の時代のヨーロッパ

第七章　すべては大帝コンスタンティヌスから始まる

一二三八年と年が代わった一月、いつものことながらフリードリッヒは、早くも行動を再開していた。

この機に北西部イタリアまでも、平定すると決めていたからである。これが上手く行けば、前年の成果である北東部イタリアを加えて、ヴェネツィア共和国を除いた北イタリア全域を、皇帝領として確立できるのであった。また、そうなれば北でも法王領と境を接することになり、南はすでに接しているのだから、北と南の双方から法王のいるローマをはさみ討ちにする状況も現実になる。そうなれば、ローマ法王を、宗教にだけ専念させることができるかもしれないのだ。だがそれには、コルテヌオーヴァの戦闘の後に彼に恭順を申し入れてきたコムーネへの支配を、早いうちに確実にしておくことが先決した。

皇帝と「コムーネ」

フリードリッヒはそのための手段として、軍事力で圧力をかけるよりも、南イタリアやドイツでは効果をあげていた、「ディエタ」を活用する気でいた。つまり各都市を巡回し、開催地にかぎらずその近隣のコムーネの代表まで召集した会議で、皇帝の支配権を認めさせるというやり方である。

一月、まずはパヴィアで開いた「ディエタ」には、開催地のパヴィアは当然ながら、ノヴァーラやヴェルチェッリを始めとするコムーネの代表全員が参加した。

二月、「ディエタ」は、場所をトリノに移して再開される。そこには、トリノだけでなく、そのトリノに近いサヴォーナやクネオやそれ以外のコムーネの代表までが顔をそろえていた。

そして、この月の末、それまでは旗色を明らかにしていなかったフィレンツェが、皇帝が送った特使との交渉の結果、皇帝が派遣する「ポデスタ」（長官）を受け容れると伝えてきたのである。

この時点で同盟側、というよりミラノ側に残った自治都市は、アレッサンドリア、ピアチェンツァ、ブレッシア、ボローニャの四コムーネだけであった。ロンバルディア同盟のリーダーであるミラノを孤立させる輪は、縮まる一方であったのだ。

三月、ついにミラノは、これまでのようなローマ法王の背後に隠れるやり方を変え、彼らのほうから皇帝に講和を申し入れてきたのである。コルテヌオーヴァでの完敗から、三ヵ月が過ぎていた。ミラノはあの戦闘で、軍事力の大半を失っていた。ヨーロッパではパリに次ぐ人口を有し、イタリア内ならば最大の人口を誇るミラノでも、コルテヌオーヴァで失った兵力の補充は困難であったのだろう。研究者たちも一致して、ミラノの軍事力はコルテヌオーヴァで壊滅した、と書いている。

それでもミラノ人の、強気だけは変わらなかったようである。特使が言い出したのが、無条件降伏ではなくて条件降伏であったからだ。それを一言でまとめれば、「コンスタンスの講和」当時の状態にもどす、ということになる。具体的に列記すれば次のようになった。

一、ミラノは皇帝に降伏し、以後の恭順を誓う。

二、ミラノの象徴であるミラノ市の旗を、皇帝の足許(あしもと)に平伏させる。

三、第二次ロンバルディア同盟は解散する。

四、皇帝が再び十字軍を率いて遠征するときは、ミラノの全費用負担で一万の兵士を参戦させる。

五、ミラノ領内に加えられていた二つの地方を放棄する。

北イタリアとその周辺

六、双方とも、捕虜を返還する。

七、以後ミラノは、自国の兵士の指揮をまかせる司令官に、皇帝が任命した人を受け容れる。

ここまでがミラノが受け容れるとした項目だが、ここからは同盟側、つまりミラノ側が皇帝に求める項目になる。

一、皇帝は以後、皇帝に対して起(た)ったコムーネを許し、反乱分子としての処遇はしない。
二、皇帝はコムーネに対し、都市全体をめぐる城壁や塔の保持は認める。
三、都市外にある城や農園の保持も、皇帝は公認する。
四、皇帝は、行政権と司法権はコムーネ側にあるとした「コンスタンスの講和」当時の協定を、再確認する。

聴き終わったフリードリッヒは、怒りはしなかったが笑い出したという。そして、笑いながら特使に回答していったというのだが、何をどう回答したのかを示す史料は残っていない。ゆえにここは想像するしかないのだが、彼の論の進め方と気質を考慮したうえで創作するとすれば、次のようになるかと思う。皇帝は言う。

「まず、降伏は大敗した後であるからには当然であり、わたしに恭順を誓うというのも、北イタリアは皇帝領である以上、当然至極なことを言ってきたにすぎない。

ミラノの都市旗を差し出すというが、コルテヌオーヴァで大量に捕獲しているので、それ以上は持ってこられても始末に困るだけだ。

ロンバルディア同盟を解散するというが、あれはわたしに抗する目的で結成された同盟である。そのわたしのところに講和を申し出て来たのだから、誰に言われなくても解散は当然だろう」

特使のあげた第四の項目は、フリードリッヒは回答を避けたと思う。第六次十字軍当時に彼自身が敵方のアル・カミールとの間で結んだ講和によって、イェルサレムはキリスト教徒側にもどり、そのままで十年が過ぎつつあった。しかもこの状態は、更新される可能性が大で、アル・カミールはこの年に死ぬが、その後を継ぐスルタンとの間でも、フリードリッヒは友好政策をつづけていくつもりでいたのである。その彼に、新たに十字軍を率いて遠征する気からしてなかったのも当然だ。だが、この時代は、十字軍に関心がないだけでキリスト教徒の敵であるとされる危険があった。回答は慎重にするべき問題というのがあるが、中世の公人にとって、十字軍遠征もその一つであった。皇帝の回答をつづける。

皇帝フリードリッヒ二世

「ミラノ近郊の二つの地の領有権を放棄すると言うが、あそこはすでにわが方にある。また、双方ともが捕虜を返還するというのも、捕虜は一方にしかいないのだから、双方とも、とすることからして実態を映していない。

ミラノ軍の総指揮をとる人間をわたしの任命にまかせるというが、司令官には常に副官を始めとする少なくない数の人間がつき従う。その全員をミラノは、受け容れる用意があると言うのならば考えてよい。

それで、わたしに認めよと求めてきた事項だが、第一にあげている、わたしに抗してきた北伊人を反乱分子として見るなということだが、これこそはお前たちしだいで、わたしが答える問題ではない。第二の、城壁等の防御施設の存続は、市民の安全を守るためであれば認めることに異存はない。市外の城や農園も、私有財産を尊重するのはわたしの信条でもあるから、認めるのに問題はない。

しかし、税制もふくまれる行政と法治国家の確立には不可欠な司法については、コムーネ側の自治を認めることはできない。これらは、最高統治者である皇帝の権利である」

条件降伏を求めてきたミラノ側に対して、フリードリッヒが求めたのは、言ってみれば無条件降伏であった。

ミラノの特使は、この線からは一歩も退かない皇帝に向って、捨て台詞を残して退出した。「絞首台で死ぬよりも、戦場で死ぬほうを選ぶ！」

この捨て台詞が、ロンバルディア同盟とは、皇帝による中央集権化に抗して起ち上った自由人の集団であった、とする解釈の根拠になるのである。

しかし、自由の旗の下に集結したとされるコムーネと呼ばれた自治都市は、自治都市内部や他の自治都市との抗争でエネルギーを使い果たした結果、この後百年も過ぎないうちに姿を消すのである。「シニョリーア」（Signoria）と呼ばれる僭主が統治する政体の国に吸収されて、コムーネのほとんどは姿を消してしまうのだ。十三世紀までは「コムーネの時代」、十四世紀からは「シニョリーアの時代」と言われるのが、中世からルネサンスに向うイタリアの歴史になるのである。

北イタリアは、北西部のミラノと北東部のヴェネツィアの二国に統合されていく。ミラノは公爵が治める君主国であり、ヴェネツィアは少数指導政とはいえ共和国でありつづけるが、「シニョリーア」の時代とは、内部抗争を断つことによって国内の秩序を確立し、その状況の下での市民の活力の全面的な発揮を目指したという点ならば、つまり政治の安定を最重要視したという点ならば、君主政も共和政も変わりはなかっ

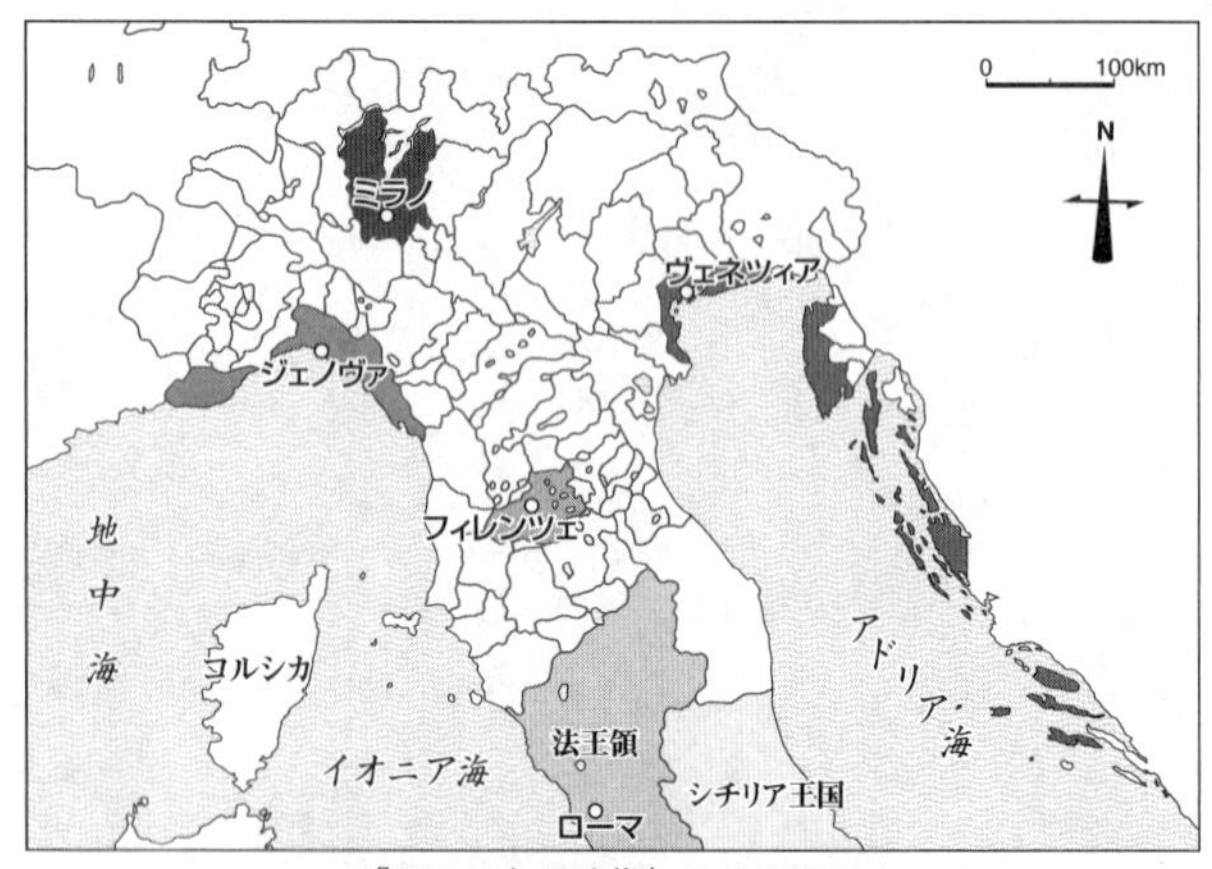

「コムーネの時代」のイタリア

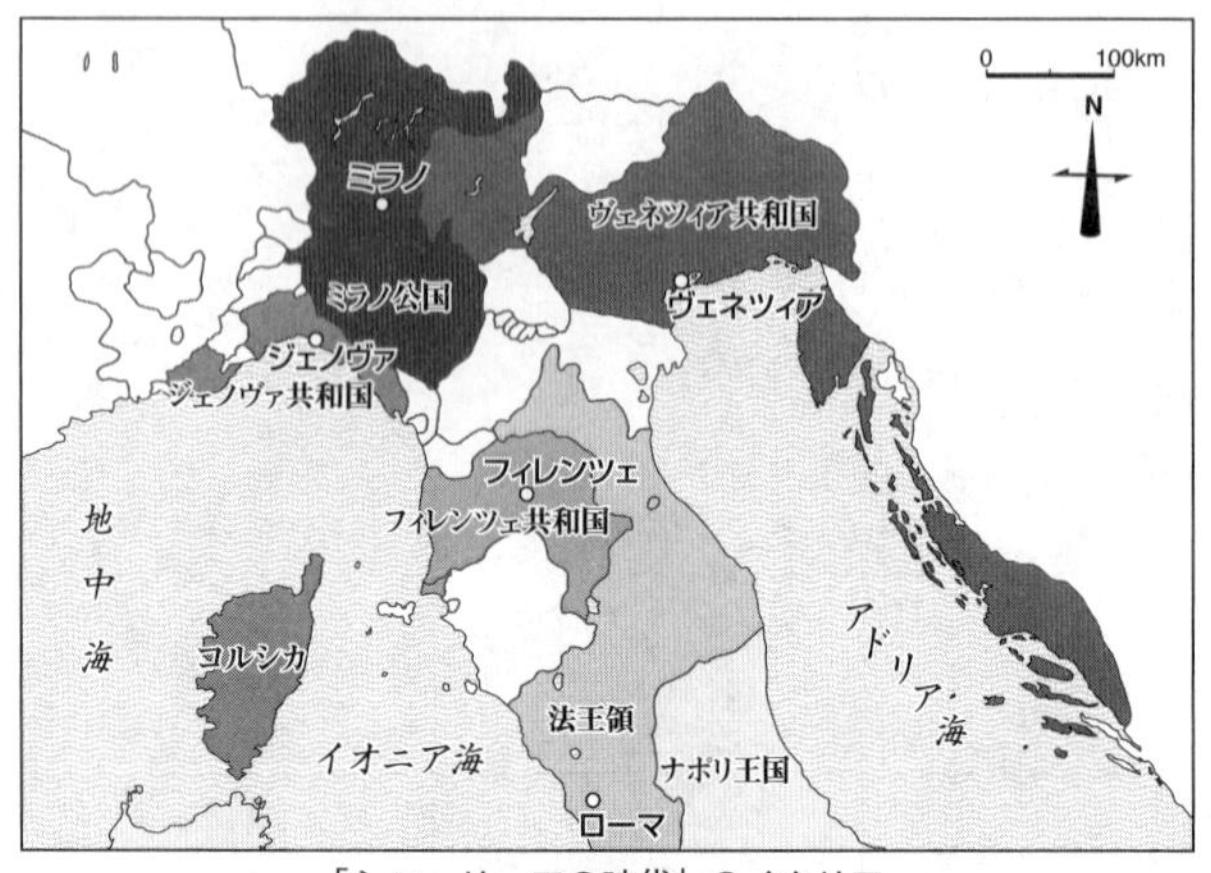

「シニョリーアの時代」のイタリア

たのであった。

　フリードリッヒの一貫した想いであった「フリードリッヒの下での平和」（Pax Fridericiana）は、百年後からならば、その見透しの正しさは証明されるのである。彼が生きていた時代にはあれほども強く反抗した、北伊の人々までも受け容れたのであるから。

　だが、その時代にはまだ遠かった一二三八年の春、皇帝フリードリッヒとミラノの間で行われた交渉は決裂した。私には、決裂すべくして決裂した、としか思えない。なぜなら、この両者の対立は、人間世界永遠の課題でもある、自由が先か、それとも秩序が先か、には集約できないからである。神聖ローマ帝国とコムーネという、きわめて中世的な歴史現象の間に生れた対立だからであった。

　フリードリッヒは、北伊もふくめた自分の帝国、つまり神聖ローマ帝国を、政治・外交・軍事・司法・経済のすべてにわたって皇帝に最終決定権がある、法に基づいた中央集権国家に変えようと考え、それを実行に移していたのである。

　一方、コムーネ（自治都市）のほうは、これらすべてを自分たちで決めたいと願い、それを認めるよう皇帝に要求したのだった。

地方分権と言ってもこれでは、古代のローマの頃とはちがう。ローマ帝国は「ムニチピア」と呼んでいた地方自治体に自治権を認めていたが、それは自治体内部での行政面にかぎっていたからである。

ゆえに、北伊のコムーネが皇帝に公認を迫っていたのは、地方の自治というよりも国の自治になる。それも、「ロンバルディア同盟」という北伊全域が「国」になるのではなく、それに参加しているコムーネの一つ一つに、国の水準の自治権を認めよ、と要求したようなものだった。

ロンバルディア同盟は、フリードリッヒの祖父の赤ひげ皇帝に抗して結成された第一次でも、孫のフリードリッヒを目標にして出来た第二次でも、共通の政治理念を実現するために結成された同盟ではない。純粋な軍事同盟であったのだ。譬(たと)えてみれば、現代日本の「県」が、コムーネの規模を考えればアメリカ合衆国の「州」よりも日本の「県」の規模だからだが、その日本の「県」が、外敵から守るに必要な防衛上の問題の解決だけは中央政府に協力するが、それ以外のあらゆることは「県」で決める、と言ってきたとしたら、地方分権には理解のある現代国家の中央政府でも、何と答えるであろうか。

八百年昔の中世後期でも、地方分権の域を越えた国体の問題になったということとならば同じであったのだ。皇帝フリードリッヒが、ここまでの「自治権」、と言うより「自決権」、を求めてきたミラノに対し、一歩も退かなかったのも当然である。認めようものなら、まずもって、彼自身の「パクス」達成という考えを彼自身で否定することになってしまう。そしてそれは、神聖ローマ帝国そのものの瓦解につながるのであった。

交渉が決裂した後すぐに、フリードリッヒはミラノの攻撃に向うべきであった、とする研究者は少なくない。だが問題は、そうは簡単ではなかったのである。

数多くの史実を拾い集めたうえでの推測によれば、この時期のミラノの総人口は八万から九万であった。ならば、武器を手に戦場に出せる人の数は、その五分の一の一万八千になる。それからコルテヌオーヴァで失ったといわれる五千を引けば、残った兵役該当者数は一万三千になる。だが、皇帝軍がミラノを攻撃すると知るや、ミラノの同志であるベルガモやピアチェンツァを始めとする反皇帝派のコムーネからも応援に駆けつける人々がいるにちがいなく、一万三千は容易に二倍にふくれあがると思うほうが現実的であった。

一方の皇帝軍のほうだが、前年の十一月のコルテヌオーヴァでは完勝していたのだから、その傷つかずの一万五千を投入できるはず、と考えるかもしれない。だが、これについては後で詳述するが、実状はそうではなかった。前年末に皇帝軍は、ひとまずにしろ解散していたからである。

また、ミラノは、「メディオラーヌム」と呼ばれていた古代のローマ時代から北伊の主要都市の一つと見なされていたので、あの時代に敷設され、一千年が過ぎた中世後期になっても充分に使える街道が四本も集まっている。そのうちの二本はそれぞれ、ミラノとは同志の仲のベルガモとピアチェンツァに通じていた。

城壁をめぐらせた大都市の攻略は、都市全体を周辺から隔絶しないかぎりは成功しない。

フリードリッヒは、この機にミラノへの攻撃を強行しても勝てる見込みは少ない、と見たのではないか。その皇帝との交渉で示されたミラノ側の強気も、これらの事実、つまりミラノの持っていた利点、に基づいていたのである。

しかし、ミラノとはケンカ別れになったからといってそのまま何も手を打たないでいることは、フリードリッヒには許されなかった。この二年間で獲得した成果までも、無に帰してしまう怖れがあったからだ。今のところは皇帝に服している北伊の他のコムーネも、皇帝に弱味が見えるやただちにミラノ側にもどる危険があった。また、フリードリッヒ自身からして、何もしないで過ごすなどは死んでもできない男だ。ミラノを攻めるのが難事ならば、ブレッシアを攻めると決めたのである。

ブレッシア攻防

この時期のブレッシアの人口は四万と言われているので、戦力として使える男の数は八千前後になる。だが彼らも、コルテヌオーヴァでは多数の死者と捕虜を出していたので、残存戦力は六千を切っていたはずだった。

それに、古代には主要都市ではなかったブレッシアは、ヴェローナとベルガモを結ぶ街道の中間に位置しているので、ヴェローナが皇帝側にある以上、補給路を断ちたければベルガモへの道だけを閉鎖すればよい。とはいえ、的はブレッシアに定めたものの、ただちに軍を送って攻撃を始めるわけにはいかなかったのである。

常設軍事力の概念は古代のローマにはあり、それこそがローマ帝国の軍事力が圧倒的な強さを持っていた真の要因であった。だが、この概念も、古代のローマにはありながら中世のヨーロッパでは完全に忘れ去られていたことの一つであったのだ。中世の戦争とは、王や諸侯に臣従の誓いを立てた少数の騎士を除けば、戦争のたびに集めた兵士で編成した軍勢を率いて闘うものだったのである。

ミラノもブレッシアも、常設の軍事力を持っていないことでは、フリードリッヒと状態は同じだった。だが彼らは、同じ都市に住む人に呼びかけるだけで軍は編成できる。反対にフリードリッヒは、遠くドイツや南イタリアから集めねばならなかった。コルテヌオーヴァで勝ってクレモナに凱旋した後、カネを払って軍は解散していたのである。

ちなみに、常設軍事力の重要性を古代以来初めて認識した人は、ルネサンス時代の人であるマキアヴェッリである。フィレンツェ共和国の官僚であった彼は、傭兵に頼る祖国フィレンツェの防衛戦略に反対し、国は自前の軍事力で守られねばならないと説く。だが彼は一介の官僚にすぎず、決定権を持つ地位にいなかった。それでもしつこく説きつづけ、決定権を持つ人々にも根まわしをした結果、四百というミニチュアもよいところの規模ではあったが実現したのである。だがこれも、市庁舎前の広場で行われたパレード、で終わってしまう。兵士は必要なときにカネを払って集めるもの、とする考え方は、その後も長くつづくことになる。この状態が決定的に変わるのは、ナポレオンを待つしかなかったのである。

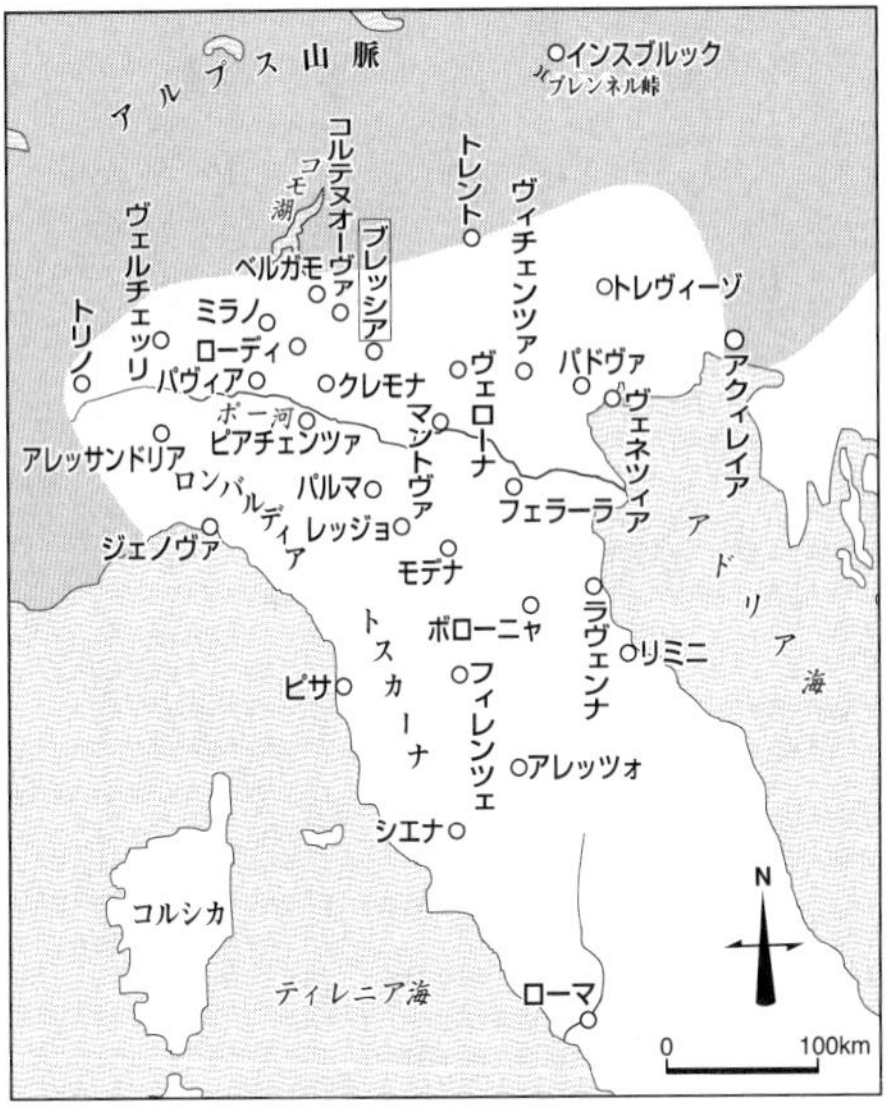

北イタリアとその周辺

フリードリッヒにも、常設軍事力らしき存在はあった。六千から七千といわれる、サラセン人の弓兵である。だが、常設軍事力という概念を異教徒とならば現実化できたのは、イスラム教徒である彼らが、彼らの宗教を認めながら南イタリアという皇帝の領国内に集団で住むことも認めてくれたフリードリッヒに対して、感謝し心酔していたからである。フリードリッヒはこのサラセン兵を身辺の警護役に活用していたが、これを見ても皇帝とサラセン兵の関係が、常設軍事力という防衛上の概念ではなく、人間的な心情に基づいていたとするしかない。

兵士と言えば傭兵と考えられていた時代、それでもミラノとの交渉決裂から三ヵ月も過ぎないで兵士を集めることができたのは、フリードリッヒがカネをバラ撒いたからではない。前に述べた〝スピーカー方式〟によってヨーロッパ中の王侯が、フリードリッヒにも充分に理があると認めたからでもあった。ロンバルディア同盟の背後にはローマ法王がいることは、〝スピーカー〟のおかげでこの人々にも知れわたっていたのである。

フリードリッヒの要請に応えて送られてきた兵力は、ヨーロッパの全域にわたった。妹がフリードリッヒに嫁いでいたので皇帝とは縁戚関係にあるイギリス王からは、従兵や馬丁つきで百人の騎士が送られてくる。

フランスの王からもスペイン王家のアラゴン家からも、史料には数までは記されていないが、騎士の一隊が送られてきたという。そのうえフランスからは、プロヴァンスとトゥールーズの伯爵二人が、配下の兵を送ってきた。このときは北仏だけでなく南仏も、皇帝側に立ったということである。

皇帝の要請ゆえに応ずるのは当然としても、このときのドイツからの兵の送り方は、フリードリッヒが進めていた神聖ローマ帝国の本国の統治のやり方を示して興味深い。世襲領土である南イタリアでは中央集権化を進めていたフリードリッヒだが、選出されて皇帝になったアルプスの北側では、封建社会のままで残した。ただし、単にこれら既成の勢力を温存したのではなく、聖職者である大司教が治める領国と世俗の諸侯が治める領国の併存体制に整備したのである。それまでは日常茶飯事であった領土争いを、鎮静化するための策であった。これがアルプスの北側での、「フリードリッヒの下(もと)での平和」(Pax Fridericiana)であり、満足いく程度には成功していたのである。このドイツや東フランスが送ってきた兵力も、この辺りの事情を反映していた。

東南部フランスからは、ブルゴーニュ地方に領土を持つ司教たちが送ってきた兵力。ドイツ内では有力な領主でもあるケルンやマインツを始めとする大司教たちは、コンラッドが率いる軍勢を送ってくる。コンラッドはまだ十歳になったばかりだが、皇帝の嫡子(ちゃくし)であり、すでにドイツの王に選出されていた。

同じドイツ人でも世俗の諸侯となると、「闘う人」の典型的存在である以上、臣従関係を結んでいる騎士をかかえている。この常設軍事力を、皇帝の要請に応えて送ってきたのだった。数は、前年時と同じ、二千騎の規模ではあったらしい。指揮は、これ以降フリードリッヒの忠臣に列することになる、ホーエンローエ（Hohenlohe）家の兄弟に一任された。

イタリア内で皇帝の要請に応えたのは、まずは南伊とシチリアを合わせた「シチリア王国」である。参加兵の正確な数はわかっていないが、サラセンの弓兵隊はいたはずだ。そして、兵としては参戦しない人々も、フリードリッヒが命じてきた特別税は甘受したのだった。

北イタリアにあるコムーネも、皇帝に兵士を送ってきた。ただしこれらの都市はこ二年間の、フリードリッヒの戦果によってロンバルディア同盟から脱落したコムーネで、市民あげて皇帝側についたというわけではない。当時はどの都市内にも存在した皇帝シンパがこの二年のフリードリッヒの優勢で勢いづき、同志をつのって参戦したというのが実状だ。ということは、これらの都市内にも、的にされたブレッシアを助けたいと心中では思っている人が少なからずいた、ということである。

これらの人々以外にも、皇帝の要請に応えて兵を送ってきたのには、ギリシアのニケーア帝国の皇帝とエジプトのスルタンもいた、と記している史料もあるが、ここまでくるとほぼ確実に、ローマ法王側が流した偽情報に欺かれた結果と見るべきだろう。ローマ法王庁がフリードリッヒを非難する際の決まり文句が、カトリック教会とは相容れないギリシア正教会や異教徒のスルタンとの間に良好な関係を持っていたことにあったからで、ブレッシアの戦場には、ギリシア兵やエジプト兵の姿はなかった。

だが、こうして、一二三八年七月十一日、ブレッシア攻防戦が始まることになる。攻める皇帝側は、おそらくは一万五千の軍勢、守るブレッシア側の住民は四万、武器を持って闘う数は八千、というところであったろう。数字だけならば勝負は決まっていたように見えるが、戦争とは人間と人間の間で闘われるものなのであった。


古代には名将が数多く出たのに対し、なぜ中世に入ると名将が出なくなってしまうのか、という疑問に答えるのは、むずかしいが愉しいことでもある。

結論を先に言えば、古代の戦争は両軍ともが平原で相対した会戦が主であったのに対し、中世ではそれが、城壁で守られている都市を外から攻める形の攻防戦が主になったから、となる。

古代の名将たちは、アレクサンダー大王でもハンニバルでもスキピオでもカエサルでも、会戦で勝利した人々であった。広大な平原が戦場ならば、戦略と戦術を駆使できる可能性がより大きくなる。つまり、戦略戦術を考え出す能力と、それに沿って兵力を駆使する能力があれば、数字上では劣勢であっても勝者になることができた。イッソスでもガルガメーラでも、カンネでもザマでもアレッシアでも、いずれも兵力では劣勢であった側が勝利している。また、彼らが会戦方式を好んだのは、一日で勝敗を決することができるからなのだ。長期戦になればなるほど、不測の事態に直面する率も高くなるのである。

それが中世に入ると、会戦によって一気に勝負を決することがむずかしくなる。中世の都市はどこでも城壁をめぐらせていたという事情に加え、兵はカネで傭(やと)うのが普通であった時代、戦争と言っても誰もが、平原にくり出せるだけの兵力を持てるとはかぎらなかった。言い換えれば、中世では、古代ならばどんな名将でも会戦に訴えるなど考えない一個軍団程度の兵力で、闘う場合のほうが多かったのである。勢い、会戦よりも城壁をはさんでの攻防戦が多くなってしまうのだった。

この中世で、名将としてもよい武人は、イスラム側のサラディンと、そのサラディンに挑戦した英国王のリチャードくらいである。だが、この二人も、平原での戦闘で勝ったのだ。イェルサレムを遠望できる地にまで進攻していながら、獅子心王リチャードでさえも、この聖都を攻めることは諦めるしかなかった。会戦ならば十倍の兵力のペルシア軍相手でも勝ったアレクサンダーだが、ティロスの町一つを攻略するのに四ヵ月もかかっている。西洋史上最高の名将でも、都市を攻める戦いとなると、会戦のようには行かなかったのだ。彼らはそれがわかっていたからこそ、会戦でことを決するほうを選んだのである。

城壁をめぐらせた都市を攻める場合の不利は、守る側は屋根の下で眠れるのに、攻める側にはそれが許されないこともあった。眠るだけでなく、あらゆることを野外でしなければならない。もちろん、天幕は張ってある。都市をめぐる攻防戦を描いた古地図には、城壁の外を天幕の列が囲んでいた様子が示されている。

この状態も、短期間ならば耐えられたろう。だが、それが長期にわたるようになると、気候の変動や衛生状態の悪化が原因で疫病が流行したり、ちょっとした言い争いが軍全体の争いにまで発展しかねない。長期にわたる攻防戦を一糸乱れず続行するのは、総司令官の戦略や戦術の能力を越える問題なのであった。

城壁をめぐらせた都市を攻める場合に直面せざるをえなかったこれらの諸問題が、

解決されることになるのは、一四五三年のコンスタンティノープルの攻防戦からである。大砲の活用によって、城壁を一気に吹きとばすことが可能になったからだ。オリエント最大の都市であったコンスタンティノープルは、五十日余りの攻防戦の末に陥落した。だが、フリードリッヒが生きていた時代はそれよりは二百年前で、火薬をつめて撃ち出す型の大砲は存在していなかった。

それに、周囲全体に深い堀と高い城壁がめぐっている都市を攻めるのは、堀と石壁で守られている城を攻めるのとは同じではない。

ヨーロッパでもオリエントでも、中世の都市には必ず、都市の内部にも要塞(ようさい)があった。城壁が破られ敵が侵入してきても最後はそこにこもって闘いつづけるのが目的であったことからも、日本で言えば天守閣である。だが、この要塞の周囲には、堀も城壁もめぐっていない。堀や城壁は、ミラノならばミラノの町全体、ブレッシアならばブレッシア全市を囲んでいたのである。町づくりのこの概念は、日本には存在しなかった。関ヶ原で勝った徳川が攻めたのは、堀と石垣で守られていようと、大阪城とその周辺だけであったのだ。大阪市全体ではなかった。豊臣側の「要塞」だけを攻めたのだから、あの程度の期間で落とせたのである。

ブレッシアを攻撃中のフリードリッヒも、この辺りの事情は充分に承知していた。ベルガモに通ずる街道を閉鎖しただけで、その後は悠然とブレッシアの前で天幕生活をつづけていたのではない。

あらゆる手段を用いてブレッシアの兵士を城壁外におびき出し、平原での戦闘にもって行く機会を狙(ねら)いつづけたのである。一度は成功した。誘導作戦に乗ってしまったブレッシアの兵士たちは、待ちかまえていた皇帝軍によって全滅し、城壁内に逃げもどれた兵士は一人もいなかった。

だがこれが、ブレッシアの人々を、あることだけに集中させるようにしてしまう。それを現代的に言い直せば、専守防衛となるのかもしれないが、彼らは改めて、コルテヌオーヴァの戦闘を教訓とすることに決めたのである。つまり、フリードリッヒに対しては、外に出て闘おうものなら確実に負ける。だから、何があろうと、どう挑発されようと、ブレッシアの城壁の外には絶対に出ない、と決めたのだ。皇帝は、穴に入ったままで絶対に外に出てこない敵を、相手にしなければならなくなったのである。

しかもこの敵は、城壁の内側からは出てこなくなっても、そのままでおとなしくしてくれたわけではなかった。投石器を城壁上に並べ、そこから天幕の列に石を投げこんでくるようになる。天幕の中で眠るのも、簡単ではなくなったのだった。
これに加えて攻撃側を悩ませたのは、ブレッシアを助けるために送られてくる、ベルガモを通してのミラノからの援助が絶えなかったことだ。ブレッシアも必死だったが、ミラノはそれ以上に必死だった。ブレッシアが落ちれば、ミラノはもはや完全に孤立する。いかに九万の人口を誇ろうと、北伊全域が皇帝下に入ってしまえば、さすがのミラノ人も、絞首台で死ぬよりも戦場で死ぬ、などとは言っていられなくなるからであった。

しかし、こうしているうちに七月が過ぎ、八月も過ぎ、九月も終わりが近づいていた。イタリアではあってもその最北部にあるブレッシアでは、十月下旬には冬が始まる。フリードリッヒには、その冬季をどうするかという問題が立ちふさがってきたのである。冬の北イタリアの野外に、兵士たちを釘(くぎ)づけにしておくことはできなかった。と言って近くに、一万五千もの兵士が冬を越えられる、都市も町もない。それでも北伊での冬越しを強行すれば、この二年でようやく自分の側についたコムーネを、再び同盟側に追いやってしまうことになりかねない。他国の兵士たちを、しかも数多くの兵士たちを喜んで受け容れるには、北イタリアの人々はそれほどは親切ではなかった。

十月十日、攻撃開始から三ヵ月目、ブレッシア攻略のための布陣は解かれたのだ。解散命令が出された以上、包囲軍も、城壁の上にあふれるブレッシアの市民の罵声(ばせい)を背に、それぞれの故国にもどって行った。皇帝とその配下の将たちは、クレモナに向う。明らかな失敗で終わったブレッシア攻略戦以後の戦略を、立て直す必要があった。なぜならこれ以降は、フリードリッヒ相手ならば「外に出たら負けるが内にこもっているかぎりは勝てる」とわかってしまった同盟側を敵にすることになるからである。

この失敗をフリードリッヒが、どのように受け取ったかを記した史料はない。だが、あと二ヵ月もすれば四十四歳になる男が、それもこれまでの生涯では常に主導権を手中にしてきた男が、初めて味わった挫折である。苦くないはずはなかった。

それにしても、三ヵ月にわたったブレッシアの攻略戦は効果もないままに終えるしかなかったのだが、この戦役の総指揮をとっていたのが、皇帝フリードリッヒではなく獅子心王リチャードであったらどうだったろう、とは、歴史にしか許されない愉しい空想である。

リチャードの愉快な勇将ぶりに興味がある方には『十字軍物語』の第三巻を読んでいただくしかないが、あれを書いた私が思うには、リチャードだったら必ず何か奇策を思いつき、それを敵将のサラディンまでが感心するやり方で解決に持って行ったのではないか、と思う。つまり、どういうやり方にしても勝ってしまうわけだが、こうなるとフリードリッヒは、やはり「武の人」ではなく「政の人」であったのかもしれない。とはいえリチャード獅子心王のほうは、とびきりの「武の人」ではあったが、「政の人」ではまったくなかったのである。

交響楽の指揮者に似て

しかし、「武の人」と「政の人」のちがいは、優れた武将と優れた統治者、のちがいだけではないように思う。音楽に例を求めれば、独奏者とオーケストラの指揮者、のちがいでもあるのではないか。

皇帝フリードリッヒ二世は、その生涯を通して、交響楽の指揮者であった。彼の行動を追っていきながら抱く想いは、よくもまあこれだけ多くのことを同時に考え、同時に対処できたのか、ということだ。研究者ならば、それらを逐一詳述するのは義務だろうが、それをしていては歴史の叙述に不可欠な、流れというものが表現できなくなる。それゆえここでは、繁った樹木の枝葉を思い切りよく切り払いでもするかのように相当に省略して書いているのだが、同時代の他の皇帝や王たちも、オーケストラの指揮者タイプかというと、まったくそうではない。生涯を交響楽の指揮者で通したフリードリッヒのほうが、中世後期という時代では特異な存在であった、とするしかないのである。

それでも、このフリードリッヒの指揮者ぶりの一端にしろ、味わってもらうのも無駄ではないだろう。なぜなら、中世という時代を映し出す役に立つからである。それで、ブレッシアからの撤退後に彼が何を考え、それをどう実行に移したのかを列記してみたい。

一、北イタリア対策。

ブレッシアを攻撃していながら三ヵ月後とはいえ軍を退いたことは、ミラノがリーダー格のロンバルディア同盟を力づけたのは当然だが、それだけでは済まない危険もあった。皇帝側につくようになっていた元同盟側のコムーネも、動揺し始めたのだ。この事態を、挽回するだけでなく克服していくのは、フリードリッヒにとっては緊急の課題になる。彼はそれに、各地に配した軍事力によって睨(にら)みを効かせるやり方で対処することにしたのである。

北西部イタリアは、皇帝側に引き入れたサヴォイア伯と、以前から皇帝の重臣であったランチア一門の男たちにまかせる。

北中部イタリアには、この地方での皇帝派の本拠であるクレモナを基地に、フリードリッヒよりは三歳年下だが武将として頭角を現わし始めていたウベルト・パッラヴィチーノを配する。北東部イタリア一帯に睨みを効かせるのは、ヴェローナを本拠にする、これもフリードリッヒとは同年輩のエッツェリーノ・ダ・ロマーノに一任された。また、本格的に戦場に出られる年齢になっていた息子のエンツォ、庶出の息子の中では最年長であるこのエンツォには、これらベテランの許(もと)で実体験を積むことが課される。フリードリッヒは、今はまだ二十二歳でしかないエンツォを、いずれは北伊全域の責任者にする気でいたのである。

そして、これによる成果だが、満足いく程度には成功した。皇帝側にあったコムーネが、雪崩(なだれ)をうってミラノ側にもどった、という現象は起らなかったからである。

二、ドイツ対策。

いまだ十歳の少年でも皇帝の嫡出の長子でありドイツの王でもあるコンラッドを先頭に立てた軍勢を送っておきながら、一地方都市でしかないブレッシアから撤退したのだった。これによる皇帝の勢威の失墜はドイツでもまぬがれないと予想したのか、フリードリッヒはこの直後に早くも、コンラッドを立てる形でのドイツでの統治組織の再強化を忘れていない。だがそれは、心配のしすぎでもあった。アルプスの北側の諸侯たちも、中世に生きた人々である。城壁をめぐらせた都市の攻略がいかに難事であるかを、身をもって知っている男たちでもあった。なぜなら、彼ら自身からして常日頃、城壁の強化に熱心に取りくんでいたのだから。

三、ヨーロッパ対策。

援軍を送ってくれた英国やフランスやスペインの王たちも、ブレッシアでの失敗後でも皇帝への態度を変えていない。彼らとて、城壁をはさんでのこの種の戦闘には悩まされていたからだが、それでもフリードリッヒは彼らに対し、情報公開と言ってもよい手紙作戦はつづけていた。この方式こそが、いずれは起るローマ法王との正面切っての対決に、彼らを味方につけておくには最良のやり方であったからである。

四、モンゴル対策。

この時期、ヨーロッパへのモンゴルの侵略が激化していた。アジアから押し寄せてきたこの脅威によって苦境に立たされていたのは、ヨーロッパでも東に位置するポーランドとハンガリーである。また、神聖ローマ帝国の東辺も、この二国と接していた。苦境を訴えてきたポーランドやハンガリーの王に、フリードリッヒは援軍を送る。ヨーロッパのキリスト教世界の俗界第一の地位である神聖ローマ帝国の皇帝である以上、蛮勇でもって鳴るアジアからの異教徒に攻められて絶望しているキリスト教徒を助けるのは、フリードリッヒにとっては責務でもあった。送った軍勢が役立ったのかどうかまでは不明だが、ヨーロッパにまで足をかけてきたモンゴルの撃退はひとまずにしろ成功する。

五、イスラム対策。

フリードリッヒは、遠いオリエントのことまで心配しなければならなかった。

その年、中近東最大の有力者であり、第六次十字軍当時のフリードリッヒの交渉相手でもあったエジプトのスルタン、アル・カミールが死んだ。この人との間で結んだ講和が切れるには、まだ一年の猶予(ゆうよ)がある。だがフリードリッヒは、そのようなことでは安心しなかった。南イタリア出身の家臣の一人を、皇帝の代理ということにして、弔問と新スルタンの即位の祝いに行かせたのである。使節派遣の真の目的が、アル・カミールとの講和でも明記されていた、双方ともに異議がなければ十年間の講和は自動的に更新されるという一項の確認を、新スルタンから得ることにあったのはもちろんだ。新スルタンは、父のアル・カミールから常日頃フリードリッヒへの高い評価を聴いていたので、一年後に来る講和更新も、問題もなく承諾してくれた。

シリア・パレスティーナの十字軍国家の領内に住むキリスト教徒は、これまでの十年に加えてさらに十年の平和を保証されたことになる。イスラム教徒に囲まれて生きている中近東のキリスト教徒にとっては、このうえなく喜ばしい贈物であったろう。ちなみに、その十年後にこの状態を破ることになるのはキリスト教側で、その年はフリードリッヒの死の年になる。

六、ローマ法王対策。

イスラム教徒とはこうも良好な関係を築くことができたフリードリッヒなのに、キリスト教徒となるとそうは行かないのだった。

ブレッシア攻略の失敗を知ってにわかに元気づいたのが、ローマ法王グレゴリウスである。コルテヌオーヴァでのフリードリッヒの勝利を知ったときはいつもの強気も消えてひどく落ちこんでいたのだが、一年ぶりに自分の出番が来たと勇気づいたのだろう。フリードリッヒの失敗は、グレゴリウスにとっては喜びであったのは確かだが、それは表面には出さずに、皇帝とロンバルディア同盟の対立解消の仲介役、という立場で、第一線への復帰を果すつもりでいたのだった。

この法王を相手にするのに、フリードリッヒはこの時期、最良の交渉役を失っていた。法王との交渉となると送られるのが常になっていた、チュートン騎士団の団長ヘルマンが病いに倒れたのである。

この時期六十歳になっていたドイツ貴族出身のヘルマンは、宗教騎士団の団長という立場からも、本来的には法王側の人間だった。にもかかわらずこの人は、皇帝側に立ちつづける。法王相手の外交の最前線からのこの人の離脱は、フリードリッヒにはこのうえない損失であったにちがいない。皇帝は、病いに倒れたヘルマンをサレルノに送り出す。ナポリに近いサレルノには、中世ヨーロッパでは最高の水準にあるとされていた医学校があり、併設の病院も完備しているからだった。

しかし、ヘルマンの戦線離脱は、皇帝のみの痛手では留まらなかった。ローマ法王庁全体の利益という視点に立てば、法王グレゴリウスにも痛手になるのである。ただし、その意味するところを、グレゴリウスは理解していなかったようである。

ヘルマンの役割は、互いに相手を倒そうと狙ってはゲンコツを振りまわしている皇帝と法王の間をへだてる、弾力性に富んだ壁であったことなのだ。ヘルマンが間にいたことで、皇帝がくり出す一撃も直接には法王に当らず、法王がふりまわすゲンコツも、皇帝には当らないできたのだから。

チュートン騎士団の団長ヘルマンの戦線離脱を知った法王グレゴリウスは、それを、対皇帝との交渉で主導権を取りもどす好機と見た。キリスト教的な言い方をすれば、誤った道に行ってしまった皇帝を正しい道に連れもどす好機、と見たのである。

法王から皇帝への特使に任命されたのは、枢機卿(すうきけい)や大司教のような高位聖職者ではなく、身分ならば一介の修道僧にすぎないエリオ・ダ・コルトーナである。ただしこの人は、聖フランチェスコから託されて、フランチェスコ修道会の二代目の総長でもあった。この時期の年齢は五十八歳。この男ならば四十四歳のフリードリッヒに対しても、ローマ法王の言い分を堂々と主張してくれると期待したのである。

ところが、ミイラ盗(と)りのはずがミイラになってしまう。それを知った法王は怒り狂い、エリオ・ダ・コルトーナをフランチェスコ修道会から追放してしまった。

トスカーナ地方のコルトーナ出身ゆえにエリオ・ダ・コルトーナと呼ばれるこの修道僧は、学問を修める人の少ないフランチェスコ宗派には珍しく、ボローニャ大学を卒業していた。だが、卒業後も、この大学の卒業生には開かれていた高位聖職者や法律学者の道には進まず、自ら進んで修道僧になるほうを選んだ人である。今では小さな町アッシジを圧するほどの大教会になっている、聖フランチェスコに捧げられた教会を最初に建てた人としても知られている。純粋で理想的であった〝創業者〟に比べ、理知的で現実的な〝二代目〟であったのかもしれない。

この人が、フリードリッヒと会った後、すっかりフリードリッヒ・シンパになってしまったのである。研究者たちは、エリオ自身が現世的な野心家だったからだと言っているが、ほんとうにそれだけで、修道会から追放されるほどのリスクを冒すであろうか。しかもこの一年後には破門されるフリードリッヒとともに、彼までも破門されてしまうのである。高位聖職者にも法学者にもならずに修道僧になる道を選んだ男が、それほどの重罪でも甘んじて受けるだろうか。

考えてみれば、中世後期の巨人とされ、ルネサンスの先駆者ともされる聖フランチェスコと皇帝フリードリッヒは、ローマ法王が思っていたほどは異質ではなかったのかもしれない。

アッシジのフランチェスコが終始唱えつづけたのは、イエスの頃のキリスト教にもどることであった。皇帝フリードリッヒが主張しつづけたのは、イエスの言った、「皇帝のものは皇帝に、神のものは神に」にもどることである。また、第五次十字軍に同行したフランチェスコは、アル・カミールのところに行き、成功はしなかったが平和の必要は説いている。フリードリッヒも第六次十字軍を率いてオリエントに向うが、同じアル・カミールとの間で講和、つまり平和の成立に成功したのだった。十二歳しか年がちがわず、しかも同じイタリアに生きたこの二人が、どこかで会っていたのではないかと、研究者たちは必死に探っているのだが、今のところはそれを実証するに足る史料は見つかっていない。

しかし、もしも会っていたとしても、修道僧と皇帝という立場を越えて、共感し合えたのではないかと思う。少なくとも、「法王は太陽で皇帝は月」と信じて疑わない法王グレゴリウスとよりも、共感し合うことは多かったのではないか。その聖フランチェスコから、彼自らが創設した修道会の後事を託されたのが、エリオ・ダ・コルトーナであった。聖フランチェスコの後継者であったこの人だからこそ、ミイラ盗りがミイラになってしまった、のではないかと。

以上述べてきたことのすべてが、ブレッシアからの撤退後にフリードリッヒが、同時進行で対処していた問題の数々である。この間彼は、北部イタリアに留まりつづける。皇帝がその場にいるということ自体が、同盟側への見えざる圧力になるからでもあった。

翌・一二三九年は、このような状況の下で始まるのである。騎士団長ヘルマンはサレルノで病床に伏し、ミイラ盗りのはずがミイラになってしまった修道僧エリオは、アッシジには帰れず、かと言ってローマに行くなど論外ゆえに皇帝のそばに居つづけ、これがまた法王の怒りを倍加するという状況下で、一二三九年は始まったのであった。

破門（三度目）

キリスト教徒にとって最も重要な祝日は、キリスト生誕祭と復活祭である。通称ならばクリスマスとパスクワだが、クリスマスは十二月二十五日と決まっていても、パスクワのほうは毎年変わる。日曜日に祝うと決まっているからだが、年ごとに変わる復活祭の日付けを記した一覧表があるくらいだ。なぜなら歴史の史料には、正確な日付けを記すよりも○○年の復活祭、と記すものが多いからで、それによれば、一二三九年の復活祭（パスクワ）は、三月二十七日にくる。そして、キリスト教徒にとってはこのうえなく重要なイエスの復活を祝う日曜日を三日後に控えた木曜日は、中世時代ではなぜか、破門に処された人の名を公表する日になっていた。罪人を排除した後で聖なる祝日を迎えるため、であったのかと思ったりする。それゆえかこの「木曜日」は、キリスト教徒は読んではならないと法王庁が定めた書物とそれを書いた著者の名を、公表する日にもなっていた。

一二三九年の三月二十四日、つまりキリスト教徒の呼び名ならば「聖なる木曜日」、ローマのヴァティカンに建つ聖（サン）ピエトロ大聖堂の正面の扉に、法王グレゴリウス九世が皇帝フリードリッヒ二世を破門に処したことを明記した、法王教書がデカデカと張り出された。

ローマ法王による破門が、珍しくもなかった時代である。フランス王もイギリスの王も、一度くらいの破門は経験していた。だが、フリードリッヒが食らった破門は、これで三度目である。そして、この三度とも、破門に処した法王はグレゴリウスだった。

破門の理由は、ローマ法王への恭順の意の欠如から始まって、言い古された事柄が並ぶ。そしてこれも毎回変わりはないのだが、破門された者と関係を持った人もそれだけで破門され、破門者が足を踏み入れた地も聖務禁止処分を受けるとあり、ゆえにこれら罪深き者どもの排除に努めるのは、正しきキリスト教徒にとっては神への義務になる、としている。

理由とされるのはこれだけならば、通常の破門とさして変わりはなかった。しかし、破門というローマ法王のみが持つ武器を振るってきたのは、現代英国の研究者によれば、「怨念(おんねん)の人」となる七十歳である。通常の破門理由を並べた後には、次の理由がつづいていた。

まず法王は、十年も前の第六次十字軍をむし返す。延期に次ぐ延期をくり返した後でようやく遠征に出発したと思ったら、疫病の流行を理由に引き返した。それも、ドイツから参加していたチューリンゲン伯を殺させ、伯の死を疫病のせいにし、出発をまたも延期したのは、許せないだけでなく犯罪だ、とする。

さらに、と法王教書はつづける。

皇帝は、モーゼとキリストとマホメッドを、人類が生んだ三大ペテン師と言い、聖母マリアの処女性も疑わしいと言ったりして、キリスト教を嘲笑(ちょうしょう)するのに余念がない。このような皇帝の態度は、彼が「アンチ・クリスト」であることを示す以外の何ものでもない。

法王グレゴリウスによれば、これらの理由によって、皇帝フリードリッヒを破門に処すのは、キリスト教世界の最高指導者である法王にすれば当然の行為である、となるのだった。

フリードリッヒが、自分が破門されたことを知ったのは、北伊平定の基地の一つにしていたパドヴァで、復活祭を祝っていた最中だった。その同じ日に、サレルノでヘルマンが死んだ知らせも受けていたのである。二十年にもわたって心からつくしてくれた人の死である。だがそれが、フリードリッヒの言行を鈍らせることにはつながらなかった。早速、反撃が開始された。

破門は強力な武器だが、乱発すると効力を減ずるという性質もある。ゆえに、もともとからの味方にはさして効かない。だが、破門の理由が何であろうと、破門されたということだけで、敵方に利用される危険はあった。また、味方でも敵でもまだないが信仰深いキリスト教徒ではあると思っている、善男善女を動揺させる怖(おそ)れもあったのだ。「アンチ・クリスト」(反キリスト)とは、「キリストの敵」ということであったのだから。

書記と配達人が、常以上の規模で動員された。破門の理由としてあげられた事柄の一つ一つに反証していくやり方で書かれた反論は、いつものように法王には向けられず、法王を選出するだけでなく、補佐する機関でもある枢機卿団に送られた。また、これはいつもの彼のやり方だが、この反論の写しは大量に作られ、ヨーロッパ全域の王や有力諸侯にも送られたのである。ただし今回は、それだけでは終わらなかった。法王グレゴリウスは、皇帝への破門を記した法王教書をイタリア中の町の主教会(カテドラル)の正面扉に張らせたが、皇帝はそれへの反論を、町の主教会と向い合う場所にあるのが常の、市庁舎の正面扉に張り出させたのである。こうして、枢機卿や王侯だけでなく普通の庶民も、法王による破門文とそれへの皇帝の反論の両方を、広場を横切るだけで読めることになった。これが中世風の情報公開かと思うと笑ってしまうが、剣を振るってきたグレゴリウスに対し、フリードリッヒも剣で立ち向ったというわけである。

この作戦は、フリードリッヒにとっては、満足いく程度とはいえ成功した。枢機卿団は、法王のやり方に賛成な人々と、口には出さなくても暴走だと思い始めた人に分裂する。ヨーロッパの王侯たちは、もはや完全に表面化した法王と皇帝の正面衝突に心配し、法王に慎重を期すよう求める人が大半を占めるようになる。また、神聖ローマ帝国の皇帝である以上は自国であるドイツ対策も、封建社会だから封建諸侯の支持さえ堅持できれば問題はなかった。

しかし、自領である南イタリアはローマに近い。フリードリッヒは、この南伊の人々への対策を、情報公開という彼らの良識に訴えるだけで充分と思うほどは善人ではなかった。それに南イタリアには、法王が送りこんできた説教僧たちが、反皇帝の宣伝活動を始めていた。

この、南イタリアとシチリアを合わせた「シチリア王国」の一般庶民対策に、フリードリッヒは強硬策で臨む。法王が送りこんできた説教僧の全員を、国外追放に処したのだ。だが、単に追い出したのではなかった。彼ら全員をまとめて船に乗せ、イェルサレムに向けて送り出したのである。聖地でならば本来の仕事に専念できるにちがいない、と書いた皇帝文書をつけてイタリアから追放したのだから、法王に対する皮肉もよいところだった。

だが、この効果もあってか、ドイツと南イタリアという自領内での破門による弊害は、最小限に留めることには成功する。しかし、北イタリアではそうはいかなかった。北伊のいくつかのコムーネでは、主教会の扉に張られた法王教書はそのままでも、市庁舎の扉に張り出された皇帝の反論は、朝には破られていた、という事態が起るようになっていた。

この北伊のコムーネを自分の側に引きつけておくために、今度ばかりはフリードリッヒも迷うことなく軍事力を行使する。兵士の一隊を送っては、これらの都市に「血液」を送る役目をしている、郊外の農村地帯を焼き打ちさせたのだ。ミラノとの連絡を再開したと知ったパルマには、皇帝自らが軍を率いて急襲し、火が燃え広がる前の鎮火に成功する。だがこの年はフリードリッヒにとって、南伊にもどる時間もないままに過ぎるしかなかったのである。

年が代わった一二四〇年も、七十歳の法王と四十五歳の皇帝にとっては激動の年になる。

皇帝を破門に処したのにその効果がさほどでないのに失望していた法王だが、送りこんだ説教僧たちがイェルサレムに追放されたのには怒ったのだ。その法王が、年代記作者たちによれば「奇跡」を起したのである。長年にわたって仇敵(きゅうてき)の関係にあったジェノヴァとヴェネツィアに手を結ばせ、共同して「シチリア王国」を海から攻撃することへの同意を引き出したのであった。

イタリアの海洋都市国家として中世の地中海の主人公同士でもあったジェノヴァとヴェネツィアは、いずれも交易立国であり、それによって異教徒のイスラム世界とヨーロッパのキリスト教世界を結びつけていたことでも同業者であったのだ。だがそれゆえに、地中海世界のあらゆる地で利害が衝突することになる。

ヴェネツィア共和国は、第四次十字軍を活用したことで、それによって倒されたビザンチン帝国の首都コンスタンティノープルを自国の交易の一大基地にすることに成功していた。それは即(すなわ)ち、一二〇四年以降オリエントでは、有利な立場に立ったことを意味する。もちろんジェノヴァ共和国には、これによってこうむった不利を、そのままにする気はない。彼らは、第四次十字軍で生れヴェネツィアが後援していたラテン帝国を崩壊させることで、こうむった不利を挽回することを狙っていたのである。

イタリアの海洋都市国家を代表するこの二国は、地中海の海の上だけで競合していたのではなかった。地中海世界の全域で、競合する仲でもあったのだ。この二国が共同歩調をとるなど、奇跡以外の何ものでもなかった。ヴェネツィアが二十五隻のガレー船を出すのを承知すれば、ジェノヴァも同数のガレー船で参戦する、という約束までしたのだから。

フリードリッヒも、これによる危険はただちに理解した。「シチリア王国」を構成する南イタリアもシチリア島も、海に囲まれている。そこを、強力な海軍を有する二国が共同して攻めてくるというのだ。だが、彼にも海軍はあった。

その海軍の提督には、臨戦態勢を命ずる使者が南に走る。同時に、王国の海港都市のすべてにも、迎撃の準備命令が発せられた。陸海ともに迎え撃つ態勢が完了するには、さしたる期間は必要でなかった。

一方、ジェノヴァとヴェネツィアのほうは、共闘することになったにかかわらず、それがいっこうに進まないでいたのである。これまでの仇敵関係は簡単には解消できなかった、というのが理由ではない。二国とも、船乗りであるだけでなく商人の国でもある。法王に味方して皇帝を敵にまわす利点は少しもないことを思い出すのに時間はかからなかった、というほうが大きな理由だった。それでも、約束は約束だ。それで海からの攻撃は開始はされたのだが、共闘どころか別々に攻める。しかも攻め方からして、消極的で終始するという有様。結局、法王のアイディアによるこの奇跡も、一時の奇跡で終わったのだった。

またも絶望した法王グレゴリウスは、これではもはや公会議を召集して、その席でフリードリッヒを異端と糾弾し、皇帝位の剝奪(はくだつ)に持っていくしかないと決める。ヨーロッパ全土の高位聖職者に送られた法王からの召集状には、公会議開催の日を翌・一二四一年の復活祭とする、とあった。

しかし、フリードリッヒから皇位を剝奪するからには、その彼に代わって皇帝になる人を事前に見つけておく必要がある。しかも、軍事力を持つフリードリッヒを排除して皇帝位に登るのだから、その人も軍事力を持っていなければフリードリッヒの敵にはなりえない。法王はフランス王に特使を派遣し、王弟のアルトワ伯を皇帝にするから彼に軍事力を与えよ、と要請したのである。

その年二十五歳になっていたフランス王ルイ九世は、これまでずっとフリードリッヒとは良好な関係にあった。また、祖父のフィリップ二世が若い頃のフリードリッヒと結んでいた、ドイツとフランスの不可侵協定を破る気もなかった。このフランス王から返ってきた答えは、拒否、である。だがルイも、翌年の公会議に召集されているフランス人の高位聖職者たちがローマへ向うのを、禁止することまではしなかった。

公会議とは、本来、法王の召集に応じて集まった司教や大司教を始めとする高位聖職者たちが一堂に会して、キリスト教会が直面する諸々の問題を討議し、統一した見解にもっていく場であった。王侯たちも代理を送ってくるが、この人々はあくまでもオブザーヴァーで、討議にも統一見解の作成にも関与しない、ということになっている。なぜなら、中世の公用語であるラテン語では「Concilium」（コンチリウム）と呼ばれる「公会議」とは、各地の信者を指導するのが仕事の聖職者たちが集まって、キリスト教徒にとっての信仰と倫理と規律について話し合い、信仰の規範になる公式見解をまとめるための会議であるからだ。つまり、公会議とは宗教上の問題だけが討議される場であるべきで、宗教人ではない皇帝の排除を討議事項にのせる場ではなかった。

しかし、法王グレゴリウスの考えでは、フリードリッヒ問題は立派に公会議での討議事項になりえるのである。十年前の一二三二年に、異端裁判所を創設したのがこの法王であった。

「異教徒」（paganus）と「異端者」（haereticus）はちがう。異教徒とは別の宗教を信じている人だが、異端者となると、自分たちと同じ宗教を信じていながら、その信じ方が誤っている人、ということになる。「異教」も「異端」もこの意味で使われるようになったのはキリスト教時代になってからで、言葉一つとっても、宗教的には不寛容だった中世という時代を映し出していた。

ゆえに、異端裁判所を創設した人である法王グレゴリウスにしてみれば、フリードリッヒは立派に異端者であり、その彼の排斥は、公会議で討議するに値する議題であるということになる。次の年の復活祭にローマのラテラノ大聖堂で開くと決めた公会議は、破門に処したくらいでは目的は達せないとわかったグレゴリウスが、考えついた次なる武器であったのだ。

ローマ法王の権威にかけても、公会議は絶対に成功させねばならなかった。法王グレゴリウスは、法王からの召集状を受け取った司教たちが経済上の理由をあげたりして出席を断わってくることがないようにと、彼らには、乗船地のジェノヴァからローマの外港チヴィタヴェッキアまでの船賃はもとより、公会議出席中のローマでの宿泊費等の全費用も、ローマ法王が負担すると通知する。フリードリッヒの勢力圏のドイツや南イタリアからの出席は望み薄である以上、フランスやイギリスやスペインからの出席に望みをつなぐしかなく、そのためには法王は、船賃の支給でも何でもやる気でいたのだった。

だがやはり、これらの国々からの遠路を消化してジェノヴァに来るだけでも、この時代では簡単にはいかない。一二四一年の復活祭は、三月三十一日に訪れる。その日までにローマ入りするのは、絶望的になった。それでも、法王グレゴリウスの公会議開催の気持は変わらない。大司教や司教たちは、ジェノヴァに向うしかなかった。

四月二十五日になってようやく、ヨーロッパ各地からジェノヴァに集まっていた高位聖職者たちは、全員が乗船することができた。ジェノヴァ側は、この大切な客人たちをローマに送りとどけるために、三十隻から成る船団を用意していた。ただし、全船の出港は皇帝側に気づかれないように極秘裡に行われる。港にはまだ人の姿も見えない早朝の出港を、関係者以外に知っている人はいないはずであった。ところがそれが、察知されていたのだ。

これだけは完全にライヴァルのヴェネツィアとちがって、国内での勢力争いが絶えなかったのがジェノヴァ共和国である。ジェノヴァ内部は常に、四つの有力家門が二家門ずつ組んだ状態で分裂し、追放したり追放されたりをくり返していたのだった。フィエスキとグリマルディが法王側であれば、それに敵対するドーリアとスピノラは皇帝側に立つ。この時期のジェノヴァが法王側についていたのは、フィエスキとグリマルディの連合が政権をにぎっていたからだが、ジェノヴァ内にはドーリアとスピノラの両家につながる男たちもいたのは当然であった。

メロリアの海戦

フリードリッヒが実力行使に出ると決めたのは、法王グレゴリウスが北ヨーロッパからも司教たちを召集して、ローマで公会議を開くと公表した時点であったにちがいない。この場合の実力行使とは、ジェノヴァから南下してローマに向う公会議出席者たちを途中で捕獲することになる。だが、この人々のジェノヴァ出港を知らせる密偵が皇帝の許に走り、知らせを受けた皇帝から提督に指令が行くことさえも必要ではなかった。すでに作戦は、緻密なまでに組まれていたからである。

作戦の遂行は、シチリア王国の海軍に、皇帝派の海港都市のピサが協力して行うように計画されていた。すでにシチリア海軍の提督は海上の戦闘に適した細身のガレー船のみで成る船団を率い、ピサの港内で待機していたのである。ゆえに、ジェノヴァを出港したという知らせは、ピサで待機中の提督に届くだけで充分で、提督はその報告を受けるやいなや、それがそのまま出陣のサインになったのだ。この作戦を、法王もジェノヴァもまったく知らなかった。

皇帝とピサの合同艦隊がどの程度の規模であったのかはわかっていない。ただし、この作戦の成否は精鋭による速攻にかかっていたから、ジェノヴァから南下してくる三十隻より数では劣っても、快速ガレー船とも呼ばれる細身のガレー船だけで構成されていたにちがいない。

一方、ジェノヴァから出港した三十隻の半ばは、帆船が占めていたようである。日頃から快適な暮らしに慣れている高位聖職者たちが、居住環境ならば劣るガレー船での船旅を嫌ったからである。それでもジェノヴァは、ちょっとした海戦に臨む数のガレー船を護衛につけて送り出していた。

四月から五月にかけてのティレニア海は、ヨットで航行するには最良の季節である。天候は良好で、適度な風が常に吹く。ジェノヴァからの南下行も、快適に進んでいた。ピサの港に待機中の皇帝艦隊は、沖合はるかに南下していく三十隻を、ひとまずはやり過ごす。ジェノヴァに逃げ帰ろうにも逃げ帰れない距離にまで、航行するのを待ったのだ。ジェノヴァ内の皇帝派からもたらされた情報で、船団の半ばまでが、行動の自由度では劣る帆船であるのも知っていた。

航程の四分の三まで消化した時点で、皇帝・ピサ連合艦隊は初めて出動する。快速船のみで成る利点を活かして、全速力で後を追った。ジーリオ島とモンテ・クリスト島の北方、ピサ近くにメロリアという名の無人島がある。その島の近くの海上で、追いついた。それも、追いついただけではない。皇帝海軍が前方にまわりこめば、ピサ海軍は背後を断つ、という形にしてしまったのである。

海戦になれば帆はすべて降ろし、櫂で漕ぐことによって得る行動の自由を駆使するのが、海上での戦闘の基本戦術である。この利を活かせたのは、ガレー船、しかも細身のガレー船だけで編成されていた、皇帝とピサの海軍になるのも当然だった。

五月三日、歴史上「メロリアの海戦」の名で知られる戦闘が、春も盛りの海上でく

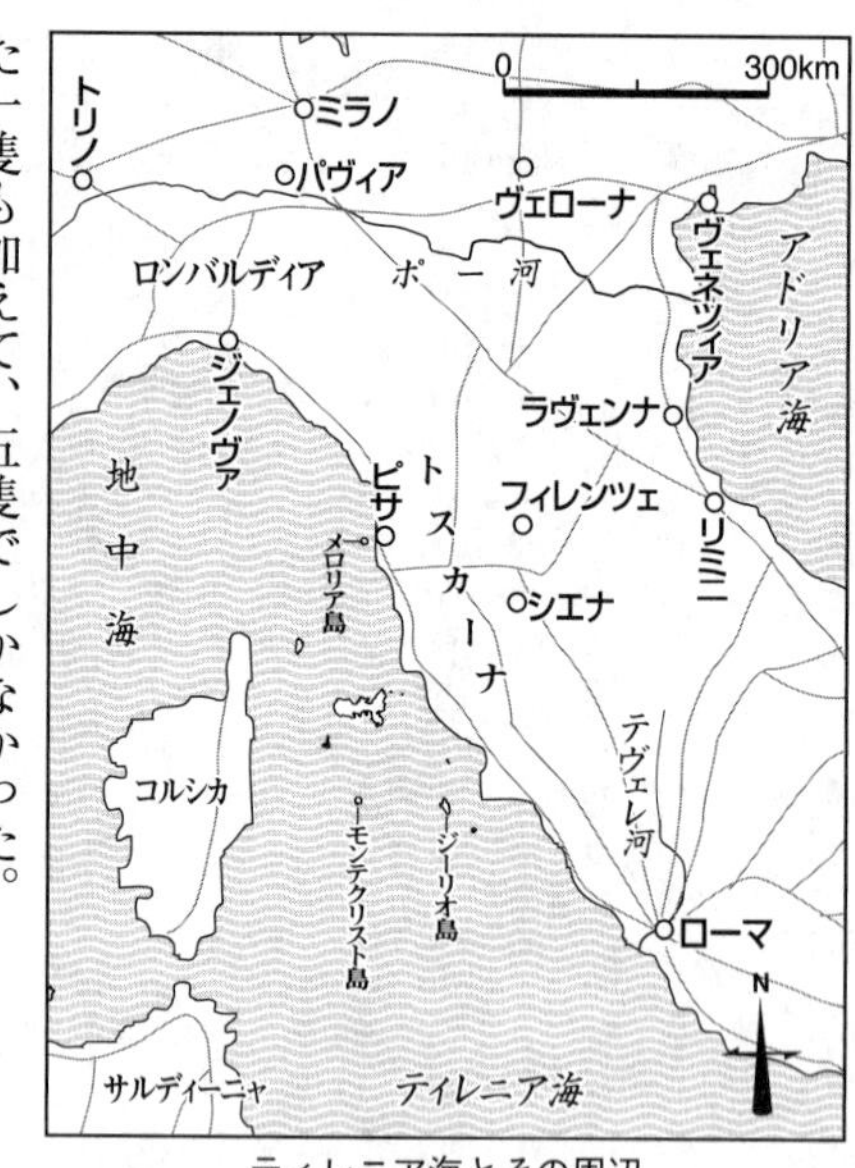

ティレニア海とその周辺

り広げられた。結果は、船乗りとしての能力ならば地中海一と自負していたジェノヴァの男たちにとっては、恥辱と言ってもよいほどの敗北で終わる。

送り出した三十隻のうちで、沈没したのは三隻。捕獲されたのは二十二隻。ジェノヴァまで逃げ帰れたのは、ジェノヴァ海軍の提督が乗船していた一隻も加えて、五隻でしかなかった。

四千人もの人間が捕虜になり、そのうちの四百人は、大司教や司教を始めとする聖職関係者で占められていたのである。敗れた側の死者の数はわかっていない。勝った側の損失を年代記は、記すに及ばず、と書いている。ただし、記すに及ばず、とはあっても少しはいたにちがいない犠牲は人の犠牲であって、船の犠牲は一隻もなかった。

そのうえ、高位聖職者で死んだ人は一人もいない。フリードリッヒによる、捕獲せよ、との指示が徹底していたことを示していた。

捕獲された人も船も、まずはピサに連れて行かれた。捕われの身になってしまった高位聖職者たちを迎えたのは、フリードリッヒの息子で、この年は二十五歳になっていたエンツォである。とびきりの美男であるだけでなく品位ある振舞いでも知られていたエンツォのことだ。無用で野蛮な対応はしなかったにちがいない。だが、このままピサでの牢生活を強いられたのはジェノヴァの船乗りだけで、四百人にものぼった聖職関係者に対しては、南イタリアに護送せよ、との皇帝からの命令は忠実に実行された。

この人々は、南イタリアの各地に点在する城に分散して収容された。その一つであったメルフィの城にも、彼らを閉じこめていたという一画が残っている。地下牢ではなく、中庭を囲んだ小ぶりの部屋が連なる一画だが、さほど不快な環境ではなかったのではないか。フリードリッヒにとっては、公会議開催を阻止する目的で成された実力行使であったのだから、公会議出席者であるこの人々は、捕え隔離しておくだけで充分であったのだ。

それでも、大司教や司教や修道院長たちを一網打尽にしたメロリアの海戦に、ヨーロッパ中は驚くとともに怖れおののいたのだった。ヨーロッパの信心深いキリスト教徒たちは、キリスト教を守るのが任務であるはずの皇帝による、ローマ法王に対する大胆きわまる挑戦を、眼前で展開されたような想いになったからである。

公会議開催をフイにされてしまった法王は、捕われの身の高位聖職者たちの釈放を、皇帝に要求した。これに皇帝が、どのような返答を送ったのかはわかっていない。わかっているのはただ一つ、法王グレゴリウスは捕われの身の高位聖職者たちに慰めと励ましの手紙を送りつづけるしかなかった、ということである。そしてフリードリッヒは、それらの手紙を渡さなかったり、検閲した後で渡したりするなどという姑息なやり方は、考えもしない男であった。

だが一方で、この時期のフリードリッヒは、メロリアの海戦以上の深い意味をもつ、決定的な一歩を踏み出しつつあったのである。それは、「聖ペテロの資産」と呼ばれ、歴代のローマ法王の所有物とされてきた法王領土内への侵攻を、もはや公然と始めることであった。

「コンスタンティヌス大帝の寄進書」

現代では、ローマ法王庁の領土と聴くと、「ヴァティカン市国」のことだと思っている人が多いにちがいない。だが、ローマ法王に統治権がある地域がテヴェレ河の西に位置するあの狭い一画だけになったのは、たかだか百五十年前からのことにすぎない。それまでの一千年以上にもわたる長い歳月、キリスト教徒にとっては宗教上の最高指導者であるローマ法王は、同時に俗界の領主同様に自領を持つ領主でもありつづけたのである。

もちろんこの人々にも、大義名分はある。信者のための福祉や慈善やその他諸々の事業をつづけていくうえでの経費は必要だ、がそれである。だが、このためにはすでに、「十分の一税」があった。中世では当然とされていた、収入の十分の一にあたる金額をローマ法王庁に納める制度である。この他にも、宗教組織である以上、寄進や遺贈等による収入は常にあった。要するに、ローマに本拠を置くカトリック教会は、働かなくても収入は絶えることはない、裕福な宗教団体としてつづいていたのである。

だが、中世の「祈る人」たちは、これだけでは充分と思わなかったようだった。そしてこの人々が、その面での主張の根拠にしてきたのが、歴史上有名な「コンスタンティヌス大帝の寄進書」である。

ローマ帝国後期の皇帝の一人であったコンスタンティヌス大帝は、紀元三一三年に発令された「ミラノ勅令」によって、キリスト教を最初に公認した皇帝として知られている。だが、西欧キリスト教世界が「大帝」づきで呼ぶくらいだから、彼が行ったのはそれだけではない。ローマの聖ピエトロ大聖堂もラテラノ大聖堂も、この人が建立させたということになっている。また、それまでは、コンスタンティノープル・アレクサンドリア・アンティオキア・イェルサレム・ローマという、キリスト教会にとっての主要五都市の司教の一人でしかなかったローマの司教を、他の四都市の司教の上位に立つ存在、と決めたのもこの皇帝であった。このときからローマの司教だけが、ローマ法王と呼ばれるようになったのである。どうにも私には、何でも彼でもこの人が行ったということにしてしまったのではないかという疑いが消えないが、カトリック教会ではそう信じられてきたのである。

それで、問題の「寄進書」だ。ローマ帝国をすべて手中に収めた皇帝コンスタンテイヌスは紀元三三七年に死ぬが、その十六年前になる三二一年に、当時のローマ法王であったシルヴェステルに、ローマ帝国の西半分を贈ると明記した文書のことを言う。

　これによってローマ法王は、ヨーロッパ全域の正当な「所有者」ということになり、これを盾にする法王側にしてみれば、皇帝も王も諸侯も、正当なる所有者のローマ法王から統治を託された存在にすぎない、となる。ゆえに、委託した人が適当と思われなくなったときは、皇帝でも王でも諸侯でも、クビにする権利はローマ法王にある、となるのだ。平易な言葉で言い換えれば、法王は家主で、王侯たちは借家人、というわけだった。

　実際、破門に屈してローマ法王に、自分は法王の臣下としてのみ統治している、と誓わされた例は、中世史では数多い。キリスト教徒にとっては大恩ある大帝コンスタンティヌスの「寄進書」を持ち出されては、反対できないからであった。イギリスもフランスもスペインも、そしてフリードリッヒが王の「シチリア王国」も、ローマ法王から見れば自分の領土なのである。だからこそ、「法王は太陽で、皇帝は月」などと言えたのだ。王や諸侯に至っては「星」程度であったろう。ゆえに、皇帝であろうが王であろうが有力諸侯であろうが、気に入らなくなればその領土を取り上げるのは、ローマ法王にとっては正当な権利の行使、でしかなかったのである。

これが、一千年以上にもわたってヨーロッパの王侯たちを縛ることになる、キリスト教会の持つ最強の武器である。破門は、地位剝奪の事前警告にすぎなかった。

中世でも、『コンスタンティヌス大帝の寄進書』の信憑(しんぴょう)性に疑いをいだいた人が、皆無であったわけではない。大帝が寄進したのが教会や修道院ならば問題はないが、寄進したのがヨーロッパ全土となるとちがってくる。皇帝コンスタンティヌスは、平定者であった。それも、相当な苦労の末にローマ帝国を再平定した人である。その人が、まもなく死ぬとわかっていたわけでもないのに、つまりはまだ四十七歳でピンピンしていた年に、自分が平定したばかりの帝国の西半分すべてを、こうも思い切りよく寄贈するであろうか。北伊の平定には苦労していたフリードリッヒだ。その彼も、「寄進書」の信憑性を疑っていた一人ではなかったか、と思う。

しかし、疑いを抱くことと、否定することはちがう。否定するには、確たる証拠を示す必要がある。中世に生きた人々は、そこまでは至っていなかった。

『コンスタンティヌス大帝の寄進書』が真赤な偽物(にせもの)であることが実証されるのは、一四四〇年になってからである。ナポリ王の宮廷に仕えていた人文学者(ウマニスタ)のロレンツォ・ヴァッラが、書誌学の方法を駆使して、「完全なでっちあげ」であることを実証したのだった。

文献実証主義とは、各時代に書かれた文例を集めて研究することによって、そこで使われている言語の正確で客観的な理解が初めて可能になるとする考え方である。だが、この方法を使うと、そこで使われている言語がいつ書かれたものかもわかってしまう。

当時は三十代の若者だった南イタリア出身のロレンツォ・ヴァッラは、「寄進書」で使われているラテン語は、それが書かれたとされている四世紀のラテン語ではなく、十一世紀以降に使われるようになったラテン語であることを実証する。つまり、コンスタンティヌス大帝はヨーロッパ全土をローマ法王に贈ったことなどはなく、贈ったと記された「寄進書」は、大帝よりは七百年も後の十一世紀になって、ローマ法王庁の誰かが作成した偽作であると喝破したのだった。

長く権威と信じられてきたことに対してもまずは疑ってみる態度も、その正否を明らかにするための実証主義も、ルネサンス精神の最たる特質である。長きにわたってヨーロッパの王侯への脅しに活用されてきた「寄進書」が偽物であったと実証されたこの事件も、十五世紀にはもはや、ヨーロッパは完全に中世を脱け出していたことを示していた。

しかし、法王グレゴリウスが皇帝フリードリッヒに対するに「寄進書」を持ち出してきたのは、偽物と実証される十五世紀よりは二百年も前の十三世紀である。皇帝フリードリッヒは、疑いはしても証拠を示すことまではできなかった、中世に生きた人なのであった。

それにしても、作成されてから偽作と実証されるまでの四百年もの長きにわたって真物と思われてきたというのも驚きだが、いったん信じたらそれを疑わない、という生き方はそれはそれで強いのである。確たる証拠を突きつけられても無実を主張しつづける人がいるが、その人は自分自身で無実だと強く思いこんでいるからなのだ。「コンスタンティヌス大帝の寄進書」も、それを世俗の王侯相手の武器に活用してきた歴代のローマ法王たちは、ホンモノだと信じきっていたのである。そして、その武器を突きつけられた王侯のほうも、胸中の想いはどうであれ、ホンモノと思う人のほうが多数であったのも、彼らが生きたのが中世であったからだった。

「聖ペテロの資産」

このように中世では、ローマ法王とて領土を持つのは当然とされていたのだから、彼らが、自分が住むローマの近くに直轄領を持ちたいと考えたとて不思議ではない。なにしろ「寄進書」が、地上での、つまりは世俗的な、領土所有まで認めてくれているのだから。

しかし、王侯たちに統治を委託したヨーロッパの他の地方とちがって、その法王領はイタリア半島の中にある。実際には任命した代官たちにまかせるとしても、ローマ法王が直接に統治する領国になる。

こうして生れたのが、中部イタリアに広がる法王領である。公式の名称ならば、「聖ペテロの資産」(Patrimonium Sancti Petri) と言った。代々のローマ法王は、キリストの第一の弟子であった漁夫ペテロの後を継ぐ人、とされてきたからである。

ローマ法王が地上の直轄領地として持っていたこの地方は、現代国家イタリアの州別に直せば、ラツィオ、ウンブリア、マルケ、ロマーニャの四州におよぶ。名ある都市を、ローマから北にあげていけば、アッシジ、ペルージア、ヴィテルボ、アンコーナ、リミニ、ボローニャ、ラヴェンナと連なる。フィレンツェやシエナやピサのあるトスカーナ地方と、中部イタリアを西側と東側に二分するほどの広さになる。

この「聖ペテロの資産」の北辺は、コムーネが割拠する北イタリアと接し、南の境界は、フリードリッヒの領国である南イタリアと接していた。

政体は、専制君主政。君主の役割は、代々のローマ法王が務める。内政だが、ローマ法王が直接に統治しているからと言って、司法の施行も寛大で、税金も安くしてくれるわけではなかった。地味には恵まれていたから貧しい地方ではなかったが、総体的には農業地帯である。

ただし、古代ローマ時代からの海港都市のアンコーナやラヴェンナがあり、ヨーロッパ最古の大学を持つボローニャもある。また、アッシジに生れた聖フランチェスコの父親は、フランスとの間で手広く商いをしていた人である。知的にも経済上でも、後進地帯ではまったくなかった。

中部イタリアの半ばまでを占めていたこの地方が、「聖ペテロの資産」の名によってローマ法王の直轄統治下にあった歳月は、実に一千年を越える長期におよぶ。

西暦一八七〇年、この時代に燃えあがったイタリア統一運動のあおりを食った形で、長年つづいてきた法王領土も寿命がつきる。テヴェレ河の西岸のヴァティカン市国だけになってしまうのは、だから一八七〇年からなのだ。

しかし、世俗の君主並みに持っていた地上での資産を失ったことによって初めて、ローマ法王は宗教面での指導者のみの存在にもどれたのであった。「皇帝のものは皇帝に、神のものは神に」と言ったイエスの想いの、継承者の顔ができるようになったのである。

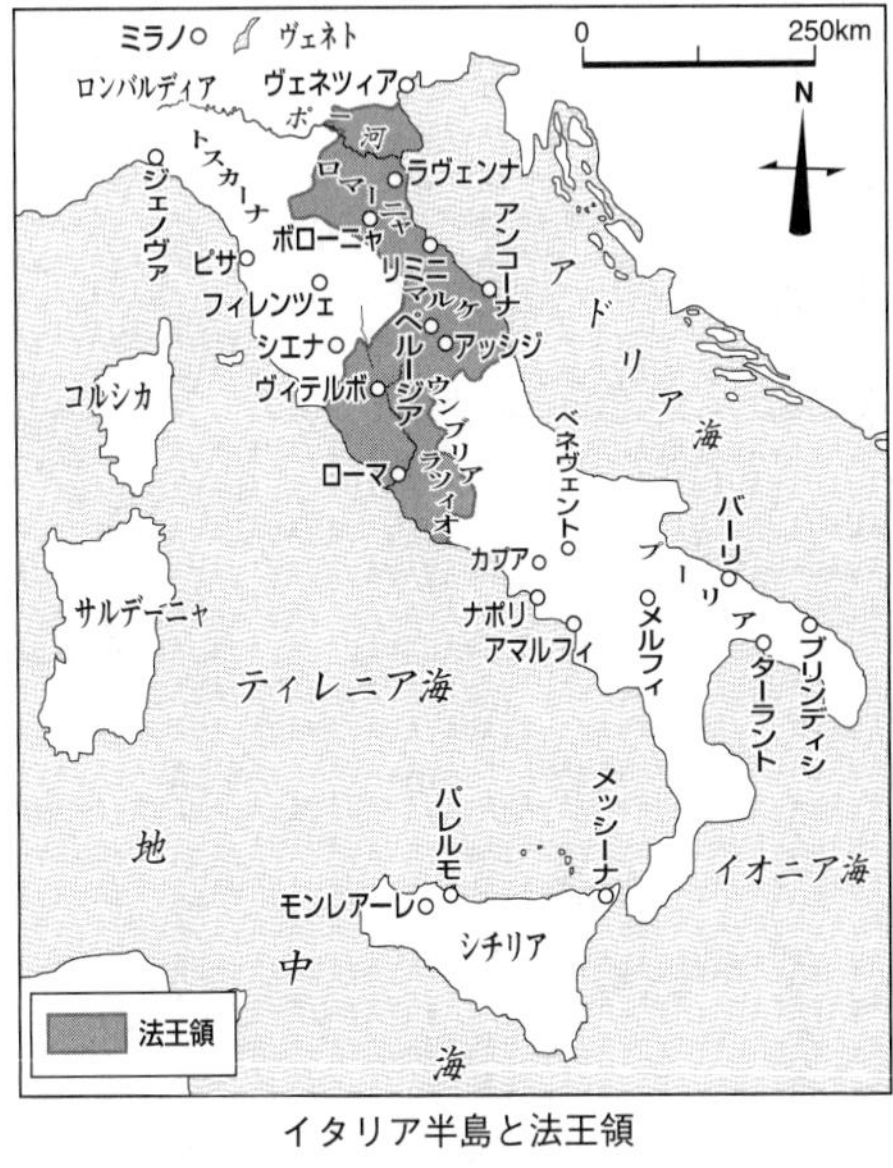

イタリア半島と法王領

だが、これよりは六百三十年も昔にフリードリッヒが強行した「聖ペテロの資産」への侵攻を、あの時代では、政教分離への一里塚、と見た人は少なかった。当時の人の多くは、ローマ法王側が主張する、領土欲に駆られた皇帝による法王領土への侵略、と受けとったのである。皇帝はついに、キリスト教徒ならば疑うことも許されない、聖なる法王の領地に足を踏み入れるという暴挙に出た、として。

一二四一年のこの年中、フリードリッヒの行動は、これ以上はないと言ってもよいくらいに多岐にわたっていた。四十六歳になっていたフリードリッヒの組織能力が、最高度に発揮された年でもある。彼自身はどこにいようと、彼からの命令書をふところに馬で各地に向けて発つ人の数は、日によっては百人を越えていた。

まず、内政。決定的な軍事行動に出るには、何よりも国内が安定していなくてはならない。皇帝にとっての「国内」はドイツと南イタリアだが、その二国とも各地方には分野ごとの担当者を配置し、彼の考えに沿った政策を着実に実施する任務が課された。いつもの彼のやり方だが、その年はより徹底させたのだ。結果は、「良」で終始する。

同時に、外政も忘れるわけにはいかなかった。いつもの書簡外交は、このときも成功する。ローマ法王と正面きっての対立を始めたというのに、フランス王もイギリス王も静観をつづけたのだから。ただし、北伊を攻めたときとちがって今回は援軍は送ってこなかったが、フリードリッヒにはそれで充分だった。

軍事。これは防衛と攻撃に分れるが、自国の防衛については、皇帝は南伊では、陸軍と海軍の責任分野を明確にして実施はそれぞれの担当者にまかせるという、いつものやり方を貫く。一方、封建色を濃く残していたアルプスの北側では、自領を冒されたくない諸侯にまかせておくだけでよかった。法王領内への進攻は、北と南からの双方で始まっていたが、ここでも責任分野は明確で、最前線には、若い世代が積極的に登用されている。

組織の持つ力を充分に活かすには、責任分野の明確化と指揮の一本化が欠かせない。この年のフリードリッヒは、その面でも不足はなかった。要するに、見事なまでのオーケストラの指揮者であったのだ。

追いつめる

「聖なるペテロの資産」は、北と南の双方からの攻勢にさらされたことになる。将たちがそれぞれに率いる皇帝軍が、法王のいるローマに向けて、広がっていた網を縮めていくように攻め上ってきたからである。

恐怖に駆られたのは、ローマの住民たちだった。ここまでにしてしまった責任は法王グレゴリウスにあると、法王をローマから追い出そうと主張する声が高まっていた。外からも内からも追いつめられてしまったのは、法王グレゴリウスである。メロリアの海戦が行われたのは、五月の三日である。あれによって公会議開催が阻止されたときから、三ヵ月しか過ぎていなかった。皇帝による法王の追いつめ作戦が、あらゆる方面から、それも速攻で行われたことを示している。

フリードリッヒ自身、八月十日には、ローマの西にあるティヴォリに入っている。十五日には、南に大きくまわってグロッタフェラータにいた。ティヴォリからローマまでは三十キロの距離だが、グロッタフェラータからローマまでは、ラティーナ街道一本で十三キロしかない。法王グレゴリウスには、もはや逃げる道は一つも残されていないかのようであった。ところがグレゴリウスは、最後に残された唯一(ゆいいつ)の武器を振るったのである。

八月二十二日、法王庁は、ローマ法王グレゴリウス九世が七十一歳で死去したことを公表した。ローマ中の教会という教会の鐘楼からは、陰々と暗く響く鐘の音が鳴り始める。死者をとむらうために鳴らされる弔鐘は、皇帝の命令を受けてローマの城門に接近中だった、先行隊の兵士たちにも聴こえた。

これが日本ならば、〃イタチの最後っ屁〃と言うところだと思うと笑ってしまうが、追いつめられた末に訴えた最後の非常手段、ということならば成功したのである。

十三キロを残す地点にまで来ていながら、フリードリッヒは全軍に撤退を命じた。フリードリッヒは、キリスト教世界の世俗の君主のトップである、神聖ローマ帝国の皇帝であった。その彼が、キリスト教世界の聖職者のトップである法王が死去したローマに、攻め入ることはできなかった。キリスト教徒としての道に、反することになるからである。

また、ローマ法王とは、何よりも先にローマの司教である。司教とは、その教区に住む人にとっては、自分たちの信仰の導き手だ。ゆえに今でもローマ法王は「パパ」と呼ばれ、ローマに住む人々にとっては相談相手でもあるところから、たとえ外国人でもイタリア語を話すことが求められる。その「父」が死んで喪に服しているローマに攻め入るなど、人間としても許されることではなかった。

軍を退いたフリードリッヒは、南伊の彼の領国にもどって行った。次の法王が選出され、ローマに住む人々の喪が明けるまで、待つつもりでいたのである。だが、その状態、つまり法王空位期間が二十二ヵ月にもおよぶとまでは、予想していなかったにちがいなかった。

間奏曲（intermezzo）

これより述べる諸々の事柄は、法王グレゴリウスの死から次の法王選出までの二十二ヵ月という期間に、まとめて成されたのではない。フリードリッヒは、彼が占めていた立場からも彼自身の気質からも、数多くの事柄、一見何のつながりもない感じでも数多くの事柄を、併行しながら進めていくタイプの男であった。ゆえに、彼の生涯を、厳密な編年方式によって叙述すること自体が不可能なのである。

ただし、もはや正面きっての激突になっていた皇帝と法王の対決も、グレゴリウスの死から次期法王が選出されるまでの二十二ヵ月間、事実上の休戦状態に入ったのもたしか。この二十二ヵ月間は、フリードリッヒの行動の密度も大幅に減っている。彼にとっては、四十六歳から四十八歳にかけての二年足らずとはいえ、休養の期間にはなったのだろう。

それで、この男を書く側としても、この間を利用して、編年式叙述では挿入がむずかしかった、ということはそれらをいちいち挿入していては編年式叙述によってのみ生れる「歴史の流れ」が止まってしまうからだが、それゆえに挿入できないできた諸々を、ここでまとめて叙述することにしたのである。話が前後することが多いが、それも、まとめてしまったがゆえと思われるよう。

女たち

ローマの法王たちからは理想の君主と見られていたフランス王のルイ九世は、女と言えば王妃のマルグリットしか知らず、十人にもなる息子や娘の全員はこの王妃一人から生れている。なにしろ、どこへ行くにも王妃同伴という男で、十字軍の遠征にも連れていくことになる。

一方、ルイよりは二十歳年上になる皇帝フリードリッヒは、戦争には女の同伴などは絶対にしなかったが、それ以外でもルイとは正反対の男だった。子を産んだがゆえに存在が知られている女だけでも十一人もいて、その女たちから生れた息子と娘の合計は十五人にもなる。

ルイ九世と王妃マルグリット

それに、フリードリッヒは、正妻と愛人を、政略による結びつきと政略が介在しない結びつき、でしか分けなかった。つまり、結びつきの相手ということならば、差別はいっさいしなかったのである。それゆえここでも、正妻と愛人を分けて記述するのではなく、それこそ編年叙述式にとりあげていきたいと思う。

スペインはアラゴン王家に生れたコスタンツァは、十四歳の年にハンガリー王に嫁いだ。翌年に息子が生れるが、夫の王はその五年後に死ぬ。王は、息子が成人するまでの国政を弟に託して死んだのだが、その弟が王位を奪ったため、コスタンツァは五歳の息子を連れて、ハンガリーとは近いオーストリア公の許に逃げるしかなかった。ところがそこにいる間に、幼かった息子が死ぬ。縁がなくなってしまった中部ヨーロッパに、彼女の居場所はなかった。スペインにもどり、母が創設していた尼僧院に入る。そこだけが、二十二歳で未亡人になった彼女の居場所になった。

五年にわたる尼僧院での生活が過ぎた一二〇九年、コスタンツァは再婚することになった。この結婚を決めたのは、時のローマ法王インノケンティウス三世で、結婚の相手は、法王が後見人になっていた十四歳のフリードリッヒ。

ただこの十四歳は、ただの十四歳ではなかった。南イタリアとシチリア島を合わせたシチリア王国の王であったというだけでなく、自分から勝手に成人宣言をして、後見人をあわてさせていた十四歳でもあったのだ。おかげで、再婚の話がもちあがったその年に結婚式も行われる。スペインから海路シチリア王国の首都パレルモに上陸した彼女を出迎えたのが十四歳の新郎。結婚式は、キリスト教世界では重要な行事をする日と決まっている、聖母昇天祭の八月十五日に行われた。

十四歳と二十六歳で始まったこの結婚は、両者ともに良好な状態で進んだようである。二十六歳ですでに人生の苦を味わっていたコスタンツァは、若い夫に対して心やさしく包みこむように接したのだろう。女にとって対処しやすいのは、何をやりたいかわからないでいる男よりも、やりたいことがはっきりしている男のほうなのだ。かたわらで見守っているだけでよいのだから。また、フリードリッヒのほうも、幼くして孤児になって以来身から離れないでいたにちがいない緊張感をやわらげてくれる相手を、この年上の妻に見出したのかもしれない。結婚後二年足らずの一二一一年、男子が生れる。フリードリッヒの亡き父の名をとって、ハインリッヒ（イタリア語読みならばエンリコ）と名づけられた。

　ところがこの結婚生活も、三年足らずで中絶することになる。一二一二年の一月、パレルモの王宮にいたフリードリッヒの許を、ドイツからの使節団が訪れた。この時期は神聖ローマ帝国の皇帝だったザクセン公オットーに不満のドイツの諸侯たちが、オットーへの対立候補にフリードリッヒを選んだから、それを既成事実にするためのドイツ行きを要請してきたのである。

　その年フリードリッヒは、まだ十七歳だった。コスタンツァは、夫のドイツ行きには反対であったらしい。だが、父も祖父も、神聖ローマ帝国の皇帝であったフリードリッヒだ。それに彼は、この好機を逃す男ではなかった。

　二月、一歳にも満たない息子を、シチリア王国の王位に就ける式を挙行する。ローマ法王がドイツと南イタリアが同一人の領土になるのを嫌っていたので、ドイツに向けて発つ前に、シチリア王国は息子に譲ったことを示す必要があったのだ。三月、シチリア王国の統治を妻に託して、十七歳の夫は、先も定かではない冒険に発って行った。

それからの四年間、コスタンツァには夫に会わない日々が過ぎていく。一二一六年、その彼女の許に、息子を連れてドイツに来るようにとの夫の手紙を持った使節団が到着した。しかも使節団は、母と子のドイツ行きに随行する役割を、フリードリッヒから命じられていた。ローマでの戴冠式(たいかんしき)への同行がその理由だ。コスタンツァは従うしかなかった。

一二二〇年、ローマで行われる、法王による神聖ローマ帝国の皇帝としての戴冠式のために南下するフリードリッヒに、コスタンツァも同行していた。九歳になっていた息子は、皇太子という感じのドイツの王位に就いていたので、ドイツに残していくしかなかった。母と息子は、これ以後一度も会わずにそれぞれの人生を終えることになる。

しかし、ローマで、法王の手から冠を授けられたことによって、フリードリッヒは名実ともに神聖ローマ帝国の皇帝になったのだが、コスタンツァも同時に、皇后の冠を授けられたのである。だが、その後は、席の暖まる暇もないくらいに政務に没頭する日々を送る夫とはちがって、妻で皇后のコスタンツァには、南の島シチリアでの、穏やかだが平凡な日々が待っているだけだった。戴冠式の二年後、シチリアのカターニャにある城で死ぬ。三十九歳だった。

放って置いたと非難されるフリードリッヒだが、妻の死を知るや急ぎシチリアにとって返す。パレルモの主教会（カテドラル）で行われた壮麗な葬礼のすべては、彼自らがとりしきった。コスタンツァの遺体は皇帝の色とされていた赤色の絹地の服につつまれ、頭に冠せられた宝冠から何から、皇后になったときに夫が贈った宝飾品のすべてが、遺体とともに棺（ひつぎ）に納められた。今なおそれらは、パレルモの主教会の宝物館で見ることができる。

ただし、フリードリッヒが妻の遺体を納めさせた棺は、以前から彼が気に入っていた古代ローマ時代の石棺（せきかん）であったのだ。今見ても、出来ならばたしかによい。だが、キリスト教への信仰が厚かった彼女のことだ。いかに美的で造りはよくても異教のものと一眼でわかる石棺に納められたのでは、ありがた迷惑ではなかったかと想像する。しかも、その彼女の夫は、石棺に、「あなたのフリードリッヒ」などと彫らせた男でもあった。結婚当初からの年上の妻への親愛の情は、十三年が過ぎた後でも持ちつづけていたのかと思う。

また、正妻だけでも四人、愛人もふくめれば十一人にもなる女たちの中で、フリードリッヒが、シチリア王国の首都の主教会（カテドラル）、いずれは彼自身も葬（ほうむ）られる教会の中に墓を持つことを認めた女は、このコスタンツァ一人であった。彼女だけが、夫とともにローマ法王から帝冠を授けられたことによって、名実ともの神聖ローマ帝国の皇后であったからだ。キリスト教への信仰心の厚い妻の遺体を納める石棺に、出来が良いというだけで異教時代のものを選んで平然としている夫には、呆（あき）れ返るしかなかったとしても。

呆れ返ることは、これひとつではなかった。十七歳の年にドイツに向けて発ったフリードリッヒだが、その二年後には早くも愛人をつくっていたのである。ドイツの貴族ウルスリンゲン家の娘で、名をアデライデといった。この時代の女の多くは生年が不明なのだが、どうやらフリードリッヒとは同年輩であったらしい。一二一五年には娘が生れ、その翌年には息子のエンツォが生れる。

フリードリッヒは、正妻は政略結婚の相手と割りきっていたのか、容姿までは問題にしなかった。だが、愛人となると、美女と決めていたようである。なぜなら、正妻との間に生れた嫡出子（ちゃくしゅつし）には容姿の美しさを記した記録はないのだが、愛人との子、つまり庶出子となると、そろいもそろって美男子ばかりになる。中でもとびきりの美男と評判だったのが、エンツォとマンフレディの二人であったから、エンツォの母親のアデライデも、美しい容姿の女であったのだろう。ただしこの女人は、フリードリッヒに二人の子を与えたというだけで、その後はどこで暮らしていたのか、没年はいつなのかも、知られていない。それでも姓名が残っているのは、男子を産んだ愛人、だからであった。

編年式を採る以上は次にくるのも愛人で、アンティオキアのマリア、としか知られていない女になる。長きにわたってこの女人は、フリードリッヒが第六次十字軍で中近東に遠征した折りに知り合った、アンティオキアの有力者の娘と考えられていた。

だが、この説を採ると、しばらくしてフリードリッヒが活用することになるこの女から生れた息子の年齢がどうにも若すぎる。このことに疑問を持った研究者もいたとみえ、その人が調べた結果、次の仮説が生れた。つまり、フリードリッヒとこのマリアの出会いは十字軍遠征に向う以前、おそらく、一二二〇年に行われたローマでの戴冠式を済ませて南イタリアにもどってきた、三年後ぐらいではなかったか、というのだ。そしてこのほうが、今では有力な見解とされている。生家も、アンティオキアのマリアと言っても実際は、シリアのアンティオキアと関係があったシチリアの諸侯の娘の一人であった、というのだ。中世も、後期ともなればヨーロッパとオリエントの交流は密になる一方で、それも、十字軍運動のもたらした成果の一つであった。

というわけで、アンティオキアのマリアの名で残る女人はイタリアのどこかでフリードリッヒの眼にとまってしまった結果、翌年には息子が生れる。その息子に二十八歳の父親は、自分と同じ名を与えた。ドイツ語読みだとフリードリッヒだが、この人の活躍の場はイタリアで終始するので、イタリア語読みにすればフェデリーコとなる。ゆえに歴史上の名も、父親と区別するために「アンティオキアのフェデリーコ」で残る。息子の没年はわかっているが、母親の没年は知られていない。

その一年後になる一二二五年、フリードリッヒは二度目の結婚をしている。相手は、十四歳でもオリエントの十字軍国家のイェルサレム王国の女王で、名をヨランダといった。十字軍遠征を延期に次ぐ延期で先延ばしする一方のフリードリッヒを、遠征に発たせるためにローマ法王庁が仕組んだ結婚である。だが、結婚であろうと自分にとって好都合であればOKするフリードリッヒだ。南イタリアの海港ブリンディシに上陸したヨランダを迎えて、婚礼は、ブリンディシの主教会(カテドラル)で華々しく挙行された。この結婚を当時の人が描いたマンガ風の絵には、新郎と新婦の間には、ローマ法王の姿も描かれている。法王ホノリウスは、婚礼には出席していなかった。それでも法王までが描かれているのは、この結婚がローマ法王のプロデュースによったことを、マンガ風の絵でしか知りえない民衆までがわかっていたことを示していた。

しかし、少女というだけでなくヨランダは、女としてもフリードリッヒにはもの足りなかったらしい。それでも正式の結婚は、彼のような立場にある者にとっては後継者のスペアを増やす意味をもつ。そのための義務は果したようだが、翌日には早くも、ヨランダにつきそって来ていた女官の一人のアナイスに猛烈なアタックをしている。ヨランダ自身が父親にそのことを嘆いた手紙を送ったので知られるようになった事実だが、その手紙がなくてもこのエピソードは、遅かれ早かれ知られていただろう。アナイスは一年後に、ビアンコフィオーレ（白き花）と名づけられた女子を産んだ。

正妻のヨランダからは、その二年後に男子が生れる。この男子は、フリードリッヒやハインリッヒと並んでホーエンシュタウヘン一門の男たちにとっては伝統的な名である、コンラッドと名づけられた。だが、母親のほうは、出産の十日後に死ぬ。この時代では階級の上下を問わず、女にとって出産は命がけであったのだ。だがこれで、三十三歳になっていたフリードリッヒは、またも「独身」にもどる。

ところがフリードリッヒは、いまだ正妻のヨランダが存命中という一二二六年、運命的な出会いをしていたのだった。

その年の春のフリードリッヒは、北イタリアでも最も西側に位置するトリノを中心にしたピエモンテ地方を視察していたのだが、その視察行の案内役が、この地方の有力領主で皇帝派の重鎮でもあるランチア侯だった。視察の途中で昼食をとるために、侯の分家筋にあたる人の住む城館に立ち寄る。その場に挨拶（あいさつ）に現われた二人の娘の妹のほうに、三十一歳の皇帝は一目惚（ぼ）れしてしまったのだ。ビアンカ・ランチアは、このとき十六歳であったという。

時間の活用では、余人の追随を許さなかったフリードリッヒのことだ。つまり、時間の無駄を嫌うというわけだから、これは女に対する場合でも変わらなかったらしく、これと決めた相手に対するフリードリッヒのアタックは集中的になされる。だが、ビアンカに対してだけはなぜか、速攻一本槍（やり）ではなかったようであった。このカップルに子が生れるのは、出会いから四年が過ぎた後になる。この四年間はフリードリッヒにとって、直面する諸々の問題の解決で席の暖まる暇もなく、またその後には、十字軍に遠征した一年間がつづいた。

あの時代の女性の装束

だが、遠征から帰国するやただちに彼女を呼び寄せでもしたのか、帰国の翌年には、コスタンツァと名づけた女子が生れている。その二年後、待望の男子が誕生した。その名は、ビアンカの実家が属す一門の男たちに多い名をとって、マンフレディと名づけられる。ドイツ式の発音ならば、マンフレッド。そしてその翌年、ヴィオランテと名づけられる女子も生れた。フリードリッヒとの間に三人も子を生した女はビアンカ一人で、合計すれば三人になった正妻にもいない。

このビアンカを、同時代の年代記作者の二人までが、皇帝フリードリッヒが本心から愛したただ一人の女、と書いている。出会ってから死ぬまでの二十年間、フリードリッヒ一筋に生きた女であった。

しかもこの二十年の間にフリードリッヒのほうは、イェルサレム女王のヨランダが死んだ後にもう一度英国の王女と結婚しただけでなく、五人も愛人を次々と作っていたのだ。その一人はビアンカ附きの侍女であったのだから、呆れた男、と言うしかなかった。

フリードリッヒが四十歳の年に行われた三度目の結婚の相手は、英国王ヘンリー三世の実妹で二十一歳のイザベルである。もちろん政略結婚で、フリードリッヒの目的は、フランスを牽制するためにイギリスと結びつくことと、もともと彼に心酔しているヘンリーとのつながりを強固にすることにあった。

ただし英国妻は、立居振舞の美しい女であったのに加えて利発な女でもあったらしく、一女一男を得た六年間の結婚生活は、フリードリッヒにとってもなかなかに愉しい六年であったようである。それでも、軍務だけでなく政務にも女は同行しない彼のことだ。この彼の行動をたどっていると、子を産んだ妻をラヴェンナに見舞うとあっても、その数時間後にはラヴェンナを後にしている、という始末。正妻の身分であろうと、相手がフリードリッヒでは、特別待遇を期待することからして無理なのであった。

この英国の王女も、一二四一年の冬、フォッジアにある王宮で死ぬ。三度目の懐妊がこじれた末の、二十七歳の死だった。法王グレゴリウスが死んだことでローマから軍を退くしかなかったフリードリッヒは、少なくとも妻の死は看取ったようである。

これらのことすべてを長年にわたって飲み下してきたビアンカだが、この五年後には人生が、少しにしても変わった。三度目の正妻の死から五年が過ぎた一二四六年、五十一歳になっていたフリードリッヒはビアンカと結婚したのだ。フリードリッヒにとっては四度目の結婚だが、三十六歳になっていたビアンカには初めての結婚だった。式は、このような場合には欠く人ではなかった、パレルモの大司教ベラルドによって行われる。そして、母親にとっては晴れの場である結婚式には、息子と娘も出席していた。二年前にギリシアのニケーア帝国の皇帝に嫁いだ長女を除いて、十四歳のマンフレディと十三歳のヴィオランテは出席していたのである。

しかし、この結婚を、ローマ法王は認めなかった。ローマ法王にしてみれば、キリスト教徒にとっての正しい結婚とは、肉体関係に入る前に神の前で誓った結婚、でなければならないのである。長年の愛人を妻に迎えてもそれは正妻ではなく、愛人時代に生れた子も、嫡子にはならず庶子のままでつづく、というのがカトリック教会の考え方であったのだから。

それでも、聖職者も高位になれば、どこかで折り合うことを知っている人たちでもある。それで王の離婚を認めることもしばしば起るのだが、相当な譲歩を獲得した後で、しぶしぶを装いながら認めるのが常であった。だが、フリードリッヒは、ローマ法王に対してはとくに、譲歩は絶対にしない男であった。

このような事情もあって、晴れて正妻になれたというのにビアンカは、パレルモやフォッジアにある王宮に移り住むこともなく、以前にフリードリッヒから贈られたジヨイア・デル・コーレの城に住みつづける。二年後に訪れる死を迎えたのも、この美しい城の中であった。

後日談、という感じでつけ加えるが、ビアンカの死の二年後にはフリードリッヒにも死が訪れるが、皇帝の遺体を葬礼と墓所の場になるパレルモに運んでいく葬列は、普通ならばブリンディシから船でパレルモに向うところを、いったん南イタリアの内陸部に入ってそこで一泊し、その後はターラントの港に出てそこから船でパレルモに向うという道をたどっている。葬列のすべてをとりしきったのは、息子の中で一人だけ父の死に立ち会えたマンフレディであった。フリードリッヒの遺体は、ジョイア・デル・コーレの城で、そこに眠るビアンカと一夜をともにする。十八歳になっていた息子マンフレディの、父と母への暖かい想いの発露であったのかもしれない。

　ほんとうは女たちの話はこれで終わりにしたいのだが、フリードリッヒという男は困った男だからしかたがない。ビアンカ・ランチアとの運命的な愛を知った後というのに、作ってしまった愛人がまだ四人もいるのである。そのうちの三人は、名さえも知られていない。生れたのが女の子であったからで、父親のフリードリッヒは生れたのが女子でも必ず認知し、成長後の嫁ぎ先まで気を配っているが、中世とは、男子を産まない女には冷淡な時代なのであった。

　愛人の中でもう一人、紹介するに値する女がいる。マンナという名しか残っていない女人だが、この人は、フリードリッヒにとってはかけがえのない存在でありつづけた、パレルモの大司教ベラルドの姪であった。信頼厚いこの人の姪にまで手を出したのかと思うと呆れ返るしかないが、ベラルドのほうも、ヤレヤレとでもいう想いぐらいは持ったろう。愛人は政略を伴わない結びつき、とは言っても、フリードリッヒもまったく困った男であった。

ただし、この女人が産んだのは男子で、リカルドと名づけられる。成長後は父親によって要職に就けられて活用されることになる、フリードリッヒの庶出子の一人になるのである。

というわけで十一人もの女から七人の男子と八人の女子を得たフリードリッヒだが、この女たちの誰一人として、問題を起した女はいない。ローマ法王に訴えたり、敵方の誰かと通じたり、息子を説き伏せて反父親に起《た》たせたりというような不祥事を起した女は、フリードリッヒの正妻や愛人の中には一人もいなかったのである。あちこちに女を作っておきながら、フリードリッヒは女の問題で悩んだことは一度もなかった。

フリードリッヒという男は、その生涯を通じて、正妻は当然にしても愛人ですら、隠したことはなかった。愛人たちの存在は、だから、公然の秘密ですらもなかったのだ。誰もが、彼女たちの存在を知っていた。ローマの法王も他国の王たちも、イタリアやドイツの有力諸侯たちも、全員が皇帝の女たちの存在を知っていたのである。周知の事実では問題にするまでもなくなるから、スキャンダルにはならない。

それに彼は、妻妾《さいしょう》同居は絶対にしていない。以前の愛人を家臣の誰かと結婚させること、つまり用済みになった愛人を家臣に払い下げるなどということも、まったくしなかった。

フリードリッヒにとって、「元愛人」は一人も存在せず、全員が「現愛人」なのである。その多くの女たちにとっては、彼が訪ねてくるのもまれになっていただろう。だが、彼にとってはあい変わらず愛人であり、その愛人たちに不自由な想いをさせたことはなかった。めんどう見がよかったと言うしかないが、実際となると大変であったろう、とも思う。また、これは特筆すべき価値があると思うのは、皇帝の愛人になった女の実家が、その理由だけで利益を得るようになる事態もまったく起らなかったことである。トクになるわけではないのだから、わざわざ皇帝に娘を差し出す理由もないのだった。

また、これは最も重要な点だと思うのだが、フリードリッヒという男は愛人たちのめんどうを最後までみただけでなく、これについては次にとりあげるが、愛人たちから生れた子たちのめんどうも徹底してみる男であったということだ。女にとって最も重要な存在は、何であろうと自分が産んだ子である。その子の将来を徹底して配慮してくれる男に対して、嫌がらせをしたいと思う女がいるだろうか。

最も成功する女の操縦法とは、隠さない、捨てない、不可能なことはできないが可能なことならばすべてやる、という、ごく普通のフェア・プレイしかないのである。これをある人は、「正直」という言葉で表現している。「正直」に振る舞われては、恨んだり怒ったりすることもできないではないか。

古代ローマの人ユリウス・カエサルも、あちこちで愛人を作りながらその誰からも恨まれなかったという、稀有なる才能の持主であった。カエサルも、男が相手の場合とはちがって相手が女だと、常に正直に振る舞った男である。女は、月並の頭脳の男たちが考えるほどは、バカには出来ていないのだ。

子供たち

女でも正妻と愛人の差別をつけなかったフリードリッヒでは、その子たちも、嫡出子と庶出子を分けるわけにはいかなくなる。ゆえに、女たちと同じで子供たちも、編年式の叙述で通したい。

と言っても、嫡子と庶子はやはり同一線上にはない。それは中世というこの時代のきわめて大きな特色で、領国を継ぐのは正式の婚姻から生れた嫡出子でなければならず、そうでないとローマ法王が認めてくれないからであった。フリードリッヒも、彼の領国である神聖ローマ帝国とシチリア王国の後継ぎには、正妻から生れた嫡子をすえている。だが、このこと以外ならば、フリードリッヒは、嫡子と庶子を差別することはまったくなかった。

それどころか、父親と親しく接する機会ということならば、庶子のほうが断じて恵まれていたのである。嫡子となれば後継者だから、いまだ少年期にあろうと、将来の任地に送られてしまうからだ。また、フリードリッヒの養育法からして、同時代の王侯たちとはちがっていた。

男の子ならば七歳前後になると、母親から離されて父親に引き取られる。将来の任地に送られる必要のない庶子たちは、こうして父親のそば近くで育つことになる。妻妾同居はしなかったフリードリッヒだが、いずれもちがう母親をもつ息子たちには同居させたのだった。十五歳で達する成年まではおそらく、フォッジアの王宮に寄宿し、父が選んだ教師たちの許で学び育っていったのだろう。席の暖まらないくらいに各地を移動するフリードリッヒだったが、嫡出であろうと庶出であろうと関係なく、息子たちの養育にはなかなかに熱心な父親であった。

成年後は、父親の後に従いての見習い期間が始まる。そして二十歳に達する頃からは、父が任命した要職に就き、持って生れた資質と与えられた養育の成果を発揮する年代に入る。これが、庶子たちがたどるコースであった。フリードリッヒはこの庶子たちを、単なる部屋住みにしていない。嫡子をささえるという、重要な働きを期待していたからである。

このフリードリッヒが、ただ一度、子育てに失敗したのが長男のハインリッヒであった。この人については前に述べたのでくり返すのはやめるが、独立独歩型の人間はえてして、自分以外の人でもそうだろうから、一人でもやっていけると思ってしまうものなのだ。それで、九歳の息子をドイツに残してきたまま放っておいたのだが、それが失敗の因になる。

しかし、ハインリッヒは所詮(しょせん)、フリードリッヒではなかったのだった。一介の領主の跡取りにでも生れていれば、平穏な人生を送れていたにちがいない。だが、彼の父親は、キリスト教ヨーロッパ世界の俗界の最高位者である、神聖ローマ帝国の皇帝である。その人の後を継ぐのは、彼には荷が重すぎたのだった。

それでも、自分とは十六歳の年齢差があり、二十四歳になっていた長男は、年齢からしても後継者に最適であった。その長男を廃位に処さねばならなかった父親の心情は、単純ではなかったと思う。この長男に代わりうる嫡出子のコンラッドは、まだ七歳でしかなかった。

年齢順ならば、嫡子ハインリッヒの次にくるのは、一二一六年生れの庶子エンツォになる。

肩にまでかかる波打つ金髪、均整のとれたすらりとした身体(からだ)つき、立居振舞の争えない品位、それでいて敏捷(びんしょう)な動き、微笑をたたえた蒼(あお)い眼で見つめられると女でなくても絶句する、とまあ同時代人の筆になる記述は彼のたぐいまれな容姿への賞讃で埋まっているが、エンツォはそれだけの男ではなかった。

教養は、父やその周辺の知識人たちと対等に話し合えるほどに高く、詩作の才も豊か。とくに好んだ鷹(たか)狩りを始めとして野外での生活を好む、いかにも若者らしい若者だったが、統治でも戦闘でもなかなかの才能の持主であることを示す。自分とは二十一歳の年齢差のこの息子を、フリードリッヒは愛しただけでなく頼りにもしていた。

父に同行しての見習い期間を終えるや、フリードリッヒはエンツォを、次々と要職に就けていく。皇帝軍の向うところ、エンツォの姿のない戦場はない、と言われるほどに、父親の腕になり足になっていったのだ。

二十二歳で、サヴォイア伯の娘と結婚している。その後もエンツォの活躍は北イタリア全域にわたって発揮され、ミラノを中心にしたロンバルディア同盟を押さえつけておくのに多大な貢献をした。

二十七歳の年には、父によって、サルデーニャ島の王に任命されている。コルシカとサルデーニャの両島とピサを活用することでティレニア海北部まで覇権下に置こうとしていたフリードリッヒの戦略を、最前線で実施していたのがエンツォだった。

この戦略が既成事実になろうものならどこよりも打撃を受けることになるのは、同じ海洋都市国家とてピサとは仇敵の関係にあるジェノヴァである。この後にジェノヴァ出身のローマ法王インノケンティウス四世が仕組むことになる対皇帝の陰謀の具体的な目標が、フリードリッヒとエンツォの二人ともを殺す、であったのが、二十歳から三十歳にかけての時期のエンツォの存在の重要さを示していた。このエンツォの、三十代後半から後の生涯の叙述は後にゆずる。

エンツォよりは八歳ほど年下になる「アンティオキアのフェデリーコ」も、寄宿生活から始まる庶子コースをたどった一人だった。成人した年の十六歳で、父親から、中部イタリアにあるアルバの伯爵領を与えられている。その頃から彼の見習い期間は始まり、エンツォ同様に各地の戦場を転々とする生活がつづくが、戦場でのフェデリーコは、エンツォほどは華々しい存在ではなかった。だが、統治となるとエンツォ以上であったかもしれない。その面での才能は、二十代に入ってから開花する。

その初めが、フィレンツェ共和国の「ポデスタ」（長官）だった。皇帝側に立つと決めたフィレンツェが長官の派遣を要請し、それを受けたフリードリッヒが、まだ若いこの息子に白羽の矢を立てたからである。中伊の重要な都市国家フィレンツェがいつまで皇帝側にありつづけるかが、二十一歳のフェデリーコにかかっていたのだった。

ところが、これが成功する。他の都市ならば皇帝派（ギベリン）と法王派（グェルフィ）に割れるだけだが、法王派だけでも「ビアンキ」（白）と「ネーリ」（黒）に割れるというのが、フィレンツェ人の気質なのである。他国から来てこのフィレンツェ人をまとめていくだけでも、並の才能でやれることではなかった。それが、二十一歳の若者にできてしまったのだ。

しかも、アルバ伯フェデリーコは、すぐつづいて父親から、フィレンツェをふくめたトスカーナ地方という、何ごとにも自分の意見を言わないと気のすまない人、ばかりが住むトスカーナ地方全域の皇帝の代理に任命され、その任務を五年もの間にわたって果しつづけるのである。トスカーナっ子気質を知る者にはそれだけでも驚嘆するしかないが、この大任をまだ若い息子にまかせたフリードリッヒの、負担を軽くしたことだけはたしかであった。北伊では、ローマ法王が後押しするコムーネと皇帝側の緊張関係がつづいていたこの時期、中伊では一貫して穏やかな状態にあったのだから、そのちがいは印象的でさえある。これも多くは、歴史上では「アンティオキアのフェデリーコ」の名で残る、この人の働きによったのであった。

この男に四年違いでつづくのが、フリードリッヒの二番目の正妻から生れたコンラッドである。出産後に母親が死んだので育ったのはフォッジアの王宮だが、彼の王宮での、他の子たちとの寄宿生活は短かった。長兄が廃位されたことで後継者のナンバーワンになったコンラッドは、まだ七歳というのにドイツに送られたからである。ただし、イタリアとも父親とも関係なく、そのまま北の国で成長したのではなかった。長男の失敗をくり返したくなかったフリードリッヒが、信頼できる人々に養育をまかせたのではなく、彼自らがしばしば手紙を書き送ることで、まだ幼い息子との間が密になるよう配慮しつづけたからである。

それらの手紙を読むと、高い地位に立つ者の心がまえから勉学の必要性から臣下の者への対応のしかたまで何もかも網羅してあって笑ってしまうが、幸いにもコンラッドは、父親が書き送ってくることの半分は頭に入れても他の半分は忘れてしまったようである。それもあって、ヨーロッパ中に名声とどろく高名な父親の存在に圧倒されることなく、素直に健全に成長したのだった。

ただし、イタリアで父の許で育った庶子たちとはちがってこの嫡子には、当時は文化水準の低かったドイツで育ったせいか、学芸に対する関心はあまりなかった。狩りは好きで、戦場も好きだった。それゆえか、ドイツ人の間では人気が高く、次期皇帝としてはまずは順調に成長していたのである。

この嫡子コンラッドにつづくのはまたしても庶子だが、正妻がいるにかかわらず三十四歳のフリードリッヒが、忠臣中の忠臣であったパレルモの大司教ベラルドの姪に惚れてしまったからである。その女人から生れリカルドと名づけられたこの息子も、父親の用意した〝庶子コース〟をたどる。

愛人にかぎらずその女から生れた子に対しても、めんどう見のよかったフリードリッヒのことだ。リカルドにも成人後は、キエーティの伯爵に加えてスポレートの公爵の地位が待っていた。ただし父親は息子に、単に領土を与えたのではない。キエーティ伯領もスポレート公領も、中東部イタリアに位置する。イタリア半島の北から西から南からローマ法王を締めあげつつあったフリードリッヒにとって、キエーティとスポレートは、戦略要地であったからだった。そのためリカルドは、見習い期間もそこそこに最前線に送り出され、若くして戦場で死ぬ。フリードリッヒの七人の息子の中で、父親に息子の死という悲しみを与えたのは、自死したハインリッヒと戦死したこのリカルドの二人だった。

年齢順ならばこの後に、ビアンカ・ランチアを母にもつマンフレディがくる。

容姿の美しさでは、エンツォと双璧（そうへき）であったらしい。だが、後世での知名度となると、マンフレディに完全に軍配があがる。詩聖ダンテが、書いてくれたからであった。『神曲』のなかにダンテは、数多くの人々を登場させている。だがこの中で、容姿の描写までしたのはマンフレディ一人しかいない。これに刺激されたのか後代になって、マンフレディを主人公にした作品が多く書かれるようになる。バイロンが長編詩を書き、歌劇（オペラ）まで作られたのだった。

「biondo era e bello e di gentile aspetto」（金髪で、美男で、佇（たたず）まいの美しい）で始まる煉（れん）獄（ごく）篇の一部だが、わずか三語で言いつくすのだから、ダンテの詩才には脱帽するしかない。美しく、若く、悲劇的なマンフレディの短い一生は、ロマン派の芸術家たちを待つまでもなく、マンフレディの死の一年前に生れていたフィレンツェ人のダンテにも、強く深い印象を与えていたのだろう。

詩は、声を出して読むものだ。

「金髪で、美男で、佇まいの美しい」ときて、

「だが、一方の眉間は半ばから断ち切られ」

とつづく。そして、マンフレディは、生きていながら死者の世界に迷いこんでしまったダンテに向って、微笑をたたえながら言う。

「わたしはマンフレディ、皇后コスタンツァの孫にあたる」

日本ではダンテを「詩聖」と呼び、ヨーロッパでは「桂冠詩人」と呼んで讃えるが、原語のイタリア語で読んでいくと、当然だと思う以外に思うことはない。日本語訳を試みはしたのだが、「ビオンド」と「ベッロ」は訳せても、「ジェンティーレ・アスペット」の翻訳には苦労した。

しかし、この「gentile aspetto」が鍵なのだ。「端麗な容姿」「立居振舞の品位の高さ」そして「佇まいの美しさ」こそが、その人の生れと育ちを端的に示す表現もない

からである。ビオンドでベッロだけの男ならば、見つけるには苦労しない。だがそれが「ジェンティーレ・アスペット」となると……。後世のロマン派の芸術家たちも、そこのところに敏感に反応したのにちがいない。

このマンフレディを、研究者たちは、フリードリッヒの息子たちの中で最も父親に似ていた、と評する。鷹狩りへの情熱から始まって学芸への愛好、イスラム世界との偏見なしの交流と、たしかにこの面での彼は父親に似ていた。だが、フリードリッヒが生涯を通じて持っていた強烈な自負心、持続しつづける意志、合理的で冷徹（クール）な視点、苦境に立ったときの克服力となると、父親には遠く及ばなかったように思う。

しかし、それだからこそマンフレディは、芸術家たちを魅了したのだろう。ダンテは『神曲』に、フリードリッヒも登場させている。だが、罪を悔やむマンフレディは天国に行く可能性を残す煉獄篇に登場させたが、父親のほうは、天国に行く可能性はゼロの地獄篇に登場させている。ルネサンスに足をかけていながら、中世人の心情も残していたダンテのことだ。カトリック教会の決める罪などはいっこうに悔やまなかったフリードリッヒの処理には困ったのか、異端者をとりあげた「地獄篇」の第十歌に登場させながら、名前をあげただけで先に進んでいる。マンフレディを主人公にするならば、映画も劇画もゲームも作れるだろう。しかし、皇帝フリードリッヒ二世となると、今後ともこの種の栄誉には浴せないにちがいない。

それに、このマンフレディは、父親の死の年にはまだ十八歳でしかなかった。見習い期間の真最中であったのだ。この人のほんとうの意味での生涯は、父の死の後から始まる十六年になる。

フリードリッヒが得た七人の息子の最後は、三度目に結婚した英国の王女イザベルとの間に生れたエンリコになる。正式な結婚による子だから嫡子だが、父の死の年にはいまだ十二歳。それでも嫡出子だ。遺言書には、コンラッド、マンフレディ、亡きハインリッヒの息子二人とともに名が記され、イェルサレムの王位を与えられている。だがこの息子は、父の死の三年後に死んだということしかわかっていない。遅く生れすぎたためか、それともさしたる資質の持主ではなかったゆえか。

自死したハインリッヒを除く六人の息子たちは、当時の一般的な状況下では奇跡に見えるくらいに仲が良かった。同じ母から生れた兄弟でも、リチャード獅子(しし)心王とジョン失地王のように仲が悪く、戦場で対決する例が珍しくなかった時代である。にもかかわらず、フリードリッヒの息子たちは団結を貫く。嫡子が庶子をないがしろにすることも起らず、庶子たちの間で争うことも起らなかった。フリードリッヒの死後にローマ法王が、息子たちの間を裂こうと企てたことがあるが、それに乗った息子は一人もいなかったのである。「アンティオキアのフェデリーコ」に至っては、法王の勧誘をきっぱりと断わり、破門されただけでは済まずに領地まで取りあげられてしまう。それでも年下の弟マンフレディとともに、父が遺したシチリア王国を守って闘いつづけるのである。息子となれば嫡子庶子の別なく手許に引き取って全員一緒に育てたのが、良い結果につながったのかと思ってしまう。

フリードリッヒには、この息子たちの他に八人もの娘がいた。中世という時代は、政略結婚に使えない女子は、「勘定に入らない」と思われていた時代で、それが庶出ともなれば尼僧院行きが普通だった。ところがフリードリッヒは、「勘定に入れた」のである。しかも、嫡出も庶出も差別せずに。嫁にもらう側にとっては、庶出でも皇帝の娘である。嫡出に次ぐくらいのありがた味はあったのかもしれない。

ここでもめんどう見のよい父親は、八人のうちの七人までは、皇帝の娘にふさわしい落ちつき先を見つけてやっている。娘たちの嫁ぎ先は、ギリシアのニケーア帝国の皇帝であったり、ドイツの有力諸侯であったりしたが、三人もの娘が、後に述べる〝幹部候補生〟たちに嫁いでいる。フリードリッヒは、ファミリー作りに熱心であっただけではない。ファミリーの結束を固めることにも、熱心であったのだ。

八人の娘のうちの一人、オリエントから嫁いできたイェルサレム王女のヨランダに従いてきた女官のアナイスから生れた「白い花（ビアンコフィオーレ）」という珍しい名を持った娘だけは、嫁いだのか嫁がなかったのかさえもわからなかった。ただ、没年が一二七九年であることから、当時としては長生きしたのだ。もしかしたらフリードリッヒの娘の中で一人だけ、尼僧院にでも入ったのかもしれない。この時代の女で長生きするのは、もともとからして健康に恵まれた女か、それとも、子を産む必要のない女であった。

それにしてもフリードリッヒは、女たちでも問題がなく、息子たちも長男を除けば、彼を悩ませるような子はいなかった。娘たちも、嫁がせた後に父親が出ていかねばならないような状態になった子は一人もいない。これを幸運と言うならば、彼は幸運の人だった。しかし、私生活での幸運は、公生活上の幸運につながるとはかぎらない。公生活での協力者たちは、めんどう見がよいだけでは従いてこないからである。彼らまでも巻きこんでしまう何か、が必要になるのだった。

協力者たち

「ファミリアレス」(familiares) というラテン語がある。ファミリーの意味だが、血のつながりはない。それがフリードリッヒのケースだと、家族の一員でもあるかのような熱心さで、家長に協力しつづけた人たちを指す。

それでフリードリッヒの「ファミリー」だが、どれほどフリードリッヒ嫌いの、となればローマ法王側ということになるのだが、その派に属す研究者でも筆頭にあげざるをえないのが、パレルモの大司教ベラルドである。

中伊の山間部に領地をもつ旧家に、一一七七年頃に生れている。聖職界に入った時期は早かったが、そこで頭角を現わすのも早かった。三十代に入るまでにすでに、南イタリアの重要な都市バーリ(現プーリア州の州都)の大司教に任命されている。この時期に、自分で自分の成人宣言をして領国再建に乗り出していた十六歳のフリードリッヒと知り合う。ベラルドのほうは、三十四歳だった。

フリードリッヒがときのローマ法王インノケンティウス三世に頼んで実現した人事だという説もあるのだが、いずれにしてもベラルドは、バーリからパレルモの大司教に変わる。フリードリッヒが母から受け継いだ「シチリア王国」の首都はパレルモだからだが、この任地替えは、ベラルドに身近にいてもらうだけが目的ではなかった。中世では、王に次いで権威が高いのは、首都の大司教になる。王が領国民を統治すれば、大司教は領国民の宗教面での指導者（キリスト教界では羊飼）であったのだから。ただし、パレルモの大司教になってもベラルドは、それだけの存在では終わらなかった。

翌年、十七歳のフリードリッヒは、ドイツの諸侯からの要請を受けて、現皇帝のオットーを排して皇帝になるのを目的に、ドイツに向けて発つことになった。とはいえまだ、海のものとも山のものともわからない状態にいたのがフリードリッヒである。その彼に随行する人の数も少なかったが、その一人がベラルドだった。

一行はローマに立ち寄り、法王インノケンティウス三世と会う。四歳で孤児になったときから後見人をしてくれたこの法王に礼を述べるため、というのは表向きの理由でしかない。老法王は眼の前にいる若者が、オットーに代わるためにドイツに向うのに賛成であったので、ドイツまでの旅費の援助を与えてくれただけでなく、パレルモの大司教ベラルドに法王代理の格を与えてほしいという、十七歳の要請まで受け容れてくれたのだった。

これはドイツでは、大いに威力を発揮する。一般のドイツ人にとって、法王の言葉は神の言葉なのだ。ドイツ入りして以後、フリードリッヒの前に城門を開くのを躊躇(ちゅうちょ)する町に出会うや大司教の正装姿のベラルドが進み出、城壁の上から見ている住民たちに向って大声で何か叫ぶ。それで城門が開いたというのだから、効果はあったのだった。

フリードリッヒのドイツ滞在は、結局は八年におよぶ。神聖ローマ帝国皇帝の座を確かなものにするのに、八年を要したのだ。だが、ベラルドのほうは、その八年をフリードリッヒの近くで過ごしたのではなかった。「シチリア王国」の統治は、妻のコスタンツァに託してドイツに発ったフリードリッヒだが、八年もの間コスタンツァの統治が支障もなく進んだのは、その間に幾度となくアルプスを越えてはドイツとイタリアの間を往復した、ベラルドの助けがあったからである。そして、ローマでの戴冠(たいかん)式(しき)のためにドイツに呼び寄せることにしたコスタンツァと息子のハインリッヒを、ドイツまで送り届けたのも彼だった。

一二二〇年、二十五歳のフリードリッヒはローマで、法王ホノリウスの手から帝冠を授けられる。これで、かつての「プーリアの少年」も、名実ともに神聖ローマ帝国の皇帝に就任したことになった。ベラルドも、ドイツからイタリアに入った皇帝に同行し、ローマでの戴冠式にも列席した。だが、それで「The End」にする気などまったくない二十五歳のこと、四十三歳になっていたベラルドにもその年が、「終」にはならなかったのである。

「カプア憲章」を作成することでシチリア王国の法治化に本格的に着手したフリードリッヒに、ベラルドも積極的に協力している。また、自らは聖職者でありながら、聖職者養成が主要目的のボローニャ大学に抗して官僚育成を目的にし、教壇に立つ学者たちも聖職者は排し世俗の人々で固めるナポリ大学の創立にも、協力を惜しまなかった。古代のローマ法を教えたりして世俗色濃厚なこの高等教育機関の新設は、ローマ法王を頂点とするカトリック教会から疑いの眼を向けられていた、にもかかわらずである。

そのうえ、シチリア王国内に住むイスラム教徒がキリスト教社会でも安全に暮らせるよう、しかも彼らの宗教を守れる環境で暮らせるようにとフリードリッヒが考えた、サラセン人の街ルチェラの建設にも、この大司教は異を唱えることもしていない。この一件もまた、ローマ法王の機嫌を損じたことであったのだが。

大司教職にあるベラルドは、明確にカトリック教会側の人間であった。その彼に、世俗の君主であるフリードリッヒが考え実行することに、賛同し協力する義理はまったくなかったはずである。

それでもなお、協力しつづけた。もしかしたら、ベラルドは、フリードリッヒと知り合ったことによって、聖職者としての「義」よりも、人間としての「理(ことわり)」のほうに従う想いになっていたのかもしれない。

一二二七年、五十歳になっていたベラルドは、フリードリッヒによってエジプトに派遣される。カイロにいるスルタンのアル・カミールとの直接交渉のためで、南伊の海港ブリンディシから船に乗り、アレキサンドリアに上陸した後はカイロに向うという旅であった。それも、このエジプト行きは、一度では済まなかったのだ。二度目は、カイロだけで話が終らず、シリアのダマスカスまで行かねばならなかった。とはいえそのときにベラルドが託されていた任務は、実に重要であったのだ。

行きたくもなかった十字軍に遠征しなければならなくなっていたフリードリッヒは、遠征の目的を、軍事力は使わずに外交によって達成しようと考えていた。それには、事前の「お膳立て(ぜんだて)」が充分に成されていなければならない。大司教ベラルドは、交渉の成否を左右しかねない事前交渉を一任されていたのである。

ローマ法王の下す罰である破門とは、破門された者と関係をもつだけで、その人も破門されてしまう。それでフリードリッヒが破門されるたびに、パレルモの大司教も一緒に破門されることになる。こうなると、笑ってしまうエピソードにも無縁ではない。あるときフリードリッヒが派遣した使節団が、ローマにさえも入れないという事態になった。なにしろ、全員が破門されていたからだ。とはいえ、法王には彼らと会う必要があった。それで、急遽ベラルドだけは破門を解いて、法王との会見は実現したのである。

フリードリッヒが率いて出発した第六次十字軍には、率いる皇帝から始まって、その彼に従うベラルド以下の参加者全員が破門者、という奇妙な十字軍になった。だが、その奇妙な十字軍によって、キリスト教徒の願望の最たるものであった、聖都イェルサレムの再復は実現するのである。ローマ法王による破門を気にしていては、フリードリッヒの協力者はやっていられないのであった。

無血十字軍を成功させてイタリアにもどって来て以後も、パレルモの大司教ベラルドの仕事は終わらなかった。フリードリッヒが、「カプア憲章」で始めた法治国家建設という構想を、「メルフィ憲章」を作成することで完成にもって行こうとしていたからである。ベラルドも、この憲章の作成にメルフィの城にカンヅメになった一人だった。いや一人どころか、作成にかかわった人々の中では最も重要な協力者であったのだ。

法に基づいた君主政国家の建設という、中世では異色とするしかない大事業に、それも世俗的な大事業に、聖職者でありながらベラルドは積極的に協力する。フリードリッヒをトップに置くこの法治国家の最高決定機関は、「王に助言を与える委員会」と名づけられ、各省を担当する七人の大臣と賢人六人で構成されている。賢人とされたのは封建諸侯二人と大司教二人と司教二人の計六人だが、その筆頭に記されたのが、パレルモの大司教ベラルドであった。

この時期以降のベラルドは、パレルモの大司教という職務が許すかぎり、フリードリッヒのそば近くで彼を助ける時期に入ったようである。ベラルド以上の、皇帝にとっての相談役はなかったのだ。ローマ法王との交渉役は、チュートン騎士団の団長ヘルマンが担当する場合が多くなっていた。ベラルドのほうは、年齢もあり、生活も少しずつ静かに変わる。しかし、聖職者でありながら開けた頭脳の持主であったので、フリードリッヒの宮廷に出入りするイスラム世界の人々とも話が合うのだった。

フリードリッヒの死を、看取ったのも彼である。七十三歳になっていたベラルドは、四十年間にわたってつくしてきたフリードリッヒに、聖職者として終油の秘蹟(ひせき)を与える。皇帝は破門されていたし大司教も破門されていたのだから、破門者が破門者の罪を許すという、キリスト教的には認められない行為をしたことになった。だが、ベラルドは、それを充分に知っていながら平然と行ったのだ。ローマの法王たちよりもフリードリッヒのほうが、ほんとうの意味のキリスト教徒であった、と思っていたのかもしれない。

また、皇帝の遺言書ともなれば立会人の署名が並ぶが、その筆頭に署名したのも彼である。それも、「パレルモの大司教ベラルド」と記した後に「imperatoris familiaris」、「皇帝の家族」と書きそえて。パレルモに運ばれていく遺体に附きそい、パレルモの主教会で行われた葬礼を主導したのもベラルドであった。

フリードリッヒの死を知ったローマ法王インノケンティウス四世は、すぐさまベラルドに手紙を送り、破門を解くからキリスト者の正しい道にもどってくるよう勧めてきた。だが、パレルモの大司教は、返事さえも書かなかった。フリードリッヒが死んだ二年後、パレルモで死ぬ。フリードリッヒと同じに、破門された身のままで死んだのであった。

生前にフリードリッヒは、十七歳年上だったこのベラルドについて、次のように言っている。

「いかなる事態になっても、常にわたしのかたわらにいてくれた。それがために、(聖職に身を捧げた人としては)多くのことを耐えねばならなかったにかかわらず」

パレルモの大司教ベラルドはイタリア生れだが、もう一人、どんなフリードリッヒ嫌いの研究者でもその献身ぶりは認めざるをえないのがチュートン騎士団の団長ヘルマンで、こちらはドイツの貴族に生れている。ドイツにかぎらず当時のヨーロッパの貴族の家に生れた男子には、父親の後を継いで領主になるか、それとも聖職界に入ってそこで高位を目指すか、または十字軍時代の産物である宗教騎士団に入るか、の三つしか道はなかった。ヘルマンは、若くして第三の道を選ぶ。だから彼も、ベラルド同様にローマ法王側の人間であったのだ。

フリードリッヒはこのヘルマンを、法王との交渉役に活用する。聖職者を使わねばならないほどに、人材が不足していたのではない。聖職者に対するに、聖職者をもってしたのである。

フリードリッヒと知り合ったのは、一二一五年頃といわれている。とすれば、フリードリッヒは二十歳で、ヘルマンのほうは十五歳年上だから三十五歳の頃であった。チュートン騎士団の団長に就任して、七年が過ぎていた。

このヘルマンは、こうも頭脳でも行動でも柔軟性豊かなドイツ人がいるのかと感心してしまうほどの男で、武器を手に闘うよりも頭脳で闘うほうが得意という、天性の外交官であったのだろう。フリードリッヒはこの人を、徹底して活用するのである。

しかし、パレルモの大司教区という仕事の本拠をイタリア内にもっていたベラルドとはちがって、ヘルマンの仕事の場はオリエントにあった。聖堂騎士団(テンプル)、病院騎士団(ホスピタル)、チュートン騎士団とつづく三大宗教騎士団の本来の任務が、ヨーロッパから聖地の巡礼に訪れるキリスト教徒たちを守護することにあるからだ。チュートン騎士団の団長が、ヨーロッパに居つづけるわけにはいかなかった。

それでもヘルマンは、中近東とヨーロッパの間の往復をくり返しながらも、ヨーロッパにもどってくればどこよりも先にフリードリッヒの許を訪れている。彼の占めていた立場からすれば、上司にあたるローマ法王を訪れるよりも先に。

このヘルマンを対法王の交渉役に使うのがフリードリッヒにとって好都合であった一因は、皇帝でも大司教でも破門にしてしまう法王でも、宗教騎士団の団長は破門にするわけにはいかなかったことにある。イスラム勢に囲まれた中近東でキリスト教徒たちを守ることに一生を捧げている宗教騎士団の長を破門に処したりすれば、王侯も一般の諸侯たちも黙っているわけがないからだった。

それでフリードリッヒは、破門されないことたしかなヘルマンを、対法王相手に活用したのである。フリードリッヒがオリエントからの帰還後に、破門されたままで遠征に発った、というだけでまだ怒っている法王グレゴリウスとの間を、一年にもおよぶ辛抱強い交渉の末に、世に言う「平和の接吻（せっぷん）」に持っていったのも、つまり破門を解かせたのも、五十歳になっていたこのドイツの騎士の功績であった。破門された者が送る特使としては、彼ほど好都合な人もいなかったのだから。

この「特権」の効用をフリードリッヒはわかっていたが、ヘルマンのほうも自覚していたようである。何をやっても破門されない身であることを利用して、破門された人が率いて行くがゆえに法王が認めていない第六次十字軍にも、彼は皇帝側に立って活躍している。また、法王が後押ししているロンバルディア同盟に対する戦闘に必要な兵士をドイツで集めたときも、先頭に立って動いたのは彼だった。チュートンとは、ドイツを意味する。その名を冠した騎士団の団長の呼びかけだ。ドイツ人の騎士たちが、こぞって応じてきたのも当然であった。

というわけで多くの面で好都合な存在であったヘルマンだが、ただ一つのことには使えなかった。それは、相手がイスラム教徒の場合の交渉役である。宗教騎士団とはキリスト教徒の守護を旗印にかかげている以上、そのキリスト教勢を中近東から追い出したいイスラム側にとっては敵になる。白地に赤十字の制服姿の聖堂騎士団(テンプル)の誰かがスルタンに近づこうものなら、それだけでスルタンの護衛兵たちは殺気づいたろう。白地に黒十字が制服のチュートン騎士団でも、事情は同じなのである。チュートン騎士団の団長であることを誇りにしているヘルマンに、制服を脱げとは言えなかった。フリードリッヒも、交渉相手がイスラム教徒の場合は、他の人を送るしかなかったのである。

このヘルマンが、病いに倒れたのだ。さすがのフリードリッヒも、相当にあわてたようである。すべての任務から解放し、療養に専念するよう厳しく命じて、サレルノに送り出した。サレルノには、フリードリッヒ自身が再興に力をつくしたヨーロッパでは最高水準の医学を教える医学校があり、その医学校に附属して、医師も設備も完備した病院があったのである。

しかし、長年にわたった激務は、六十歳になっていたヘルマンに再起を許さなかった。医師たちの必死の努力にもかかわらず、フリードリッヒの、友の全快を願う強い想(おも)いにもかかわらず、チュートン騎士団の団長ヘルマンは、南イタリアのサレルノで生涯を終えた。

このヘルマンの死を告げる知らせと、法王グレゴリウスから三度目の破門に処せられた知らせを、その時期は北イタリアにいたフリードリッヒは、同じ日に受け取った。もしもヘルマンが健在であったならば、この三度目の破門は避けられたかもしれないとは、研究者の多くの言うところだ。私も、多分そうであったろうと思う。ヘルマンだけが、ドイツ人には珍しい柔軟性によって、劣等感が強いがゆえにかえって強硬になりがちなローマ法王グレゴリウス九世を、軌道にもどすことができたのだから。

四十四歳のフリードリッヒは、この友の遺体をドイツに送らせなかった。フリードリッヒが好んで滞在した城の一つは海を前にして建つバレッタの城だが、その城の建つ町にはチュートン騎士団の支部もあった。皇帝は、二十四年もの長きにわたって献身のかぎりをつくしてくれた友の遺体を、その支部に附属した教会に葬(ほうむ)るよう命じた。そして、バレッタの城に滞在するたびに、その教会に行ったという。

ローマ法王対策に、法王側の人間である聖職者たちを活用したフリードリッヒである。封建諸侯対策にも、封建諸侯を活用した。前に、この比喩(ひゆ)が適切かどうかはともかく、マフィア撲滅が任務の部署の長にその地の有力マフィアを任命したようなものだと書いたが、フリードリッヒが目指していたのは、封建社会を脱して法に基づいた君主政国家に移行させることである。と言っても、軍事力による制圧は彼には許されなかった。なにしろ、自前の兵力からしてほとんどない状態からスタートしたからだ。

一方、広大な領地を所有し、長年にわたって「国の中の国」を支配してきた諸侯たちには、資力も人力も豊富だった。彼らを従わせるには、これだけはフリードリッヒが幼少時から持っていた、「シチリア王国の王」の地位だけでは充分ではない。彼らは、フリードリッヒが生れる百年も前から、彼には母方に当るノルマンの王たちが統治していた時代のシチリア王国の、有力諸侯であったからである。
二十五歳になって初めて、フリードリッヒは諸侯に対しても有効なカードを手にする。名実ともに神聖ローマ帝国皇帝になったからで、その年、一二二〇年、君主政国家の誕生を告げる第一弾、『カプア憲章』を公表した。

この直後から、フリードリッヒによる封建諸侯の抱き込み作戦が始まるのである。まず初めに、彼らの領地を中心とした一帯の地方長官に任命した。その諸侯の一人であるエンリコ・ディ・モッラに至っては、三年後には早くも、王国全体の司法のトップに就任している。法務大臣になったようなものである。彼以外の有力諸侯たちも、そのほとんどが公職に任命されていた。

そして、十字軍遠征も済ませ、法王とも仲直りして身軽になったフリードリッヒは、一二三一年、法に基づいた君主政国家の成立を高らかに宣言する、『メルフィ憲章』を公表する。この作成過程でメルフィの城にカンヅメにされた人々の中には、今では高級官僚になっている諸侯たちも加わっていた。それも、作業に加わっただけではない。『メルフィ憲章』によって本格的にスタートした君主政国家の要職の半ばを占めるようになっていたのが、彼ら封建諸侯であったのだ。司法大臣も建設省のトップも、そして、フリードリッヒの「内閣」としてもよい「王を補佐する委員会」に加わっている六人の賢人のうちの二人も、封建諸侯であったのだから。

モッラやアクィーノ兄弟を始めとするこれらの男たちは、乱世であった中世を生き抜いてきた封建領主である。神聖ローマ帝国皇帝というだけで、ひれ伏す男たちではなかった。にもかかわらず、合計すれば十人を越えるこの男たちは、フリードリッヒに、二十年も三十年も、死が彼らの職務遂行を許さなくなるまで仕えつづけるのである。しかも彼らは、能力のある者は遠慮なく活用するフリードリッヒの協力者になってしまったがために、担当分野と決まった仕事をしていればよい、というだけでは済まなかった。ついには筆頭大臣にまでなるエンリコ・ディ・モッラはしばしばローマ法王の許(もと)に派遣され、アクィーノ家のトマソのほうは、パレルモの大司教ベラルドに同行して、カイロのスルタンの許に送られている。スルタンのアル・カミールがフリードリッヒに送ってきた特使は、大守(エミル)のファラディンであった。大守(エミル)とは、イスラム世界の封建領主である。封建領主を送ってきたのなら、こちらが送り出すのも封建領主でなければならない。というわけで、南イタリアしか知らなかったこの人は、遠くイスラム世界にまで旅することになる。それも、一度どころか何度となく。

このトマソ・ダクィーノの弟のランドルフも、フリードリッヒ下で死ぬまで高位の行政官を務めた一人である。だが、この人の息子のほうが、歴史上では有名人になる。トマソ・ダクィーノをラテン語式に発音した「トマス・アクィナス」がその人で、スコラ哲学を打ち上げたからである。中世時代の哲学、と言えば、「スコラ哲学」と返ってくるほどなのだ。末っ子ではあっても有力諸侯の息子だから、将来の大哲学者も、父が仕える君主が創設したナポリ大学で学んでいる。後には、この大学の教壇にも立っている。フリードリッヒは専制君主だったが、家臣の息子がドメニコ修道会に入り、中世そのものと言ってよいスコラ哲学の創始者になるのを妨害するような、専制君主ではなかったのである。

聖職者、封建諸侯、に次いで三番目にあげるフリードリッヒの協力者とは、知的には上流階級に属すが経済的には中流階級の出身、と言ってよい男たちになる。その代表格が、ピエール・デッラ・ヴィーニャとタッデオ・ダ・セッサの二人で、二人とも南イタリアで、一一九〇年前後に生れている。フリードリッヒよりは、四歳か五歳年上だった。

同年輩としてよいこの二人が、もはや老齢のパレルモの大司教ベラルドや、病死したチュートン騎士団の団長ヘルマンや、すでに二十年もの間要職を務めてきたエンリコ・ディ・モッラたち封建諸侯に代わって、一二四〇年頃からのフリードリッヒの協力者として台頭してくる。この時期にフリードリッヒが建てたカプアの城門に置かれていたのが、中央に坐るフリードリッヒの左右に立つこの二人の像である。二人ともボローニャ大学で法律を学んでいたから、立派に「大学出」であった。だが、いずれも俗界の人間であった二人が似ていたのは、そこまでだったと言ってよい。

大司教ベラルドの推挙によってヴィーニャがフリードリッヒの側近に加わるようになったのは、相当に早い。ナポリ大学の創設に関与したのは彼がまだ三十代の前半の時期であり、『メルフィ憲章』に盛られた政策を法文に直したのは彼であったとされているが、その年は四十歳だった。

公式文書以外にも、皇帝が法王に送る書簡の文章を書く仕事を任されていたのは、彼が美辞麗句を連ねる文章の達人であったからである。聖職者は普通、この種の文章で書かれていないと機嫌を悪くする人々でもある。素直で簡潔で明快な文章を好むフリードリッヒが書いたのでは、起らないで済む問題でも起りかねないのであった。また、王侯たちに送る書簡も、彼が練り上げたようである。皇帝から送られてきた手紙でも、総体的には教養が低かった王侯に代わって読むのは、彼らのそば近く仕える聖職者であったからだ。

しかし、このピエール・デッラ・ヴィーニャも、外交官としての能力となるとたいしたものではなかったらしい。彼が使節として派遣されて、上手(うま)くいったためしはなかった。教養は高かった。また詩作の才もあった。だが、本来的には書斎の人であって、対人関係を得意とする人ではなかったのかもしれない。

同じ年でありながらタッデオ・ダ・セッサのほうは、外に向けて活躍する人になる。この男は、フリードリッヒ自身が見出(みいだ)し登用した人で、性格も、内向的なヴィーニャとは対照的に、外向的で責任感も強く、それでいながら情熱的だった。チュートン騎士団の団長ヘルマンが脱けた後を、このタッデオが埋めていくことになる。だが、タッデオ・ダ・セッサには、ヘルマンが持っていた宗教騎士団の長という、ローマ法王さえも無視できない立場はなかったのである。

代表的な人物だけをとりあげたにすぎないが、ここまでにあげた男たちが、フリードリッヒの協力者たちであったのだ。フリードリッヒに協力するということ自体、同時代の他の同業者たちのように、高い地位と多額な報酬の上にあぐらをかいていればそれで済むという、楽なものではなかった。ピエール・デッラ・ヴィーニャの下で働いていた書記の一人がこの上司に送った、安い報酬での重労働を嘆いた一文が残っているが、重労働ということならば、これら下級職員の上司であった「協力者たち」とて同様であったのだ。彼らがそれに苦情を言わなかったのは、自分たち以上の重労働を、しかも休みなくつづけている皇帝を、常にそば近くで見てきたからである。それでも、厳しい重労働は課しながらにしても、フリードリッヒの人使いは、いかにも彼らしかった。

まず、任命したら、その人にすべてをまかせる。ただし、一任された人には常時、皇帝に報告する義務は課せられていた。

彼らとの間で交わされる討議も、皇帝から家臣への一方通行ではない。自由で活潑（かっぱつ）な討議の結果、自分の案は改めるべきとわかれば、フリードリッヒは直ちに改めた。なにしろ、ドイツにいる息子のコンラッドへの手紙に、家臣たちの言には常に耳を傾けるよう、と書いているのだから、書いた本人が実践しないようでは効力もないからである。

各人に課された責任分野は明快であり、彼らに与える指示も常に具体的。上手くいかない場合でも、怒りは爆発させたようだが、牢に投げこまれた者は、一人を除けば皆無だった。この一人は、フリードリッヒが十字軍の遠征で留守にしている間の防衛の責任者であったのだが、法王軍の侵略を許してしまう。それが彼の怠慢によるとされ、数年の牢生活を我慢させられたのである。この一人以外に、協力者の中で、追放された者もいなければ、死罪に処された者もいなかった。

フリードリッヒの協力者をつづけるのは、ときには耐えがたいほどに厳しいことであったにちがいない。だが、働きやすかった、のではないか。やることを明快に自覚しているリーダーの下で働くのは、その要求に応ずるのは大変でも、働きやすい。反対に、何をやりたいのかもはっきりせず、実施の途中でも右に左にとブレる人のほうが、下にいる者にとって働きにくいものなのである。

幹部候補生

イタリア語に、「ヴァレット」(valletto)という言葉がある。フランス語でも、「valet」という。辞書では、中世ヨーロッパの宮廷で君主のそば近く仕える小姓、と説明している。だが、フリードリッヒは「ヴァレット」たちに、小姓の役割は求めなかった。

名が知られている者だけでも、十五人にのぼる。その全員が有力な封建諸侯の息子たちで、ドイツからの二人を除けば、フリードリッヒの王国である南イタリアとシチリアの生れだった。

十一、二歳の頃からフリードリッヒに引き取られ、初めのうちはフォッジアの王宮内の寄宿舎で教育を受ける。この段階ですでに、同じように育てられている皇帝の息子たち、と言ってもドイツに送られないで済む庶出子だが、その庶子たちと同じコースに乗ることになる。つまり、十五、六歳で訪れる成人までの期間、フリードリッヒの考えによる統治者に必要な教養全般、言ってみればリベラル・アーツだが、それを学ぶことになる。

成人後は、これまた庶子たちと同じに、見習い期間が始まる。皇帝の行くところに常に同行し、皇帝のそば近くで仕えるのだが、身のまわりの世話は求められない。求められるのは、統治者のそば近くで仕えることによって、統治のしかたを実地に学んでいくことであった。

なにしろ、常に数多くの仕事をこなしていたフリードリッヒのことである。その彼の近くで仕える若者たちの日常も多忙をきわめ、酷使だと嘆いている暇もなかった。なぜならば彼らの立場は、今ならばアシスタントで、ゆえに雑用係なのだ。それでもフリードリッヒは、自分よりは二十歳は若い彼らに常に言い聴かせていた。

おまえたちに命ずることは、厳しいだけでなくむずかしくもあり、中にはつまらない問題もあるだろう。だが、これらに充分に応えることは、いずれおまえたちが命令する立場になったときに役立ってくる。問題を処理する経験の蓄積は、指令を与える場合には欠くことは許されない、明快で迷いのない決断力になって返ってくるのだから、と。

このようにして、モッラ家の息子二人も、アクィーノ家の息子二人も育ったのである。牢に投げこんだ男の息子も、幹部候補生コースには加えられていた。この若者たちの出身家系を見ていくと、南イタリアの有力諸侯のほとんどが網羅されていて、その目配りの良さには笑ってしまうくらいである。

フリードリッヒが目指していたのは、これまでのヨーロッパを支配してきた、というよりいまだ支配している、封建社会を脱して法に基づいた君主政国家を創立することであった。彼はそれを、父親の世代は政府の高官に任命することで活用し、その息子の世代には幹部候補生の教育を与えることで、成し遂げようとしていたのである。しかも、自分の息子たちと家臣の息子たちを、同窓の仲にすることによって。実際、一二四〇年頃からは、幹部候補生を卒業した息子たちが親世代に代わって要職に任命されてくるようになる。

それに、幹部候補生時代でも、この若者たちの日常は、皇帝の統治面でのアシスタントを務めることにかぎられてはいなかった。後に述べるが、フリードリッヒの宮廷には、皇帝の趣向の多様さを映して、あらゆる種類の人間があらゆる国々から訪れては滞在していたのである。そのような場にも、若者たちの姿は常にあった。異文化の交流をも身をもって味わう機会にも、彼らは恵まれていたのである。

また、フリードリッヒの宮廷は、イタリアでは初めて、ラテン語ではない俗語のイタリア語で書かれた恋愛詩が生れたところでもある。なにしろ、皇帝も政府の高官も区別なく誰もが詩作に興ずるのだから、この雰囲気に若者たちが染まらないはずはなかった。

となれば、現実の恋も生れる。幹部候補生のうちの二人は、皇帝の庶出の娘と結婚し、皇帝の庶出の息子の一人は、幹部候補生の一人の妹と結婚している。

これは、フリードリッヒにとっても歓迎すべきことであったろう。彼は「ファミリー」の輪を庶子たちにも広げていたが、父親代わりに育てていた将来の幹部たちにも、輪は広がることになるからである。

この作戦は、ある一事を除けば成功した。一二四〇年頃からは確実に、長年にわたって父親世代が担当してきた要職に、インターン生活を終えた息子の世代の就任が目立ってくる。その頃は四十代の後半に入っていたフリードリッヒは、年齢的には、父親世代と息子世代の中間にあった。協力者の世代交代をスムーズに行うという点でも、悪いやり方ではなかったと思われる。

そして、これら幹部候補生たちの多くは、フリードリッヒの死というむずかしい局面に直面したときも、庶子たちの結束が崩れなかったように、幹部候補生たちの結束も崩れなかったのである。かつては寝食を共にしていた庶子も幹部候補生たちもともに、初めのうちは嫡子のコンラッドをささえ、この嫡出後継者の死んだ後は、生れたときは庶子でも嫡子になっていたマンフレディの下に結集して、ローマ法王への抵抗をつづける。手許に引き取って息子同様に育てたフリードリッヒのやり方は、まちがってはいなかったのであった。

友人たち

同時代の他国の王の宮廷を物語るのであれば、「宮廷人」と書くところだろう。王から衣食住を保証され、王の御機嫌をとり結ぶ人々を指す。しかし、フリードリッヒの宮廷では、御機嫌をとり結ぶにしても、それは、冗談を言ったり愉快な話をしたりして、主人の気を晴らすことを意味しなかった。冗談は言い合ったろう。面白い話も し合ったにちがいない。だが、そこで取り上げられるテーマは、民衆に人気のあるコメディアンを呼んでくれば解決する、というたぐいのものではなかったのである。それが、「宮廷人」(corrigiano) と呼ぶことをためらわせ、「友人」(amico) とするしかないと思った理由である。

その皇帝の「友人たち」だが、フリードリッヒの場合は大別して二種に分れる。手紙を介しての仲と、招じられて皇帝のそば近くに長期間滞在していた人、の二種類だ。フリードリッヒは、公式の文書や書簡を書かせるための書記を多数かかえていたこともあって、私的な面でも手紙魔の性向があった。

それで、手紙を介しての友人、だが、ここでもあげるのは代表的な人にかぎらざるをえないとしても、前にすでに述べたイタリア人の交易業者で数学者でもあった、レオナルド・フィボナッチを欠くわけにはいかない。ヨーロッパに、初めてアラビア数字を紹介した人である。アラビア数字は、それまで使われてきたローマ数字に比べて簡単なために誤算の危険も少なく、ゼロの概念もあることで、ビジネスの上でも学問としての数学でも有利は明らかであった。

しかし、ローマ法王を頂点にするカトリック教会は、アラビア数字がキリスト教徒が敵視していたイスラム世界のものだというだけで、「悪魔の数字」と呼び、その導入には反対していた。それで、経済立国であるはずのフィレンツェ共和国までもが、その導入には消極的になっていたのである。ローマ数字だって、キリスト教徒が敵視してやまない古代のローマ人が作ったものではないかと思うが、論理性は聖職者の得意とするところではないらしい。

だが、ローマ法王がいかに反対しようが、国益にかなうとして導入に踏みきったのが、ヴェネツィア共和国であった。ヴェネツィア政府はただちにフィボナッチの著作を取り寄せ、アラビア数字を教える学校の開設までしている。簿記を発明するのは、フィレンツェに近いプラートの一商人だが、それを導入しただけでなく複式簿記に改良したうえで普及させたのも、ヴェネツィアであった。

経済にかぎらず政治でも外交でも、永続を重視すれば現実的にならざるをえない。それには何よりも、正確な情報と、全体を把握するに必要な広い視野が求められる。一見経済上の問題でしかないように見えるアラビア数字や複式簿記だが、ローマ法王は「太陽」とされていた時代に、「まずはヴェネツィア市民、次いでキリスト教徒」と言ってはばからなかったヴェネツィア共和国は、中世ではやはり異色な存在であったのだった。

それと同じ時期、もう一人の異色な存在である皇帝フリードリッヒも、立ち寄ったピサで知り合ったフィボナッチの話を聴いて、アラビア数字の有効性に目覚める。だが彼は、商人ではなく皇帝だ。自国内へのアラビア数字の導入に熱心になるよりも、すでに五十代に入っていたフィボナッチの以後の研究生活を保証するほうに熱心になるのである。皇帝から生涯年金を受けるようになったフィボナッチは、オリエントとの往復が多かった交易業から足を洗って、数学の研究に専念するようになる。その彼の義務は、研究と著作の進行経過を書いた手紙を皇帝に送ることと、皇帝が書き送ってくる数学上の質問に答えることであった。皇帝の招きに応じて南イタリアに行くよりも、生れた町であるピサに住みながら研究をつづけるほうを選んだことの成果である著作の数々、中でもとくにヨーロッパ数学史上の一里塚とされる『算数学』（Liber Abaci）以後もすべての著作はフリードリッヒに捧げられている。生涯年金を受けるようになって十年が過ぎた一二四〇年、ピサで死んだ。

手紙を介しての友人、のもう一人は、スペインはアンダルシア地方に生れたイブン・サビン（Ibn Sabin）になる。イスラム教徒のアラビア人だが、どうもこの人の主張する説はイスラム社会でも過激すぎたらしく、フリードリッヒの質問に答えることになる時期は、北アフリカのモロッコに亡命していた。

この人との間で交わされた質疑応答が、英国人の研究書の題を借用すれば、『Sicilian questions』である。全編がアリストテレスの哲学に基づいているとはしていても、神学の目的は何か、ということから始まって、霊魂は不滅か、という大問題にまで及んでいる。

これが、当時のキリスト教会の気にさわったのだった。霊魂の不滅についてキリスト教の聖職者に質問するならばまだしも、イスラム教徒に向って問うとは何ごとか、というのである。質問したのが神聖ローマ帝国の皇帝であるだけに、カトリック教会としては飲み下すわけにはいかなかったのだろう。霊魂の不滅などという大問題を、何もわざわざイスラム教徒に質問しなくたってよいではないか、という想いになった人は、中世人とはかぎらなかった。あれから八百年が過ぎている現代ヨーロッパ人による研究書の中にも、似たような感情が漂っているのには笑ってしまう。

それで、かの有名な『シチリアからの質問』への回答だが、大学の哲学科を出た私だからかもしれないが、アリストテレスの哲学に基づいて答えてくるのならばアリストテレス式にもう少し簡潔に明快に答えてほしいですね、と言いたくなる。これは、時代を越えて共通するイスラム世界の知識人によく見られる傾向なのだが、総じて彼らの論の進め方は簡潔でなく明快でない。しかし、霊魂は不滅ではない、などと明言しようものなら、モロッコに亡命したくらいでは済まなかったろう。フリードリッヒもこれには満足できなかったのか、以後の彼の関心は具体的な問題に向うようになるのである。

それでも、誰も応じてこなかった質問に答えてきたのだから、皇帝はイブン・サビンに報酬を送った。ところが、スペインに何もかも捨ててのモロッコでの亡命生活をしていながら、このイスラム教徒はそれを突き返してくる。同時に報酬を受け取らない理由も書き送ってきたのだが、それが、キリスト教徒に対するイスラム教徒の知的優位を示したのだからそれで充分だ、というのであった。まったく、イスラム原理主義者はいつの時代になっても変らないのかと思ってしまう。一神教とは、めんどうなものである。多神教時代に生きたアリストテレスならば、宗教に縛られることなく合理的に冷静に分析し、それに基づいて論理を組み立てていくだけで充分であったのに。

このような具合だから、フリードリッヒの「友人たち」には、宗教の別もなく民族の別もなかった。彼の宮廷に滞在した人で後世になっても名が残っている人をあげるだけでも、次のようになる。

ヨーロッパで初めて獣医学を研究したジョルダーノ・ブルーノは、南イタリアに生まれサレルノの医学校で学び、後にはこの当時の医学研究のメッカであったサレルノ医学校で教壇に立っている。

北イタリア生れのアダモ・ダ・クレモーナは防疫学を研究し、その成果はただちに皇帝によって政策化され、衛生面の向上に貢献した。

同じくサレルノ医学校卒でも眼科が専門のユダヤ人の医師ザッカリーアは、年齢とともに視力が衰えつつあったらしい皇帝から招ばれたのが、彼の宮廷生活の始まりになる。

フリードリッヒの「翻訳工房」という感じの部門の成員も、多種多彩であった。マルセーユ生れのユダヤ人だったソロモン・コーエンにとっては、ギリシア文献をヘブライ語に訳したことで知られるヤコブ・ベン・アナトーリの著作を、中世の国際語であったラテン語に訳すのが仕事であった。その仕事には、後に述べるマイケル・スコットも加わってくる。

また、この「工房」では、アリストテレス哲学とユダヤ教の融合を目指したことで有名な、ユダヤ人の哲学者マイモニードの『混迷の中を行く者のための案内書』という題名の著作のラテン語訳も進んでいた。私のように、哲学科で学んで得たことは、自分がいかに非形而上的（けいじじょう）であるかがわかったこと、というケシカラン者から見ると、アリストテレスとユダヤ教の融合なんて試みるだけでも無駄ですよ、となるのだが。何でも試みる主義のフリードリッヒは、そうは考えていなかったらしい。

こうであれば当然だが、ラテン語題名だと『De animalibus』となるアリストテレス著の『動物大全』の、アラビア語訳経由でのラテン語訳が完成する。フリードリッヒが『鷹狩りについての考察』を書くことになるのも、この書に啓発されたからである。

フリードリッヒ自身は、相当な程度に、ギリシア語もアラビア語も解した。しかし、専門家による翻訳は別物なのだ。翻訳作業とは実に高度な作業で、良き翻訳者に求められる資質とは、原著者と同等の知力（インテリジェンス）か、そこまではいかなくても、原著者になり代わった想いになって訳すうえでの、想像力と気概は欠くわけにはいかない。だからこそ、翻訳は学問の始まり、とされるのである。フリードリッヒには、それがわかっていた。中世の「翻訳工房」は、このフリードリッヒによって、イスラム教下のスペインからキリスト教下の南イタリアに移るのである。

この人たちは、常には何語でおしゃべりし合っていたのかと思ってしまう。ラテン語とイタリア語とアラビア語が、飛び交っていたのではないか。そしてこれに、英語とギリシア語までが加わるとしたら？

フリードリッヒのそば近くに最も長く留まっていたのが、次にあげる二人になる。

マイケル・スコット（Michael Scot）とは、スコットランド生れのマイケル、という意味である。一一七五年頃の生れというから、フリードリッヒよりは二十歳は年上だ。中世では、学問好きは異端と同一視されかねなかったので、その危険を避けるために、若い頃から修道士になっていた。オックスフォードとパリで学んだ後、四十歳を越えていたというのに、スペインのトレドに発つ。当時のトレドは文化の中心と言ってよく、ギリシア語からアラビア語への翻訳で知られていたのである。

このトレドに滞在中に、スコットランド人の修道僧はアラビア語も習得してしまう。アリストテレスの著作をアラビア語に訳した人として知られるアヴェローエは二十年前に死んでいたが、トレドにはその学風はまだ残っていた。

ヨーロッパではアヴェローエ（Averroe）の名のほうで有名だが、この人の本名はイブン・ルシュード（Ibn Rushd）で、スペインのコルドバに生れたイスラム教徒のアラブ人である。

この人がギリシア語からアラビア語に訳したアリストテレスの著作を、フリードリッヒが推めるままにマイケルはラテン語に訳す。

だが、中世の国際語であったラテン語の訳が成ったことによって、ヨーロッパ人はアリストテレスを一千年ぶりに思い出すことになるのだ。プラトンと並び称される古典ギリシアの知性は、ローマ帝国の滅亡以来初めて、ヨーロッパに知られるようになったのであった。

ラファエッロ作「アテネの学堂」

ヴァティカンと呼ばれるローマの法王宮の中に、「ラファエッロの部屋」と名づけられた一画がある。ルネサンス時代の画家ラファエッロはここに壁画を描いて行ったのだが、「アテネの学堂」と呼ばれるその一つは、古今の学芸の「スターたち」を一堂に集めた構図になっている。中央に、レオナルドに似せたプラトンとミケランジェロに似たアリストテレスの二人が立ち、その左右を学問と芸術の世界の巨星が各人各様の姿で囲む形だ。この絵の左端に、アヴェローエも描かれている。ターバンを巻いた、アラブ人の姿で。

ヴァティカンは、中世でも、それにつづくルネサンス時代でも、カトリック教の本山であった。そのヴァティカンの内部にラファエッロは、キリスト教徒ではなくても学芸の分野では偉大な業績を残した人々を描いていったのだ。これほどもルネサンス精神を高らかに歌いあげたものもないと、見るたびに思う。アリストテレスが偉大であれば、その人の業績を紹介した人も偉大なことをしたのだから、アヴェローエも描かれているのも当然ではあるけれど。

この「アテネの学堂」には、マイケル・スコットは描かれていない。われらのスコットランド人は何にでも手を出した人で、占星術まで研究していたためか占い師と思われ、ダンテは『神曲』で、地獄篇第二十歌に突き落としている。うさん臭い人物というダンテの評価がたたったのか、「学堂」入りを逃してしまったのだから気の毒ではあった。

このスコットランド人をフリードリッヒに紹介したのは、アラビア数学のフィボナッチであったという。スペインを引き払ってイタリアに来ていた彼と知り合って意気投合したフィボナッチが皇帝に、面白い男がいる、と言って紹介したのだった。フリードリッヒも面白いと思ったのか、マイケルのほうも皇帝を面白いと思ったのか、そのまま死が迎えにくるまでフリードリッヒの許に居つづけることになる。その滞在中に、アリストテレスの著作のラテン語訳だけでなく、アヴェローエによるアリストテレス研究書の翻訳までが完成するのである。

アリストテレス主義とは、乱暴にも一言でくくってしまえば次のようになる。
——証明できないということは、存在しないということにはならない。だからこそ、実験をつみ重ねることによって真実を追求していく努力が重要になってくるのである
——
フリードリッヒが、理論派のプラトンよりもこのアリストテレスを好んだのも当然であった。そのアリストテレスを一生の研究テーマにしていたマイケル・スコットと、気が合う仲になったのも当然である。だが、何にでも関心を持ったスコットランド人だが、フリードリッヒには困るときもあったらしい。皇帝は、それこそ、幼稚と思われようが気にすることなく、素直ではあっても答えに窮する質問を投げかけてくる人でもあったのだから。数例にとどめるが、次のようになる。

一、宇宙の中で、われわれの住む地球は何によってささえられているのか。
一、そのどこに、神は住んでいるのか。
一、その神のまわりは天使や聖人たちが囲んでいると言われているが、彼らはそこ

で何をしているのか。

一、天国や煉獄や地獄はあるのか。もしもあるならば、どこにあって誰が住んでいるのか。

一、死んだ後も、生きている人々が何をしているかを知ることはできるのか。

一、なぜ、海の水は塩からいのか。

一、なぜ、潮の満ち干は起るのか。

一、地球の中心は、何で出来ているのか。

一、なぜ、それまでは長年にわたって静かであった山が、突如噴火するのか。火山の近くの水は、なぜ沸騰し、悪臭がするのか。

とまあこんな具合で、大の大人ならば質問するだけでも恥ずかしくなることでも、マイケルに投げかけるのがフリードリッヒであった。これに対しスコットランド人は、答えようとは試みている。だが彼も、中世に生きる修道士だ。やはりキリスト教には遠慮があり、遠慮しないと異端と断罪されかねなかったこともあるが、この修道士が答える宇宙でも地球でも天国でも地獄でも、これより半世紀後に生れるダンテが『神曲』に描いたものと、さして変わりはない。

これでは、霊魂の不滅などという問題はイスラム教徒に問うしかないと、フリードリッヒが思ったとて当然だ。だが、問うてはみたものの、イスラム教徒から返ってきた答えにも、彼は満足できなかった。こうなるともういっそのこと、アリストテレス的に、「証明できないということは、存在しないということにはならない」という程度で収めるしかなかったのかもしれない。マイケル・スコットに向ける質問も、具体的なものに変わっていったことが、その間の事情を示しているように思える。

とはいえ、具体的で科学的なこと、たとえば潮の満干とかそれが動物や植物に与える影響のようなことについて話し合うかぎりは、マイケルは愉しく有益な友人であった。しかも、このスコットランド人の関心は多方面にわたっていたので、話題がつきる心配だけはなかったのである。現代では観相学と呼ばれる分野には、二人ともがおおいに関心をもったようであった。マイケル・スコットは、それについて書いた著書で次のように述べている。

顔と身体つきへの観察眼があれば、その人物の性格がわかり、その人物がどう行動するかも予測することができる、と。そしてその中には、愉快な一行もあるのだ。ひたいにしわが刻まれておらず、顔もなめらかにつるりとしている人は、ケンカ早くて平然と嘘をつき、知的にも単純である傾向が強い、と。だが、マイケルは、やはりマイケルだった。この後を次のようにつづけている。「ただし、これだけで人を判断すべきではない。人間とは、業績によって容姿までが変わってくるものなのである」とは言っても、この書が書かれた時期のフリードリッヒは、数多くの難題に直面していたこともあって、ひたいにはしわが刻まれ、頰にも縦じわが深く刻まれていたにちがいない。そうでなければ、いかにフィーリングの合う仲であっても、このように書けるはずはないからである。

このマイケル・スコットは、皇帝に対して占いまでしてあげている。イタリアの主たる都市の中でフリードリッヒが唯一足を踏み入れなかったのは、フィレンツェであった。フィレンツェのこの時代の呼称は「フィオレンティア」で、花の都の意味である。マイケルが皇帝に、「花」とついている都市は訪れないほうがよい、あなたはそこで死ぬことになっているから、と言ったからである。

そう言えばフリードリッヒは、生涯のうちでは一度もフィレンツェは訪れず、近づくことさえもしなかった。フィレンツェ共和国が、行政長官の任命権を譲り渡すということで皇帝の傘下に入る意向を示してきたときも、それを受けて長官職に息子のフェデリーコは送ったが、彼自身は行かなかった。ちなみに、鷹狩りの途中で倒れてかつぎこまれた地の名は、カステル・フィオレンティーノである。

フィレンツェに近づかなかったのは、スコットランド人の予言を信じたのか、それともアリストテレス式に、「証明できないということは存在しないということにはならない」とでも考えて訪れるのはやめたのか、はわからない。いずれにしろ「花」（フィオーレ）は、合理的なフリードリッヒにとっても「鬼門（きもん）」になっていたようである。

とは言ってもマイケル・スコットは、愉しい話し相手ではあった。だが、しばらくしてフリードリッヒは、知的な会話を交わす相手をもう一人欲しくなる。それで、手紙を介してにしろ親密な仲になっていたカイロのスルタンに、誰か適当な人を選んで送ってくれるよう依頼した。スルタンが送りこんできたのが、中近東生れのギリシア人でキリスト教徒のテオドールである。

マイケルが、「スコットランド生れのマイケル」の名で残ったように、この人も、「アンティオキア生れのテオドール」で残ることになる。生年は不明だが、十字軍時代には公国として栄えていた時代の、シリアの古都アンティオキアに生れた。ギリシア系だから、キリスト教徒ではあってもカトリックではなくギリシア正教徒。ギリシア語、ラテン語、アラビア語に加えてフランス語も解したのは、十字軍国家の公用語はラテン語でも、あの地方では当時広く通用していたのがフランス語であったからだろう。

この人の関心は、古代ギリシアの科学全般にあった。だが、それを学ぶのにアテネにもアレクサンドリアにも行かず、イスラム世界に向う。ユーフラテス河を渡ってティグリス河まで行き、初めはモスール、次いでバグダッドで勉強した。この一事は、いかに古典ギリシアの「知」がイスラム世界を通過することで後世に伝えられていったかを示している。

中東で学を修めた後は中近東にもどってきたこの人は、近くのイスラムの大守（エミル）の下で行政官としてのキャリアを重ねていたらしい。その彼が、フリードリッヒに頼まれて人を探していたスルタンの網にかかったのだ。こうして、「アンティオキアのテオドール」は、生れて初めて西に向う。

フリードリッヒの「友人たち」の一人になったこの人は、以後二十年にもわたって皇帝の宮廷に留まることになる。当時の知識人の典型で数多くのことに関心のあった人だが、専門となると二分野で、第一は医学と疫病学、第二は、アラビア文献をラテン語に翻訳することであった。

第一の分野では、すでに皇帝の友人グループの一人になっていたイタリア人と協力して、シチリア王国の疫病対策に積極的に関与している。北イタリアはクレモナ生れのアダモとシリアはアンティオキア生れのテオドールの二人によって、南イタリアとシチリアの下水設備は長足の進歩を遂げるのだ。古代のローマ時代のような、上下もの水道の完備までは至らなかった。だが、排水技術は当時、オリエントのほうが進んでいたのである。ローマ時代の技術の名残りとイスラムの技術をともに活かすことでの流行病防止の対策が、イタリア生れとシリア生れの二人によって実を結びつつあったのだった。

第二の分野の翻訳だが、この分野での彼の功績で最も知られているのは、『Moamin』の書名でヨーロッパに紹介されることになる、複数のアラビア人によって書かれたという鷹狩りの指南書だ。原書が成ったのは十二世紀頃らしいが、フリードリッヒのためにテオドールがこの書をラテン語に翻訳したのは彼が西欧に来てからで、それがフリードリッヒを刺激し、皇帝自らが著者という、中世では唯一の学術書に結実していく。

スコットランド生れのマイケルもあらゆる分野に手を出した人だが、その彼の後に来て皇帝の友人の一人に加わったアンティオキア生れのテオドールも、オールマイティな知識人という点でも、マイケルと双璧（そうへき）だった。おそらくはラテン語で交わされたと思うが、この二人の間の対話は圧巻であったという。その合い間にはしばしば、皇帝の皮肉で辛辣（しんらつ）な一句がはさまれる、という具合で、対話は進行したのだろう。圧倒されて言葉も失う、などという事態には絶対にならなかったのがフリードリッヒであった。

しかし、皇帝に占いまでしてあげたマイケルに対して、テオドールの専門には古代のギリシア医学もある。それで、緊張する生活がつづくのを宿命づけられていたフリードリッヒのために飲料を調合し、疲労が早くとれるようにと飴玉（あめだま）も作って贈った。

飲料だが、成分表を見ると、これってスポーツ・ドリンクじゃない、と言うしかないシロモノである。だが、糖分の補給は頭脳の酷使にも効くのも事実であった。

飴玉のほうだが、これもハチミツをベースにすみれの香りを加えただけのものだが、フリードリッヒはいたくこれが気に入ってしまう。政府の高官たちにも贈るよう命じたというから、真剣な問題を討議する席というのに、皇帝も家臣たちも口の中で飴玉をころがしながら討議していたのかと思うと、想像するだけでも笑ってしまう。それにしても、すみれの上品な香りがし色も薄紫色の飴玉は、疲労回復剤としても悪くはなかった。

スコットランド生れのマイケルは修道士であったから、たとえ最下層でも聖職界に属す。神に捧げた身には、終の棲家は許されない。その彼には、余生を送るのが皇帝の宮廷であろうと修道院であろうと関係はなかった。しかし、アンティオキア生れのテオドールは、俗界の人間である。それでフリードリッヒは、南イタリアに用意させた領地つきの屋敷を贈ったのだった。そこにはオリエント風に、樹々が繁り豊かに水も流れる庭園もついていた。

これがいけなかったのだと、私は思う。故郷を思わせる地に住むようになったことが、テオドールの望郷の想いに火を点けてしまったのだ。

しかし、この時期のフリードリッヒは、ついに選出が成った新法王との間で、緊張した日々を送っていた。

故郷に帰りたい、とは言っても、厚遇してくれる皇帝の心に背くことはしたくない、と思い悩んだあげく、自死するほうを選ぶ。この友の死を、四十八歳になっていたフリードリッヒは、滞在中の中部イタリアで知った。

「友人たち」の最後は、やはり、アル・カミールで締めるしかないように思われる。フリードリッヒはこの人とは、直接には一度も会ったことはない。それでいながら、キリスト教徒である彼にとってこのイスラム教徒くらい、最上の友人もなかったのである。

「神がそれを望んでおられる」のスローガンの下、イスラム教徒の地であった中近東に西欧のキリスト教徒が大挙して侵攻した第一次十字軍から始まって、曲りなりにも十字軍国家がその後も二百年もの間存続できた要因は数多いが、確実にその一つであったのが、敵であるイスラム側のリーダーにアユーヴ朝のスルタンたちを持ったことにある。

中世のイスラム世界は、大別すれば、アラブ民族とペルシア民族とトルコ民族で成っていた。アユーヴ朝のスルタンはクルド族出身で、このイスラム世界では、今でもそうだが少数民族であったのだ。それがためか、サラディン、アラディール、アル・

カミールとつづいた三代のスルタンは、冷徹な現実主義者で共通していた。イスラム世界の聖職者であるカリフや「イマム」（導師）たちが、キリスト教徒は一人残らず追い出せという強硬路線を崩さなかった中で、アユーヴ朝のスルタンだけは、柔軟に対応する。第一次十字軍で来て以来百年も定着しているシリア・パレスティーナのキリスト教徒はもはや既成事実と認め、追い出すよりも共生の方向に変えていたのである。なぜなら中近東のイスラム社会も、十字軍によって西欧と接触するようになったことで、イスラム社会の製品も西欧に売れるようになったという事実を直視したからであった。

情勢のこの変化を、西欧でいち早くキャッチするのがヴェネツィア共和国であり皇帝フリードリッヒになる。

ヴェネツィアがリードした第四次十字軍は、遠征には発ったものの行き先はパレスティーナでもなくエジプトでもなく、ビザンチン帝国の首都コンスタンティノープルを攻めている。ヴェネツィア政府とスルタンのアラディールとの間に交わされた密約によって、十字軍さえ来なければシリア・パレスティーナのキリスト教徒の安泰は保証する、という同意が成立していたからであった。国益が最優先したヴェネツィア共和国だ。十字軍精神によってイスラム教徒を殺すよりも、交易路の確保とその一層の拡大のほうを選択したのも当然である。

しかし、第六次十字軍を率いたフリードリッヒは、一国の利益のみを優先できる立場にはない。神聖ローマ帝国皇帝である彼には、ヨーロッパのキリスト教世界に住む人々の願望を現実化する責務がある。その願望とは、第一に、サラディンによって攻略されて以来イスラム下にもどっていた聖都イェルサレムの再復であり、第二は、イェルサレムを始めとするキリスト教関係の聖所への安全な巡礼行であり、第三が、もはや中近東の地に定住して長いキリスト教徒たちの存続、とわかったフリードリッヒは、それを外交で実現しようと決めたのだ。

この時期、敵方には、サラディンを伯父にもちアラディールを父にもった、アル・カミールがスルタンの地位にいた。本拠にしていたのはエジプトのカイロだが、彼の勢力圏はエジプトだけには留まらない。伯父がそうであったように、また父もそうであったように、アル・カミールは、当時のイスラム世界の西半分を統治下に置くスルタンであったのだ。しかもこの人は、父のアラディールの考えを継いで、十字軍さえ遠征してこなければ中近東に住むキリスト教徒との共生も可能だ、と考えていたのである。

アル・カミールがイスラム世界最強のスルタンであれば、フリードリッヒはキリスト教世界の最高位にある皇帝であった。つまり、宗教界の最高位者であるカリフやローマ法王とはちがう意味ながら、二人ともがトップ中のトップであったということである。

　これが、解決につながる。ただし、皇帝側は十字軍遠征をしないと誓い、代わりにスルタン側は、イェルサレムをキリスト教側に返還し、中近東の十字軍国家の存続は認めると誓うことによって。二人の間では講和が締結され、有効期間は十年間と決められたが、その後の更新の可能性も明記された。第六次十字軍が無血十字軍と呼ばれたのも、軍勢は率いていながらそれは使わないで、外交だけで目標に達したからである。

　しかし、この講和は、イスラム側からもキリスト教側からも猛烈な悪評を浴びることになる。東ではカリフやイマムが「イスラムの恥辱」と非難すれば、西ではローマ法王が、聖都イェルサレムの奪還はキリスト教徒の血によって成就(じょうじゅ)されるべきと、イスラム教徒を殺さなかった唯一の十字軍である第六次十字軍を率いたフリードリッヒを、「キリストの敵」とまで言って叫弾した。

原理主義者とは、古今東西の別なく存在するものであり、そしてなぜか、彼らの声のほうが常に高い。声が高ければ、当時のジャーナリストであった年代記作者の筆に残る率も高くなり、それを参考にする後世の研究者たちに、それこそがあの時代に支配的であった声だと思わせてしまうことにもつながるのである。歴史は勝者によって書かれる、と言われるが、声の大きかった人々によって書かれる率のほうが高かったのではないか。

だが、アル・カミールもフリードリッヒも、悪評を浴びようが講和で定めたことは守り抜いた。十年間とされていた有効期限も、さらに十年間の更新も果たす。両者ともがアフター・ケアを欠かさなかったからでもあるが、フリードリッヒには自国にとっての利益、という面もあったのだ。

南イタリアとシチリア島を合わせて出来ているシチリア王国は、地中海をはさんで北アフリカと向い合っている。現代の国別ならば東から西にリビア、チュニジア、アルジェリア、モロッコになる。中世にはこの地方は、大小のスルタンや大守(エミル)に治められていた。彼らとの関係が良好であれば、シチリア王国の海からの防衛への心配は減る。フリードリッヒとアル・カミールが友人の仲であることを、これらイスラムの小君主たちも知っていた。そして、彼らの一人といえども、大国エジプトのスルタンの意向に逆らう者はいなかったのである。

地中海の沿岸地方に住む中世時代のキリスト教徒にとっての最大の恐怖は、『ローマ亡き後の地中海世界』に書いたように、北アフリカから襲ってくるイスラム教徒の海賊たちであった。なにしろ、いち早く交易立国に向っていたキリスト教側に対して、北アフリカは海賊立国と言ってもよい状況でつづいていたからである。それゆえに南欧の海沿いには、おびただしい数の監視用の塔、「サラセンの塔」(Torre Saraceno)と呼ばれる塔が建てられていた。

ところが、地中海の中央に突き出ているために海賊船の襲来を最も受ける土地であったシチリアと南イタリアに今なお残る「サラセンの塔」のほとんどは、フリードリッヒの時代より後になって建てられたものなのである。フリードリッヒが南伊を支配していた時代、彼の領国にだけは海賊も襲撃を遠慮していたからであった。

年齢ならばアル・カミールは、フリードリッヒよりは十五、六歳年長であったらしい。そのスルタンも皇帝には、しばしばアフター・ケアという感じの使節団を送って来たが、その際には必ず、皇帝への贈物も持たせていた。

その贈物が何であったかを知れば、アル・カミールがフリードリッヒを、実によく理解していたことがわかるのである。アラブの絶世の美女などは、贈ってこなかった。スルタンからの贈物の多くはイスラム社会の最新技術を駆使して造られた製品で、精巧な出来の水時計であったり、星のすべてが宝石で造られている、宇宙儀であったりしたのである。それへの皇帝からの返礼が、北ヨーロッパで捕獲した白熊(しろくま)であったのには笑ってしまうが、中世ではオリエントのほうが、技術の面でも優れていたのである。これがルネサンス時代に入ると、逆転することになる。

とはいえ、カイロに送られた白熊には同情してしまうが、スルタンから皇帝への贈物の中には、象や豹(ひょう)などの猛獣や熱帯産の色とりどりの鳥などもあった。

これをフリードリッヒは、諸侯を召集する会議(ディエタ)の開催地や、彼に屈して傘下に入ると決めた都市に入る際に活用している。まるで、サーカスが町に来た、という感じだが、持つ権力を誇示するのも、その権力の行使には無視できない効用があるからだ。精巧で美しく造られている宇宙儀には反応しなかったドイツの諸侯たちも、エキゾチックな猛獣の行進には眼を丸くしたのだから。

アル・カミールは、一二三八年に死んだ。フリードリッヒとの間で結んだ講和の更新には、まだ一年あった。それでもその一年後、アル・カミールの後を継いでスルタンになっていた彼の長男は、何の条件もつけずに更新に同意する。父親に言われていたからとは思うが、これによって中近東在住のキリスト教徒たちは、さらに十年間の平和を享受することができたのである。それも破られた一年後、フリードリッヒも死ぬ。

だがこれが、適当な人物を選んで送ってくれとイスラム教徒に頼んだキリスト教徒と、それに応えてオリエント生れではあってもキリスト教徒ではある人を送ってきたイスラム教徒の、中世という時代では哀しいくらいに希な関係であった。この二人が築きあげたオリエントの地でのキリスト教徒とイスラム教徒の共生を崩すのは、「聖ルイ」の名で知られ、ローマ法王からは理想の君主と賞め讃えられていた、フランス王のルイ九世が率いた第七次十字軍によってであったのだから。

しかし、皇帝フリードリッヒ二世は、知識人を周囲に集めただけで満足する男ではなかった。彼自らも、作品を残している。代表的なものをあげるだけでも、「メルフィ憲章」と、カステル・デル・モンテと呼ばれる城と、鷹狩りに関する書と。

「メルフィ憲章」

いずれも中世の公用語であったラテン語の書名で記すが、『Magna Charta Libertatum』（大憲章）が公表されたのは、一二一五年の六月。『Constitutiones Melphitanae』（メルフィ憲章）の公表は、一二三一年の九月。

それが後世になればなるほど「マグナ・カルタ」のほうが有名になり、「メルフィ憲章」のほうは忘れ去られてしまったのも、「歴史の皮肉」の一例である。後代イギリスの歴史家たちによる、「マグナ・カルタ」こそは市民の権利を王が認めた最初の歴史文書である、との評価で定着してしまったからである。そして、その後に成された諸々の改正の成果にせよ、今なお英国の王が守るべき基本原則、とされて今日に至っていることも、「マグナ・カルタ」の名声の確立に寄与したにちがいない。

しかし、これが作成された当時、「マグナ・カルタ」に盛られていた意図は、市民の権利全般を王が認める、ことなどにはなかった。英国王の権力と影響力を減少することによって、聖職者と封建諸侯のもつ既得権益を再確認する、ことのほうにあった

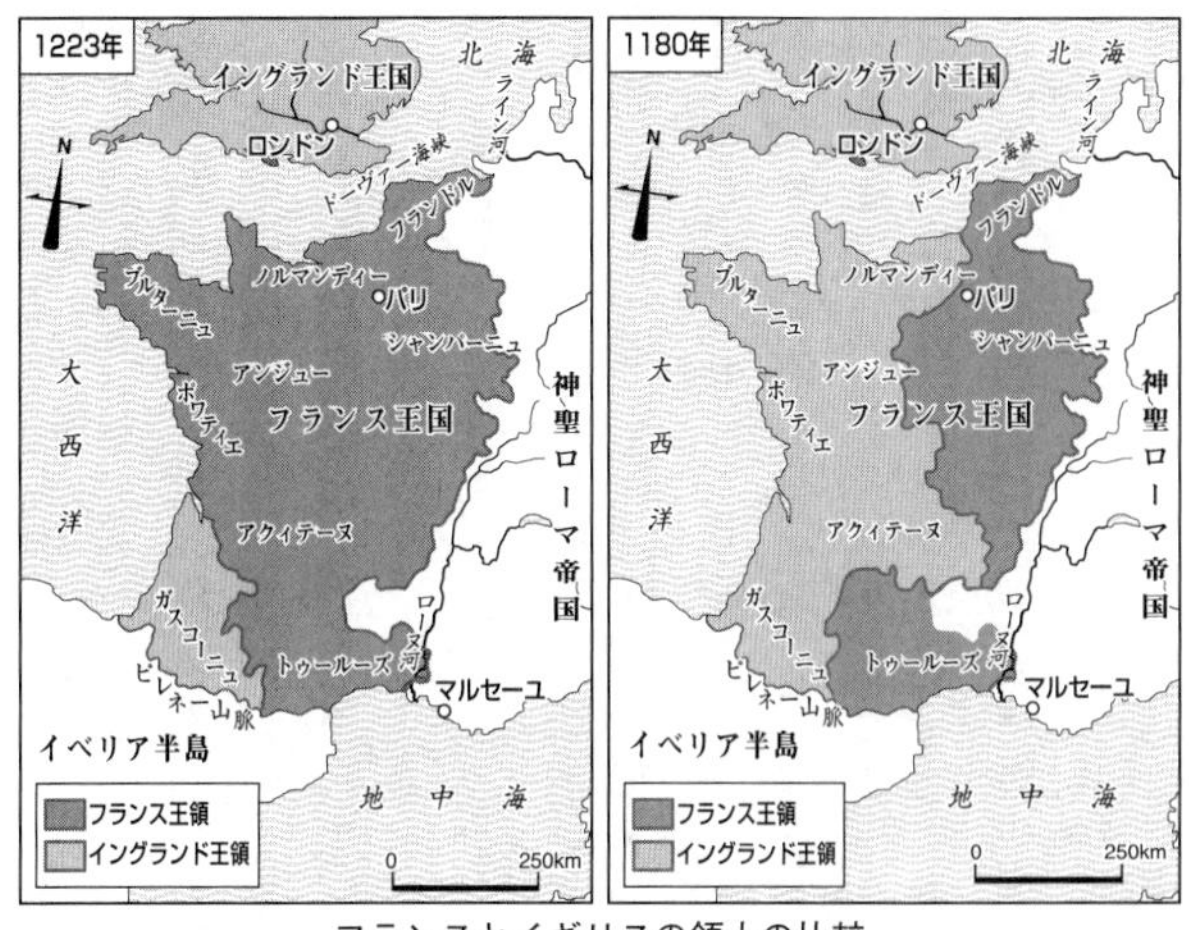

フランスとイギリスの領土の比較

のだ。

なぜなら、「マグナ・カルタ」に署名したジョンは、失地王の綽名が示すようにフランスに持っていた英国の領土を次々と失い、この王の配下にいた諸侯たちは、こんな不出来な王の下にいてはオレたちの領土さえも危うくなる、と思うようになっていた。諸侯が協力しなくなっては、王位にも留まれなくなる。それで、諸侯を引き留めておくためにジョンは、王権を低め諸侯の権利を高めることを明記した「マグナ・カルタ」に署名せざるをえなかった。だが、これによって英国は、ヘンリー二世とリチャード獅子心王によって進んでいた、封建社会から君主政国家に向う道を逆もどりしてしまうことになる。つまり、以後二百年にもわたって、国内の混迷に苦しまされることになるのである。

中世後期のイギリスの国力の衰退は、フランス内に持っていた英国領土を失ったこと、だけに要因があったのではない。自国内に封建諸侯を温存したままでいたことが、最大の要因になるのだ。そしてそれを許したのが、「マグナ・カルタ」であった。

このイギリスを横目に見ながら、フランスでは、封建制から君主制への移行が進んでいた。それを進めた第一の功労者は王のフィリップ二世だが、政治的ではあっても軍事となるとからきし駄目なこの人の幸運は、最大の敵であったイギリスの王が、戦闘をすれば勝つ獅子心王から、戦うたびに負ける失地王に代わったことである。また、十字軍にくり返し遠征することによって人力も資力も衰える一方になっていた有力諸侯の領土を、人目をそばだてることなく王領に加えてしまうという、汚いやり方でも巧みな人であった。王位に就いた一一八〇年と、死んだ年の一二二三年のフランスの地図が、ローマ帝国初代の皇帝であったアウグストゥスをフランス語読みにした「オーギュスト」と呼ばれてフランス人から賞讃されることになる、この人の業績を示している。

中世も後期に入っていた十三世紀前半という時期は、ヨーロッパにとっては激動の時代であったのだ。

「マグナ・カルタ」の成立は、一二一五年。

フィリップ・オーギュストの死は、一二二三年。

そして、直訳ならば「憲法」としてよい「メルフィ憲章」が公表されるのは、一二三一年。

その五ヵ月後に、ローマ法王グレゴリウスは、「異端裁判所」を開設する。

王フィリップも皇帝フリードリッヒも、封建社会から中央集権的な君主政国家への移行を目指した、という点ならば似ていた。だが、二人の君主の間には、大きなちがいがあったのだ。

フィリップの頭にあった君主政国家とは、封建諸侯の領土を吸収していくことで王の直轄領を広げていくことであった。一方、フリードリッヒは、中央集権的な君主政ということでは同じでも、法に基づいての君主政、つまり法治国家を目指した点でちがっていたのである。

ローマ法の存在さえも知らなかったようであるフィリップの頭には、法の概念などは入る余地もなかったろう。だが、ローマ法の有効性に気づいていたフリードリッヒに強烈であったのが、国家は法治国家であらねばならないという考えであった。

そこが、「憲章」などは作ることさえも考えなかったにちがいないフィリップと、「メルフィ憲章」を作成することによって国家の目指す方向を明確に示そうとした、フリードリッヒのちがいである。

ちなみに、近現代の西欧の研究者たちが「マグナ・カルタ」を高く評価する理由として使う「市民の権利」という言葉だが、十三世紀の当時、「市民」という概念が曲がりなりにもあったのは、北イタリアのコムーネ（自治都市）でしかない。「comune」とは、市民たちの自治で成り立つ住民共同体であったのだから。そして、十四世紀後半から始まるルネサンスの都市国家時代になると、「市民」はもはやはっきりと共同体の主人公になる。

だがその「市民」でも、民主政に慣れたわれわれ現代人が考えるような「市民」ではない。当時でも、「大市民」と「小市民」に分けられていたくらいで、権力をにぎり国の方向を決めることができたのは、上層に属す有力市民だけであった。市民の概念が下層にまで広まるのは、フランス革命を待つしかないのである。ゆえに、「市民」の定義の不明確さもまた、「マグナ・カルタ」が過大に評価された因である。「大憲章」とは呼ぶものの、当初はただ単に、突き上げを喰らったことであわてた王が、その諸侯たちを留保したいがあまりに彼らに大幅に譲歩した、にすぎなかったのだから。

古代のローマ時代にはありながら中世に入って失われたのは、「市民」の概念だけではない。「法」の概念も、忘れ去られてしまっていたのである。

モーゼの十戒は神が与えたものゆえ、その神を信じている人間には改めることは許されない。だが、それ以外の法は人間が考えたものである以上、不都合が生じたり時代に合わなくなれば改めるべきもの、というのがローマ人の法への考え方であった。

フリードリッヒは「メルフィ憲章」で、この「ローマ法の精神」を再興したのである。

「憲章」の各条項は、「Comanda lo Imperatore」（皇帝が命ず）で始まっている。俗界最高の権威者である皇帝が命じているのだから、それを改めようものなら皇帝の権威が傷つくことになるのではないかと思うが、そのようなことはフリードリッヒの頭にはない。「憲章」が発布された一二三一年から始まって二十年近くもの間、幾度となく条項の改定は行われたのである。原稿の推敲(すいこう)を重ねる作家に似ているが、フリードリッヒにとっては、「メルフィ憲章」とそれに基づいた国家の建設は、彼の「作品(オペラ)」でもあったからだろう。それゆえ、部分的にはいかに〝推敲〟を重ねようと、法治国家という一線では一貫していた。

ではなぜ、「マグナ・カルタ」は日本の高校の歴史の教科書にさえも取り上げられているのに、「メルフィ憲章」のほうは、歴史研究者はともかく一般的には忘れ去られてしまったのか。

理由の第一は、ローマ法王とカトリック教会から嫌われてしまったからである。中央集権国家に進み始めていたフランス王の動きは、法王は黙認した。だが、信仰面だけでなく生活のすみずみにまで影響力をふるう権利があると信じている中世の高位聖職者たちにとって、「皇帝が命ず」式が普及しては困るのだ。命ずるのは、神の意を受けているとされている聖職者のみに許された権利と思っていたからである。「メルフィ憲章」が発布された五ヵ月後に「異端裁判所」が開設されたのも、偶然の一致ではない。ローマ法王からの皇帝への、牽制(けんせい)を意味していたからである。

「命ず」と言える権利は皇帝にはなく、神にしか、つまり神意を伝える人ということになっているローマ法王にしか、ないことを示すために。

ここで、ローマ法と教会法の差異をはっきりさせておきたいと思うが、「ローマ法」とは、古代のローマ人が作った法であり、中世では「メルフィ憲章」に、そして近現代の国々の法にも多大な影響を与えていることで知られている。

一方、「教会法」は、中世のヨーロッパを支配していた法で、今もなおヴァティカン市国内では適用されている。

いずれも大学では独立した学科があり、それを専門に学ぶ研究者がいる以上、詳細な検証はこのプロたちにまかせるとして、ここではシロウトの私にさえも基本と思われる、一点のみをあげることにする。裁判について、である。

ローマ法では、告訴されても、それを実証する証拠が示されないかぎりは、有罪とはされない。

反対に教会法では、告訴されるや有罪。その後にそれを反証するに充分な証拠が示されれば無罪になりうるが、実際上の例となるとない。

判決に納得できない者に認められている控訴権だが、ローマ法でも「メルフィ憲章」でも、これは明確に認められていた。そして、控訴先は皇帝、とも明記されている。なぜなら皇帝は、裁く側にも裁かれる側にも属さず、この両者の上にある存在、とされていたからだった。現代ならば、最高裁判所であろうか。『ローマ人の物語』を書いていた当時、皇帝たちの行く先々に控訴が追いかけてきて、夜になってまでそれらに判決を下していく皇帝たちを見ていて、皇帝をやるのも激務だと思ったことがあったが、フリードリッヒもこの種の激務をこなしていたのである。彼はそれを、すべての上にあり、ゆえに第三者でもある皇帝の責務の一つ、と思って重要視していた。

教会法では、控訴権は認めていない。と言うよりも、実際上認めることができなかった。誰に控訴するか、となると、神に対してするしかなかったからである。神の意を伝えるとされているローマ法王にも、控訴されてきた判件に判決を下した例は見つからない。つまり、教会法に基づいて裁かれる異端裁判所では、告訴されたらそれで終わり、というわけだった。

とはいえフリードリッヒは、「メルフィ憲章」に、ローマ法をそのままで導入したのではない。「メルフィ憲章」にしかない、一項がある。それは、控訴に至るまでの通常の裁判は、告訴されてから一年以内に結果を出す、と定めた箇所である。裁判は公正に成されるべきだが、それが何年もかかったのでは、原告・被告ともに受ける損害が大きくなり、それによって、法の目指す「公正」さえも保証できなくなるからであった。裁判には十年もかかるのが珍しくない昨今、タメ息が出る想いになる。

この中世で、フリードリッヒを別にすれば唯一の例外になるのは、法律の公正な実施を重視していたことで「中世のローマ」と言われていたヴェネツィア共和国である。だがヴェネツィアは、いかに法治国家でありつづけることには熱心でも、それは自国内のことに留め、他国にまで輸出することは考えず、実際に輸出しなかった。

しかし、フリードリッヒは、自国の国益を最優先した経済人国家のトップではない。神聖ローマ帝国の皇帝という、キリスト教俗界の最高位者である。この人が言い行うことを、輸出・非輸出で計ることはできない。いや、輸出される、つまりは影響を及ぼす、危険はおおいにあったのだ。

ローマ法王庁はそれを感知し、キリスト教会が定めるキリスト教的な生き方に反した者を裁くことを目的にした異端裁判所を開設することで、その阻止に動き始めることになるのだ。

フランス王フィリップが実現した、中央集権制の君主政国家への移行ならば、キリスト教国の君主としても誤ってはいなかった。フリードリッヒが成し遂げた、教会法以外の法に基づいての中央集権的君主政国家が、キリスト教徒を統治する君主として誤っている、と見なされたのである。

「メルフィ憲章」がその後忘れ去られてしまうことになった要因の第二は、法治国家という考え方が再興されるのが、近現代になってからであったという事情にある。ローマ法は、ローマ帝国の死とともに死んだのだ。法律とは、それを実施に移せる「場」がないかぎり、学者たちが研究する対象でしかなくなる。

フリードリッヒの「作品」であった法治国家「シチリア王国」は、彼の死後十六年過ぎて起るマンフレディの死をもって終わる。その後の南イタリアは、初めはフランス人、次いではスペイン人の王の支配の下、封建制を色濃く残す社会に逆もどりしてしまうのである。その中では「メルフィ憲章」も、歴史上の文献、の一つになるしかなかったのだった。しかも、キリスト教会から異端と断罪された者の手に成った文献として。

それでも、あれを一読すれば、協力者全員を夏中メルフィにカンヅメにしてまで完成に執着した、三十代半ばのフリードリッヒの熱き想いを感じないではいられないのだが。

「マグナ・カルタ」はラテン語で書かれていた。中世の公式文書は、キリスト教会の公用語であったラテン語で書かれるのが、当時の常識でもあったからだ。それでいながら、シチリア王国の公式文書である「メルフィ憲章」だけは、俗語と呼ばれていたイタリア語で書かれている。もちろん、この百年後にフィレンツェで練り上げられていくことになるイタリア語の域にはまだ達していない。それで、アメリカ人やイギリス人やフランス人がイタリア語を話す感じの文章になってしまったものだから微笑なしには読み進められない水準のイタリア語だが、それでも、高等教育を受けていない人でも読めるイタリア語で書かれていたのだった。

皇帝フリードリッヒが目指したのは、法に基づいての秩序ある平和な国家の建設である。それには、聖職者に比べて「学」がないとされていた、諸侯を始めとする一般の世俗の人々までも巻きこむ必要があったのだ。この人々が読めない言葉で書かれていたのでは、フリードリッヒの考えでは、人々が共に生きるに必要なルールである、「法律」ではないのであった。

「カステル・デル・モンテ」

中世では、教会を建設することは、高い地位を占めそれによって得た権力を持つ者の義務、と考えられていた。教会の建設は神への感謝の表明であると、カトリック教会が言いつづけてきたことでもあったからで、フリードリッヒが浴びた非難の一つも、教会も建てずに城塞(じょうさい)ばかり建てている、ということにあった。

十三世紀の北部ヨーロッパは、ゴシック様式の大教会の建造ラッシュとしてもよいくらいに、今なお威容あたりを払う大聖堂(カテドラル)が、各地に次々と建てられていた時代である。

しかも、十字軍の熱気が支配的であった時代だ。一般人は十字軍の遠征に参加することで信仰の強さを示し、資力をもつ王侯は、大聖堂を建てることで信仰の強さを示すのが、流行(はや)っていた時代であった。両者ともそれを果すことによって、死後の天国の席を予約した、と安心することができたからである。

この時代、フリードリッヒが建てさせた教会は一つしかない。それも、南イタリアの町アルタムーラに建てさせた教会で、外観も内部も、美術史や建築史がとり上げるに値するものではない。無かったから建ててあげた、という感じで、同時代にフランスに次々と建てられた大聖堂とは比べようもないくらいに平凡な教会である。

では、なぜフリードリッヒは、教会の建設に熱心ではなかったのか。

答えは簡単で、美しさならば最高水準にある教会がすでに数多くあったから、である。

とくにシチリア島には、アラブとノルマンとビザンチンの絶妙な融合で成ったシチリア様式の美しい教会が、数多く存在していた。その代表はパレルモに近いモンレアーレにある大聖堂だが、華麗としか言いようのない美しさである。また、島の東側にあるシラクサには、古代からのこの海港都市の長い歴史を映して、古代のギリシア神殿をそのままで教会に移し変えたカテドラルがあった。こちらには、壮麗の一語がふさわしい。

この二つ以外にも南イタリアでは、数多くの美しい教会に不足してはいなかった。中世の間中、アルプスの北側よりも南側のほうが、文化水準は高かったのだ。

それに、いかに当時の流行ではあっても、天をも突き刺す感じで上へ上へと伸びるゴシック様式は、染まるような蒼い空の下で降りそそぐ暖かい陽光を浴びる南欧には、もともとからして似合わないのである。

とは言っても、教会建設に対してのフリードリッヒの関心の低さは、同時代の王侯たちに比べて目立っていたことも確かだった。

新しく教会を建てると、ローマにいる法王に頼んで司教か誰か高位の聖職者を派遣してもらい、その人に、この教会も以後は神と出会う聖なる場所になると宣告するための、聖別のミサをあげてもらう必要がある。だが、もはや周知の、法王と皇帝の仲だ。フリードリッヒには、そこまでやる気はなかったのだろう。まずもって、そういうことをしたならば得られるという、天国の席の予約なるものは信じていなかった。

というわけで教会は一つしか建てなかったフリードリッヒだが、城や要塞となると百以上も建てている。そのいずれもが戦略要地に建てられており、その規模も、戦略上の理由から、大きな城、中位の城塞、小型の要塞に分れる。孤立した防衛施設としてよりも、そのいずれもがネットワークの一部としての役割を持っていたからであった。

造りは、北部ヨーロッパのものよりも、中近東に数多かった十字軍関係の城塞に近い。その理由はおそらく気候にあり、南欧のそれが北ヨーロッパよりもシリア・パレスティーナに近かったからだろう。ゆえに内部も、明るく開放的でカラリとした感じに出来ている。住み心地も、悪くなかったにちがいない。

戦略上の要地とは、航空機による攻撃を心配しなくてすんだ時代では、時代による変化はほとんどなかった。それでシチリア王国でも、たいがいの戦略要地にはすでに、フリードリッヒには母方にあたるノルマン王朝の王たちが建てた城塞があったのである。フリードリッヒがやったのは、それらを戦略の重要度に応じて、補強したり改造したりすることだった。まったくの新建設は、一つもない。フリードリッヒの戦略眼が確かであった証拠に、海ぎわにあって大規模な改造が成された城のほとんどは、今でもイタリア海軍が使っている。

ところが、小さいものまで加えれば百を越す数の城塞の中で一つだけ、何の目的で建てられたのかがわからない城がある。あまりにもの美しさから世界文化遺産に指定され、ゆえに訪れる人の数も多く、ユーロ圏の通貨である「十分の一ユーロ」にも使われている、「カステル・デル・モンテ」(山上の城)がそれである。

カステル・デル・モンテ

すべてが「八角」で成っているこの城は、ヨーロッパのどこにも、十字軍関係の城塞が点在していたシリア・パレスティーナ地方にも、まったく見られない変テコな城なのだ。

防衛のために建てられた城ではないことは、一見しただけでわかる。

何よりも、遠くからでも眼に入ってくるほど広い平原の中央にそびえる丘の上に立っている。周囲の平野を攻撃側の天幕が埋めようものなら、陥とすのは容易であったろう。

また、重要な街道を監視下に置ける地に、立っているわけでもない。道は通っているが、その道も町から別の町に行くのに通らざるをえない、というほどのものではなく、単なる田舎道にすぎない。

近づいて行くと、この城には他のすべての城には附き物の、堀がめぐっていないことがわかる。堀がないのだから、これまた中世の城では必需品のハネ橋もない。

いずれも八角形の八本の塔がささえるこの城には八面から成る外壁があるが、そこに切られている窓が、他の城に比べても大きすぎる。眺望と明るさを求めたのならばわかるが、防御にはまったく適していない。

そして、この城のどこにも、石弓器をすえるための場所もなければ、弓を射るに適した場所も確保されていない。また屋上には、城となれば必ずある、壁をよじ登って来る敵兵の頭上から熱した油を浴びせるための穴も開いていない。馬小屋もなければ兵糧(ひょうろう)を保存する倉庫もなく、独立した調理場もないので、長期間の滞在には適していない。何よりも、馬でこの城の中に入ることからして不可能だ。たとえ皇帝でも、城の前で馬を降り、中には歩いて入るしかなかったにちがいない。

それでいて、水回り(まわ)は良く出来ていた。八角形の塔の中のラセン状の階段を登って行くと達せる屋上は、これまた他の城では見られない石の舗装造りで、微妙な傾斜とその脇(わき)に細く通る水路によって、雨水を無駄なく集めるように設計されている。水洗便所もあり、暖房も、大きな暖炉によって、あの時代では満足しなければならない程度には完備していた。

内装は、高価な色大理石を多用しているためか、北ヨーロッパの城の粗野さはない。かと言ってイスラム式に、装飾過多、という感じもしない。全体が、品良くスッキリ、で一貫している。

とは言え、今われわれが見ることができるのは、八百年の間に内装のほとんどが剝ぎ取られ奪い去られた後の姿である。だが、二千年の間に剝ぎ取られ奪い去られて残るのは三分の一、と言われるローマのコロッセウムも、あの姿のままでもコロッセウムであることでは変わりはない。カステル・デル・モンテも、想像力を最大限に発揮しないかぎりは当時の姿に肉薄できない史跡ということでは同じだが、こちらは八百年だから、今眼にできるのは二分の一、と思うことはできる。だが、それでもなお、「カステル・デル・モンテ」であることでは変わりはないのである。

この城をフリードリッヒは、何のために建てたのであろうか。地方長官にあてた細々とした指令が残っているので、この城だけは彼が自分の思うように建てさせた、ということだけははっきりしている。はっきりしていないのは、「何のために」なのだ。それでこのテーマをめぐって研究者たちは数多くの論文を発表しているのだが、それがもう、百花繚乱の有様。ある人は、鷹狩りのためと言い、別の研究者は、天文学と数学上の問題の実験のため、とする。

鷹狩りはマニアックなくらいに好きだったから、可能性はなくはない。

だが、城の屋上からの鷹狩りは、彼はやらなかったろう。鷹は高所から放たないと飛んでくれない鳥だが、フリードリッヒが好んだ鷹狩りは、平原を馬を駆っては鷹を放つ式の狩りであった。城の屋上から放ち、もどってくる鷹をそこにいて待つなど、彼ならば考えもしなかったろう。この種の鷹狩りは、彼の「書」の中にはふれてもいない。屋外での狩りを愉しんだ後の宿泊先としてならば、使える場所ではあったと思う。調理室のないことも、中庭でバーベキューでもすれば解決した。それでもカステル・デル・モンテは、狩り用の鷹の訓練にならば適していたのではないか。小高い丘の上に立つ城の屋上は、鷹匠たちにとって、鷹の訓練には最適ではなかったかと思う。

天文学や数学上の問題の実験のため、という見方も、実験主義者であったフリードリッヒのこと、こちらの可能性もゼロではない。だが今のところ、それを実証する証拠は発見されていない。また、八角形の外観から始まってカステル・デル・モンテでは何もかもが「八」という数字に帰しているのだが、それがなぜかも明確ではない。ただ、想像するぐらいはできる。

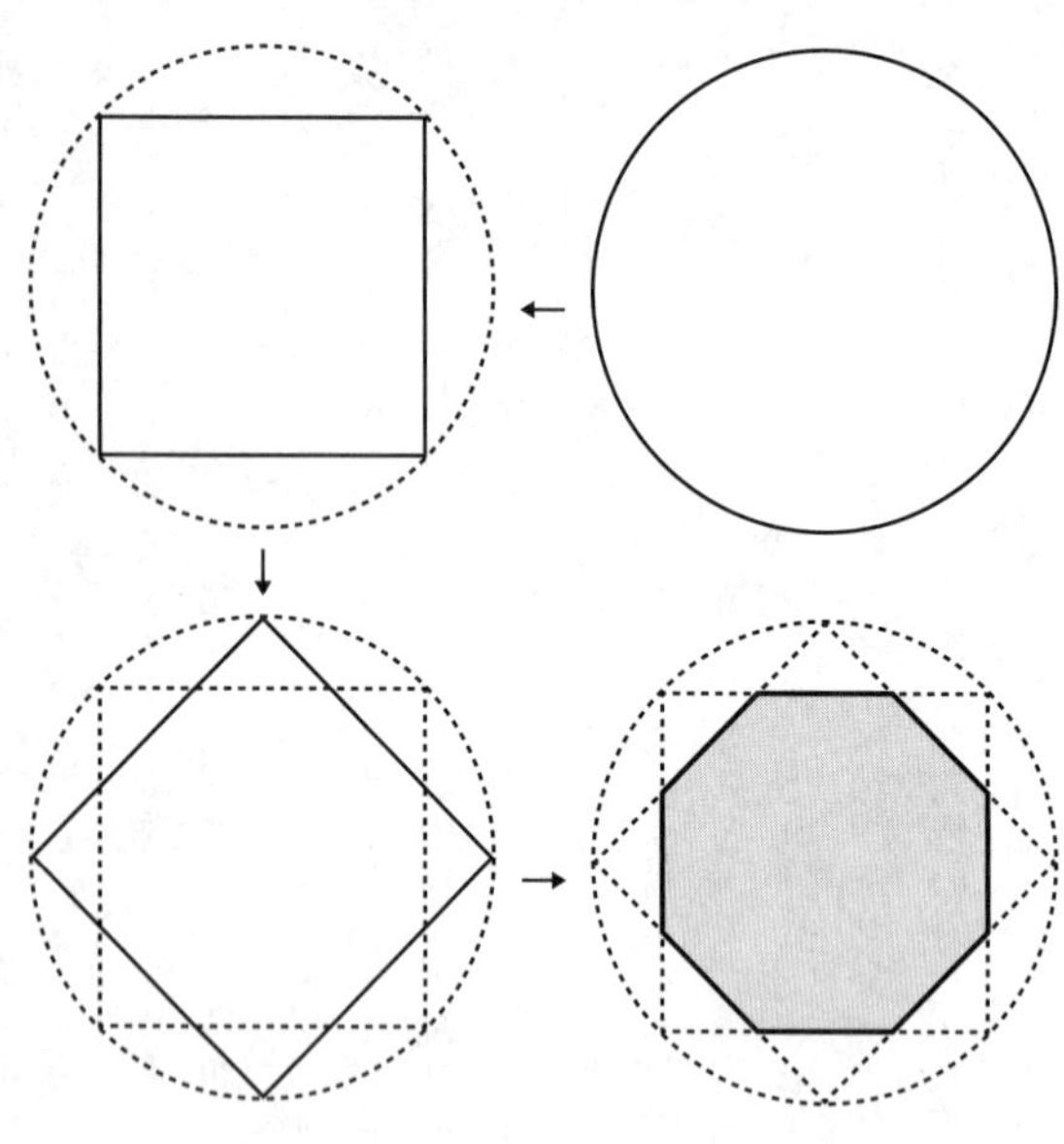

上にかかげた図の流れを見てほしい。右上から続く、四つの図の流れ。

最も堅固であったことから完成した形と考えられていた真円を、次々と四角で切っていった結果が八角形になるのである。そして、今なおイェルサレムに黄金のドームで目立つ、スルタン・オマールのモスクの名で知られるモスクの、ドームをささえる下の部分も八角形なのであった。

第六次にあたる無血十字軍を率いてイェルサレムを再びキリスト教徒のものにしたフ

リードリッヒだが、そのときのイェルサレム滞在中に、「八角形」に対する関心も刺激されたのか、と。

とは言え事情がこうでは、研究者の中でも素直な人は、「フリードリッヒの謎(なぞ)」でケリをつけるしかないようである。フリードリッヒも、傍(はた)迷惑な人である。八百年後の研究者たちにまで、御手あげという気分にさせてしまうのだから。

だが、私のような研究心の薄い人間は、そうは簡単には彼の手には乗らないのである。カステル・デル・モンテを訪れるたびに強くなってくるのは、要するに諸々のアイディアをすべて投げこんで作ってみたら今見るものが出来ちゃった、ということでしょ、という想(おも)いである。私ではいかに諸々のアイディアがあっても自分の家にすらも現実化できないが、彼は皇帝であり、資力も人力も充分にあったから、できちゃった、のではないか、と。もしかしたら、完成した姿を見て、さてこれを何に使うかと、彼自身が考えたかもしれない。

南イタリアのプーリアの平原にそびえ立つ「カステル・デル・モンテ」は、皇帝フリードリッヒ二世の作品である。諸々の解説などは忘れた白紙の状態で対することによって、初めてその美しさを堪能(たんのう)できるということでも、まごうかたなき彼の作品(オペラ)なのである。

「鷹狩りの書」

次は、これこそまごうかたなき神聖ローマ帝国皇帝の著作である『De Arte Venandi cum Avibus』で、直訳すれば「鳥類を使って狩りをする上での技能(アルテ)」、となる。ここでの「鳥」とはもちろん「鷹」のことだが、今なおヴァティカンに所蔵されているのはカラーの挿し絵がページごとに載っている書物で、色つきで紹介できないのが残念に思うくらいに美しい。ラテン語で書かれているが、鷹狩りは貴人が愉しむスポーツであって、一般庶民には読んで理解してもらうまでの必要はない、と著者自身が考えていたからだろう。

ただし、この美しい書物は、フリードリッヒの生前には刊行されなかった。皇帝になって以後の三十年の間、政務や軍事の合い間に書いたり挿し絵を書かせたりしたものが貯(た)まっていたのを、死後に息子のマンフレディがまとめて本にしたのである。それでも、息子の父への敬愛の念を映して、文章は完全にフリードリッヒのものである。つまり、分析的で論理的で冷徹(クール)な文章で終始しているということだ。また、マンフレディも父に似て大の鷹狩りマニアであったから、信用置ける〝校閲者〟としても適していたのだった。

それでこの書の内容だが、鷹狩りについての単なるマニュアル書かと思うと、完全にまちがう。マニュアルとしても充分に役立つが、実験を重ねることで得た事実に基づいた考察を展開するのが、フリードリッヒの真の意図であり、全巻それで通している。彼自身、「プロログス」（プロローグ）とした箇所で、はっきりと書いている。

「この一書、鳥類を使っての狩りについて述べるこの一書を書くにあたってわたしが心したのは、次の一句につきる。

すべては、「que sunt, sicut sunt」（あるがままに見たままに）書くこと。

なぜなら、この方針で一貫することによってのみ、書物から得た知識と経験してみて初めて納得がいった知識の統合という、今に至るまで誰一人試みなかった科学への道が、開けてくると信ずるからである」

この一句で始まったからには科学者的視点で通すのかと思っていると、統治者としての顔もしばしば出てくるのだ。鷹狩りの有効性について述べた箇所である。

なぜ鷹狩りが社会の上層部にいる者にとって有効かというと、緊張を強いる日常から解放してくれるからである、と書く。鷹狩りをしている間は少なくとも、「日々の心配」は「愉しい時間」に席を譲るのだ、というわけだ。

ここまでは月並だが、このすぐ後には次のような文がつづく。貴人のスポーツと見なされる鷹狩りも、それ以外の一般人にとっても有効だと説いている箇所だが、なぜ有効かというと、鷹狩りは非常に複雑なスポーツであるために、それに従事する者には広範な知識と細心な配慮を欠くわけにはいかない。ゆえにこの方面での熟練者は技能（アルテ）をマスターしたことになるので、職を求めるのも容易になるのだ、と書く。

何となく、昨今の英国での狐（きつね）狩り廃止への反対論を読んでいる気分になるが、昨今の英国の貴族の誰かが、鳥の解剖までしてしまったフリードリッヒのような、狐狩りに関しての科学的な考察書までモノしたかどうかは知らない。

全巻は三部に分れている。

第一部は、鳥や小動物という、鷹の獲物（えもの）たちに関しての分析と考察の記述に捧（ささ）げられている。

第二部は、これらの獲物を狙う鷹の全種にわたった、これまた詳細な分析と考察。

第三部になって初めて、タカ狩りに関しての論考が展開されることになる。鷹の飼い方、飼料、結びつけておくひもの結び方、等々、その目配りの良さ、と言うか完璧主義は、単なるマニュアル書を完全に越えている。

というわけで全三部で成るフリードリッヒ著のこの書物は、呆れるくらいに細部にまでわたって分類され分析され、その一つ一つは厳密に解説されている以上、こんなことは誰でも知っているのでは、と思う事柄でもバカにしないできちんと叙述している。この分類好きは、彼のアリストテレス好みからきているにちがいない。とは言っても、アリストテレスの書いたことならば何でもOK、としているわけではない。この古代ギリシアの「知の巨人」の書いた動物全書を、あれは机上の産物だと断言しているのには笑った。要するにフリードリッヒは、鳥類の、それも鷹の獲物になる他の鳥までに言及した、百科全書を作ってしまったのである。多くの挿し絵入りだから、鳥類図鑑、としてもよい。鷹狩りがスポーツとしては衰退してしまった現代でも、バードウォッチャーには参考になる、と言われているのもそれによる。

この書の多くの箇所で、鷹狩りは貴人のスポーツであり、その理由への言及をしつこいくらいにくり返しているフリードリッヒだが、その彼自身はなぜこれほども鷹狩りが好きなのかについての、個人的な想いは述べていない。それで、この書の全巻を通じて書かれている彼の考えに基づいて想像すれば、次のようになるかと思う。

まず第一に、空高く飛んでいる鷹の姿は、毅然としていてそれ自体で美しい。

第二に、パワーがある。ピストルでも撃った後の手首に与える衝撃は強烈だが、鷹を放した直後の手首に残る衝撃はその比ではない。鷹の持つパワーを感じないではいられない強さなのだ。

第三は、鷹が獲物を捕らえるやり方の巧妙さにある。獲物の鳥を見つけるや、まず鷹はその鳥の上空にまわりこみ、羽を大きく広げて上昇気流を遮断する。そこに、地上からの気流に乗って上昇してきた獲物が近づいてくる。そこを狙って捕らえるのだ。鷹は、下からは絶対に襲わない。常に上から襲う。

だから鷹は、美しさとパワーに加え、頭も良い猛禽なのである。フリードリッヒはその鷹に、彼自身を見たのではないか。

この書の中には、鷹狩りを愉しむ人には必要な特質を列挙した箇所もある。

まずは好きなこと、そしてその情熱を、持ちつづけること、とあるが、鷹匠から鷹を与えられてそれを放つだけでは、鷹狩りを愉しむことにはならないと説く。つまり、一羽ずつちがう鷹の性格までも充分に知り、それに基づいて放ち方もちがってくるというのだ。くり返されるのは、鷹は猛禽であり、猛禽であることを知っていながら使いこなしていくのが鷹狩りだから、鷹の性格を知りそれを尊重するのは当然のこと、となる。

というわけだから、彼の考えでは、鷹狩りを愉しむに際して最も必要な資質は知力、ということになってしまう。知力（インテリジェンス）に加え、良き記憶力、良き視力、良き聴力とつづき、敏捷（びんしょう）な行動力、冷静でいて果断な判断力、怒りに流されない自己制御力、ときて、早朝の起床にそなえて夜は早く就寝すること、にまで及ぶのだから、彼にとっての鷹狩りは、タカが鷹狩り、ではなかったのだろう。なにしろ、鷹狩りにはどのような天候が適しているか、適していないのはどういう天候のときかまでを、気象学者ではないかと思うほどに細部にわたってくわしく分析している。こうなってはもう、皇帝でも異色の皇帝であった彼の生き方そのものではないか。そのうえ、若ければよいというわけでもない、と書かれた箇所を読むと、五十歳に近づいていた彼を想像して微笑を禁じえない。

ならば、私でも誘われたら同行するかと問われれば、御遠慮します、と答えるだろう。

まず、いまだ星がまたたいている時刻にたたき起されることからして、御遠慮します、に値する。馬に乗って、高所に建つ城からは下り坂になっている石だたみの道を通って街の外に出るのだが、朝露に濡れた石だたみは滑りやすく馬で行くのも一苦労。街を出たら、そこからは山野に向けて馬を疾走させる皇帝に従いていくだけでも大変だ。山野だって、その時刻ではまだ朝露に濡れ、ようやく朝の白い光が漂い始めた中を疾駆しなければならない。

狩りに適した場所に到着する頃には、周辺もだいぶ明るくなっている。皇帝が馬を止めるのが、狩猟開始の合図だ。フリードリッヒのかかえていた鷹匠グループの主任はアラブ人だが、その人がそれまで腕に止まらせてきた鷹を私に渡す。頭部をつつんでいる赤い頭巾をはずして皇帝に渡すのが私の役目だからだが、頭巾をはずし終えたとたんに皇帝の怒声が飛んでくる。鷹が神経質になるではないか！　止まらせ方が悪いというのだ。単に鷹を止まらせているだけなのだが、風の吹く方向も考えないのが悪い、というわけである。鷹を神経質にしないために、人間のほうが神経質になりかねないのが、フリードリッヒの鷹狩りに同行することのマイナス面であった。

しかし、私のように思う人はいなくもなかったようで、息子たちでも全員が父の鷹狩りに同行していない。エンツォとマンフレディは好きだったから同行したが、「ア

「鷹狩りの書」から

鷹の世話をする従者たち

(上) 野生の鷹を捕獲する様子
(右) 訓練された鷹。足下にぶら下がっているのが頭巾

野生の鷹

鷹を運搬する様子

(上) 鷹に結わえる紐の結び方を示す解説
(左) 鷹につける鈴

鷹の飼料を作っている様子

鷹匠。左手に革の手袋をつけている

ンティオキアのフェデリーコ」となると、御遠慮します、のくちであったらしい。ヴァレットと呼ばれた幹部候補生ともなれば皇帝の行くところどこにでも従うのが役目だったはずだが、鷹狩りへの同行となると半数ぐらいでしかなかった。「友人たち」も、哲学や数学を論じ合うのはよくても、早朝の鷹狩りには同行しなかったようである。「協力者たち」にも、同行したという記録はない。要するにフリードリッヒは、鷹狩りが好きな者だけを連れて行ったのだ。仕事となると重労働でも強制して平然としていた彼だが、趣味では他者にまで強いることはなかった。

ちなみに、八百年が過ぎている現代でも、ヨーロッパの鷹匠たちは年に一度、フリードリッヒが最も愛した南イタリアのプーリア地方に集まって、鷹狩りに興じる数日をともに過ごしているとのことである。この人々が、フリードリッヒの「鷹狩りの書」を読んでいるのかどうかまでは知らない。

イタリア語の誕生

言語とは、その方面が専門の学者たちが集まって討議したら、出来あがるというものではない。それよりも、優れた文学作品が書かれることによって初めて、生れてくるものなのである。なぜなら、書き言葉であろうと話し言葉であろうと、言語とは意味を伝えるだけでなく聴いていて心地よい音楽性も求められるからで、そうでないと書きやすくも話しやすくもなくなるからである。だが、それまでも満足させる言語の創造となると、芸術家の感性に頼るしかなくなる。今なお書かれ話されているイタリア語は、フリードリッヒの宮廷から生れ、それが五十年後にフィレンツェに移植されて完成したのが、現代イタリア語の標準語になっている。

ラテン語が公用語であり知識人の言語とされて長い中世でも、俗語は使われていたのだ。ただし、地方の方言から進化したと言っても、南イタリアでは方言自体が複雑にできている。しばしば代わった支配者を映して、ギリシア語、ラテン語、アラビア語、ノルマン系のフランス語、それにドイツ語も加わる。だから、この方言を進化させて俗語であるイタリア語にするのにも、革新の精神が求められたのだった。

フリードリッヒの宮廷では、あらゆる地方から来た人が混じり合って生活しており、おかげで日常でも、あらゆる言語が飛び交う場になっていた。また、皇帝自身からして、多くの人に読んでもらおうと、公文書である以上はラテン語で書かれるのが当然であった「メルフィ憲章」でさえも、俗語のイタリア語で書かせた人である。この人の宮廷が、俗語イタリア語の質的向上に適した環境であったことは確かだった。

そこに、長年にわたった北フランスと南フランスとの争いが、北仏による南仏の併合という形で終わり、それを嫌って逃げてきていたプロヴァンスの吟遊詩人たちが加わる。彼らの作る恋愛詩が、俗語時代のイタリア語の質的向上の火付け役になったのだ。恋愛詩は、書く側にとって書きやすく、もらう側にとっても読みやすく、耳に心地よく響くものでなくてはならない。なにしろ、生（レーベン）の謳歌（おうか）であるからだ。この要求に応（こた）えるかのように、フリードリッヒの宮廷では、「ソネット」と呼ばれる、詩の一形式が生れる。文章を構成するうえでも、質的向上が進んでいたのだ。

ソネット形式が流行（はや）るようになると、恋がテーマでなくても使われるようになる。和歌や俳句や狂歌でも、意を通じ合うのに適しているのと同じだ。皇帝も政府の高官も有力諸侯も、ちょっとしたソネットをもてあそぶのが流行るようになった。皇帝の息子たちや幹部候補生たちのような若い世代が、この式の恋歌をもっぱらとしたのも当然だが、イタリア文学史上で「スクオーラ・シチリアーナ」（シチリア学派）と呼ばれる詩作者グループの中には、高位の官僚も珍しくはなかったのである。ちなみに「シチリア学派」の正確な意味は、南イタリアとシチリアを合わせたフリードリッヒの領国である「シチリア王国」に生れた学派、のことである。これが、フリードリッヒの死んだ十五年後に生れるダンテを始めとする人々によってトスカーナ地方に移植され、「スクオーラ・トスカーナ」になっていくのだ。ダンテの『神曲』は、「俗語」と呼ばれていたイタリア語で書かれる。そのダンテに、ペトラルカ、ボッカッチョとつづき、さらにその後も、マキアヴェッリ、メディチ家のロレンツォとつながって行って、言語としてのイタリア語は完成するのである。だからこそ、アルノ河の水で洗う、と言うのがフィレンツェに行ってイタリア語に磨きをかける、ことを意味するようになるのである。

それにしても、五百年前にはすでに上質の国語を持っていたイタリア人だが、それも源をたどれば八百年昔のフリードリッヒの宮廷で始まったのだ。まるでギリシア文化が、小アジアのイオニア地方で生れ、アテネに行って開花したように。

既存のものすべてを活用することで新しいものに作り変えていくのは、フリードリッヒの常法であった。だが彼は、それを言語の分野でもやったのである。ラテン語に執着し俗語を軽蔑(けいべつ)しつづけるローマ法王庁と、この面でもぶつかっていたのであった。そのフリードリッヒを、当時の年代記作者たちはどのように見ていたのであろうか。

同時代の〝メディア〟の評価

当時の〝メディア〟の代表としてここでとりあげる三人のうちの前二者は、法王派（グェルフィ）であった時期のパルマとフィレンツェで生きた人なので、研究者たちは反フリードリッヒ派と分類している。一方、最後の一人は、フリードリッヒ側に立った記録者。

○修道士サリンベーネ・デ・アダム（Salimbene de Adam）

皇帝フリードリッヒよりはおそらく二十歳は若い、北イタリアのパルマ生れの聖職者。ゆえに、聖職者であることからも生れ育った地からも、二重の意味で法王派（グェルフィ）の年代記作者の代表格とされている。若い頃に一度だけ、皇帝と会ったことがある。

――不幸にも、生涯を通して彼は、ローマ・カトリック教会への敵対をやめなかった。彼を育て、守護し、援助したのがその教会であったにもかかわらず、である。

いかなる宗教も信ぜず、不信仰の徒として生きた彼は、エピキュロス的享楽（きょうらく）主義者であり、霊魂の不滅を信じなかったばかりか、聖書にあることを材料にして、死ねば何も無いということを証明するのを面白がっているようだった。

悪徳は多かった。悪賢く狡猾(こうかつ)で、女好きで不誠実で短気だった。だが、彼さえその気になれば、親切で愛想良く人に接することもできたし、相手の立場を理解することも知っていたのである。

常に行動していた。中背だが容姿振舞は美しく、彼に初めて会ったとき、わたしはすぐに彼が好きになった。そのときも彼は、相手によってただちに変えるほど、多くの言語を難なくあやつっていた。

もしも彼が、良きカトリック教徒として神と教会への忠誠を欠かさなかったならば、同時代の君主の誰よりも傑出した統治者になっていたにちがいない——

○ジョヴァンニ・ヴィッラーニ（Giovanni Villani）
フリードリッヒの同時代人というよりも、その半世紀後に生きたダンテの同時代人。フィレンツェの庶民階級に生れる。当時のフィレンツェの有力な金融業者であったペルッツィとブォナコルシの下で銀行員をした後は政界に身を転じ、任期は二ヵ月にしろ三度にわたってフィレンツェの政府高官六人のうちの一人を務めた。

ただし、当時のフィレンツェ共和国はダンテの書くように、苦痛を逃れようと寝台の上で始終身体（からだ）の向きを変える病人のような状態にあったから、政争に巻きこまれたのかヴィッラーニも、汚職の疑いをかけられて入獄を経験する。死は、七十二歳の年に訪れる。ボッカッチョ作の『デカメロン』で有名になる、ペストの大流行の犠牲になったのだった。

彼の書いた年代記が後世最も有名になるのは、皇帝フリードリッヒ二世について書いたからというよりも、十四世紀初めのフィレンツェとイタリアとヨーロッパを視界に入れて書いたという特色による。そこでのフリードリッヒは、近過去の最高有名人としてだけだった。

——フリードリッヒは、皇帝として、三十年の長きにわたって統治した。彼が、偉大な力量の男であったことだけは疑いない。文章を書かせても、本来の彼がにじみ出るように書くことができた。

ラテン語は完璧であり、われわれの俗語（イタリア語）も書き話せただけでなく、ドイツ語、フランス語、ギリシア語、サラセン語（アラビア語）に至るまで解し話すことができた。また、価値あると見た著作の翻訳にも熱心で、それに従事する学者たちには充分な報酬を保証したので、その成果を後代は、享受しているわけである。

戦場では、勇敢であると同時に慎重でもあり、それゆえに敵からは怖れられていた。だが、私生活となると身持ちは悪く、肉体的な方面もふくめてあらゆる愉楽には眼がなかった。

死の後には別の「生」があるとは信じず、それが、聖なるカトリック教会から敵視されつづけた最大の要因であった——

○ニコロ・ディ・ジャムシーラ（Nicolo di Jamsilla）

この聴き慣れない名は、研究者たちによれば、世間をはばかっての偽名ではなかったかという。フリードリッヒが勝手に独立宣言した一二一〇年からその息子マンフレディがシチリアの王国の王に就任する一二五八年までの年代記を書いたこの人は、記述の内容から推測するに、ナポリ大学を卒業した後は皇帝の下で公証人か国選弁護人を務めていたのではないかと思う。偽名で発表した理由は、発表の時期が皇帝の死後に巻き起った法王たちによる猛烈な反フリードリッヒ・キャンペーンの時期であったから、ではないかと。

——何よりも確かなのは、フリードリッヒは開けた精神の人であったということだ。

言動は常に大胆だったが、それも彼自身の賢明さによって均衡を保つことは知っていた。ゆえに、やみくもに突っ走ったあげくに断崖から墜落することもなく、慎重に成された判断によってあらゆる難問に対処することができたのである。彼が生きた時代の主流であった考え方に妨害されることさえなければ、より偉大な業績を残すこともできたろう。

　生涯を通して困難な局面の連続だったが、その間にも訪れるわずかな憩いの時間の活用には巧みだった。学芸の奨励ばかりか教育面の充実にも熱心で、その皇帝の許にはあらゆる国々からあらゆる才能が集まり、この人々は皇帝から定収入を保証され、それぞれ得意の分野でそれぞれの才能を開花させたのだ。貧しい若者たちにも皇帝は、彼らの学業続行のための出費を国庫から出すのを惜しまなかった。資産の多寡に関係なく、学を極めたい若者たちの願望に応えるのは、統治者の責務と考えていたからである。皇帝自身も、自身の知性の表現には熱心だった。自然科学への深い関心と、その成果でもある『鷹狩りの書』を書くことによって。

　しかし、何と言っても特筆に値するのは、法治国家建設への彼の強烈な熱意であろう。自ら学ぶことによって得た一つ一つの法律への深い理解だけに頼ることはせず、法律にくわしい専門家たちからの助言や忠告には耳を傾けるのが常だった。そして、法律は誰に対しても公正に施行されるべきという信念は、あらゆる妨害を前にしてもゆらぐことはなかったのである。

この彼の考えによって統治されていた王国内では、弁護士は誰に対しても弁護を嫌がらず、弁護費用のない人には国選弁護人をつけることで、その権利を皇帝自らが保証していたのである。ただし、ときには、法の厳正な施行を重視するあまりに情状酌量が軽視される場合はあった。

この皇帝に対する敵側からの憎悪（ぞうお）は強く執拗（しつよう）で、皇帝はしばしば苦境に立たされ、それゆえの苦悩は味わわねばならなかった。

しかし、彼らからのいかなる敵対行為も、フリードリッヒを破滅させることはできなかったのだ。彼の知力が彼を守っていた間は、できなかったのである。つまり、死がついに彼にも訪れるまでは——

第八章　激突再開

中世を震駭(しんがい)させた法王と皇帝の争いを、日本の高校の教科書では、叙任権問題にあったとして片づけている。叙任権とは、大司教や司教を任命する権利は法王側にある、とする派と、大司教も司教も世俗の王侯たちの領内に「司教区」という名の領土を持っている以上、その任命権は王侯にもある、とする派の意見が衝突したことから起った問題であった。

しかし、叙任権問題は、端緒であったにすぎない。それもとくに、この問題がローマ法王と皇帝フリードリッヒの対決によって燃えあがった頃ともなると、正面衝突の要因は、守旧派と改革派の対決になる。

これは、言語をとりあげるだけでも明らかである。なぜなら、中世のラテン文は、古代のラテン文と異なるものになっていたからで、なぜそうなったかというと、古代ローマ人の言語であったラテン語を中世に入っても受け継いできたのが、ある意味では古代ローマを滅亡させた当人であった、キリスト教の聖職者たちであったからだ。

ゆえに、古代では簡潔で明快であったラテン語も、中世に入ってからは、非簡潔で非明快に変わっていく。一般の信者には、わからなくてよいのだ。ラテン語を理解できない彼らには、壁画でわからせるという方法があったのである。絵に頼るようになれば、文章で伝える必要度は減るから、文章力も低下する。だがそれは、聖職者にとっては不都合ではない。この人々には、理解されるよりも信じてくれるほうが好都合であったのだから。

この傾向は、聖職界よりは「学」がないと思われていた俗界にも広まっていく。その結果、非簡潔で非明快な文章こそが上質の文章、とされる歳月がつづいたのである。この時代、俗語の質の向上すらも、聖職界に対する挑戦と見なされたのであった。

ちなみに、中世の人か、それともルネサンス人か、と学者たちを悩ませていることではフリードリッヒと似ているダンテだが、代表作である『神曲』以外にも彼には数多くの著作があり、その中には、『帝政論』(De Monarchia)と『俗語論』もある。この人の著作活動は、フリードリッヒの死の半世紀後に花開くことになる。

政治の安定によってこそ実現する平和と、俗語の質の向上による表現力の豊かさに関心を向けたこの二書の著者というだけでも、私ならばダンテも、「ルネサンス人」に位置づけるのだが。

法王インノケンティウス四世

十五年にもわたって皇帝フリードリッヒに敵対しつづけたローマ法王グレゴリウス九世が死んだのは、一二四一年の八月であった。そして、新法王インノケンティウス四世が選出されるのは、二十二ヵ月が過ぎた一二四三年の六月になってからである。その間ずっとヨーロッパでは、法王の空位状態がつづいた。

ローマ法王を選出する資格を持つのは、大司教や司教であるだけでは充分でなく、それに加えて枢機卿の地位まで得た人を指す。帽子の色も別で、大司教や司教は赤紫色だが、枢機卿になると緋色に変わる。そのうえ枢機卿は、ローマ法王だけに任命権があった。また、中世では現代のように百人を越す数ではなく、多いときでも二十人足らず、であったのだ。

この二十人が、なぜ二年近くもの間、新法王を選出できなかったのか。

実は、選出ならば、してはいたのである。グレゴリウスの死の二ヵ月後にミラノ出身の枢機卿を選出していたのだが、この人は十五日も過ぎないうちに死んでしまう。ミラノ人でも貴族の出の温厚な性格で知られたこの人は、枢機卿団内部の皇帝派と反皇帝派の激しい反目に押しつぶされてしまったのだ。こうして、空位状態は、さらに二十ヵ月もつづくことになる。皇帝派の枢機卿たちとは、フリードリッヒの言い分にも理があると考える人々で、反皇帝派とは、皇帝の言い分などはまったく認めない、とする枢機卿たちだった。しかも、一一七〇年以来、法王の選出には枢機卿たちの三分の二の票が必要ということが決まっている。空位がつづいた要因は、枢機卿団の分裂で、どちらの派とも三分の二を獲得できなかったことにあった。とはいえ、この両派ともが合計すれば二十二ヵ月もの間のんびりと空位をもてあそびつづけたのには、小賢（こざか）しい思惑もあったのだ。

法王選出のための枢機卿会議が開かれているかぎり、皇帝は軍事的圧力をかけてこない、がそれである。

実際、フリードリッヒは、法王グレゴリウスの死を知るや、ローマからは十三キロの距離にまで来ていながら軍を退（ひ）いた。そして、次のローマ法王が選出されるまでの二十二ヵ月間、兵力を送っての圧力はかけなかった。そのうえ、裏から手をまわしてでも次期法王に自分にとって有利な人を選出させようとさえもしていない。彼の考えでは、新法王の選出は、あくまでも聖職界のこと、であったからである。

皇帝フリードリッヒの生涯を通しての信念は、イエス・キリストが言ったように、「皇帝のものは皇帝に、神のものは神に」に基づいていた。信徒の心の平安は、神の地上の代理人とされるローマ法王が担当し、現実生活は、公正な統治の実施が責務の皇帝の担当分野である、ということである。この責任分担の考えは、近現代に至って「政教分離」という表現で定着する。

それに、首尾一貫する生き方で通してきた人には、死んでもやれないこと、というのがあった。ある考えで通してきた以上、その考えに反することをやっては首尾一貫ではなくなるからである。反対に、「筋」を通すことなどは考えもしないで生きてきた人は、「筋」に反することでも簡単にできるのだ。

この一点が、皇帝フリードリッヒと、この半世紀後に「アヴィニョンの捕囚」を決行することになるフランスのフィリップ美男王との根本的なちがいになる。

「アヴィニョン捕囚」とは、フランス王がローマ法王を、フランス領内の小都市アヴィニョンに閉じこめ、この状態のままで七十年余りもつづいたという西洋史上の一大事件だが、こうなってはもはや分業ではなくなる。俗界の指導者のほうが精神界の指導者より、権威権力とも上になってしまうからである。これでは、政教分離ではない。しかも、一方が優勢になれば、劣勢になった側から必ず反撥（はんぱつ）が起るのも、人間世界の常であった。こうなっては、秩序が樹立されてこそ現実化できる平和はますます遠ざかることになる。担当分野の明確化は、平和確立の障害になる反撥を防ぐ事前の処置でもあるのだ。

これが皇帝フリードリッヒの考えである以上、次期法王の選出を待つまでの二十二ヵ月間、事実上の休戦期間になってしまったのもしかたがなかった。くり返そう。自らの信念を持つ人間は、それに反することは死んでもやれない。それでもやれば、「恥」になるからだ。反対に、一貫した考えを持たないできた人は、恥を感ずる必要もないことから、何であろうとやれるのである。

以前のローマの庶民は、皇帝フリードリッヒは「鷹（たか）」で、その皇帝と敵対する法王グレゴリウスは「ふくろう」だと言っていた。その同じローマの民衆は、グレゴリウス九世の後を継いで法王に就任したインノケンティウス四世を、「カラス」という綽名（あだな）で呼ぶようになるのである。あいつは「カラス」だ、と言えば、イタリア語では、

「根性の卑(いや)しい、だけどしぶとい奴(やつ)」の意味になる。

一二四三年の六月二十五日になって、ようやく新法王が選出された。インノケンティウス四世と名乗ることになった新法王は、ジェノヴァの四大有力家系の一つのフィエスキ一門の出身で、ボローニャ大学で法律を学び、成績抜群であったところから若くして教壇に立ったのだが、なぜかその後に聖職界に入ったという人であった。そこから枢機卿までのスピード出世は、前法王グレゴリウスに気に入られたからである。粗野な振舞いで有名だったグレゴリウスが、なぜ学者肌のこの人を好いたのかはわかっていない。生れた年はフリードリッヒの一年後だが、フリードリッヒは十二月二十六日の生れなので、ほとんど同年齢としてよかった。法王になったこの年、四十八歳になっている。

ただし、新法王を出したフィエスキ家は、ジェノヴァの四大家系のうちでドーリア、スピノラが皇帝派(ギベリン)であれば、フィエスキとグリマルディは法王派(グェルフィ)とされていて、現にジェノヴァの国政を支配下に置いている。これはフリードリッヒにしてみれば悪材料の一つだが、法王が代わったことで、長年にわたって解決しなかった法王対皇帝の抗争に終止符を打てるチャンス、とは見たようであった。新法王選出から一ヵ月もしないうちに、地位でも能力でも遜色のない顔ぶれで成る使節団をローマに派遣する。

パレルモの大司教ベラルド、死んだヘルマンに代わってチュートン騎士団の団長になっていたゲラルド、シチリア王国海軍総司令官のアンサルド、それにピエール・デッラ・ヴィーニャとタッデオ・ダ・セッサの五人であった。

ところがこの顔ぶれが、新法王の気にさわってしまったのである。宗教騎士団の団長ということで破門にできないゲラルドを除いた四人ともが、破門された身であったからだ。破門されている人と接触を持っただけで破門されるのが当時のカトリック教会の考え方であったからだが、こうなるとフリードリッヒの周辺は破門者ばかりになってしまい、ローマ法王に送る使節もいなくなってしまう。

それでも、法王庁というところは、厳格一方には見えてもいいかげんなところもある組織なのだ。この後は、どういう処置がとられたのかはわかっていないが、タッデオ・ダ・セッサとピエール・デッラ・ヴィーニャの二人だけには、法王との接触が可能になった。

一方、フランス王ルイ九世も、この年の法王交代を、法王と皇帝の関係改善の好機と見る。二十八歳になっていたルイは、祖父のフィリップ・オーギュストがフリードリッヒとの間に交わした独仏不可侵協定によって、早死した父に代わって十二歳で王位に就いた自分の統治が問題なく進んだことで、フリードリッヒには恩義を感じていたのである。それに、彼自身は謙虚なカトリック教徒だが、世俗国家フランスの王でもある。信仰上の指導者と世俗国家の統治者の担当分野が明確になれば、彼にとっても不都合はまったくなかった。いや、それどころか、利益のほうが大きかったのだ。

フランス王ルイは、南仏の有力者のトゥールーズ伯の派遣を決める。仲介者という立場ではなく、皇帝の使節の言い分を保証する人、という立場だから、事実上は皇帝側の一人になる。こうして、法王と皇帝の関係改善を目的にした交渉は、法王側がオットーネ枢機卿、皇帝側がタッデオ・ダ・セッサ、それにトゥールーズ伯が同席するという形で始まった。なにしろ、神聖ローマ帝国皇帝とローマ法王との正面衝突は、ヨーロッパ・キリスト教世界を根底からゆるがしかねない国際問題なのである。ゆえに、ケンカしている二人の間の単なる和議とはちがった。

紆余曲折（うよきょくせつ）、はやはりあった。南イタリアにいながらフリードリッヒは、どこまで譲歩するかを探っていたし、ローマにいる法王インノケンティウスのほうは、これまでのやり方で通すか、それともここで変えるか、決めかねていたからである。それで両者ともが、条件を出したり引っこめたりをつづけたというわけだった。

それでもついに、翌・一二四四年の三月三十一日までに和議の同意書を交わすことまでは決まった。フリードリッヒはそれに合わせて、十一月、南イタリアを後に北上し、トスカーナ地方に入る。海路をとった皇帝が船を捨てたグロセートからローマまでは、アウレリア街道を南下するだけで着けた。

法王逃げる

この状況下で、法王インノケンティウスは、心境の変化を起したのではないかと思う。再び紆余曲折が始まり、大々的に宣言したのが恥ずかしいくらいの空気の中で、三月三十一日は何ごとも起らずに過ぎて行った。皇帝は相当な譲歩をしたにかかわらず、和議は先送りされ、皇帝に下された破門はそのままで放置されたのである。

ここに至って、皇帝は法王に、直接会談を申し入れた。法王もそれは受ける。トップ会談の場所も、チヴィタカステラーナの城と決まった。その城は広いだけでなく守りも万全で、皇帝と法王というトップ同士の会談には付きものの、多数の随行者の収容にも適していたのである。

　フリードリッヒは、トスカーナ地方の内陸部に入った。法王との会談の場に近づくと言うよりも、トスカーナの内陸部の反皇帝への動きに対処しつつ会談の地に近づく、という感じで接近して行ったのだ。法王のほうも、六月七日、チヴィタカステラーナに向うためにローマを後にする。だが、法王の、ローマを後にする仕方からして不可思議であった。


　ローマ法王である以上、多勢の枢機卿や高位聖職者を引き連れ白昼堂々ローマの城門を後にするのなら、不思議でも何でもない。ところが、まるでローマ市内にいる皇帝派には気づかれたくないとでもいうかのように、兵士に変装し、これも兵士に変装した三人の枢機卿だけを連れ、とはいえ法王庁の金庫にあったカネだけはすべて持って、夜中秘かにローマを後にしたのだった。

　そのまま会談の場であるチヴィタカステラーナを目指すのならば、フラミニア街道を北上すれば二日もかからないで着ける。法王インノケンティウスと少人数の一行も、その道はとった。だが、チヴィタカステラーナの町に着く手前まで来たところで、フラミニア街道を捨て間道に入った。

畑の中に通る道をたどって着いたのが、ストゥリという名の小さな村である。この程度の村でも一軒はある居酒屋兼旅宿が、しばしの間の法王の隠れ家になった。

この隠れ家で、あらかじめ指示しておいたジェノヴァからの船が入港してくるのを待っていたにちがいない。今度も夜陰にまぎれてチヴィタカステラーナを後にチヴィタヴェッキアまで行き、その港から船に乗りこんだのは、六月二十九日の夜だった。

ところが、この季節のティレニア海は波静かなはずなのが、猛烈な風雨にほんろうされることになる。嵐としてもよいくらいの荒れようで、操船の技能では地中海一と言われるジェノヴァの船乗りでなければ、海の藻屑と化していたかもしれなかった。一週間後にようやく、死んだようになった姿で法王はジェノヴァに上陸したのである。

フリードリッヒには、トップ同士で相対すれば自分に有利に進められるという自信があった。もちろん、事前に成される〝事務方〟の話し合いによって、周到な下準備が成されたうえでのこと、ではある。だが彼には、いまだ十代の年頃から、面と向って対せば自分が常に勝ってきた、という自負があったのだ。

法王からの直接会談受諾の報を受けて、さすがに彼も緊張感にゆるみが生じていたのか、と思う人がいるかもしれない。だが、会談実現に向けての〝事務方〟の話し合いはその間もつづいていたのである。法王は、〝事務方〟として派遣していた枢機卿たちを置き去りにして逃げたのである。それもあって、フリードリッヒが法王の逃亡を知ったのは、法王がジェノヴァに着いた後になった。

法王逃げる、の報を受けたときのフリードリッヒの反応は、怒りの爆発ではなく、呆(あき)れ返った、のほうであったという。

これまでにも歴代の法王の中で、逃げた人はいた。ローマ法王は宗教界の長である以上、自前の軍事力を持つことは許されない。それで、軍事力を向けて来られれば逃げるしかなかったのだが、会うと約束し会う場所まで決めておきながら逃げた法王は、これまでのカトリック教会の歴史の中で一人もいなかったのである。

法王の逃亡を知った皇帝がやったのは、いつもの彼のやり方ではあったが、詳細な一部始終を記した手紙をヨーロッパの王侯全員に送りつけたことである。そして、トスカーナ地方を息子のフェデリーコに託し、自身は北イタリアに向った。法王がジェノヴァに到着したことで、ミラノを始めとするロンバルディア同盟のコムーネが勢いづき、再び反皇帝に起つことを心配したからであった。

だがこれは、杞憂に終わる。法王インノケンティウスがしばらくの休養を取った後で気づいたのが、母国ジェノヴァにいてさえも安全は保証されないということであったからである。


法王は、頼る先を、トリノを中心にするピエモンテ地方の領主のサヴォイア伯に求めた。だが、サヴォイア伯の娘はフリードリッヒの息子エンツォに嫁いでおり、サヴォイア伯領自体が今では皇帝派に属している。伯自身は、法王の依頼を明白に拒否したのではなかった。だが、伯配下の領民たちは、宿泊を断わったり食事の提供を渋ったりするというやり方のサボタージュを展開する。追いついてきた枢機卿四人を加えて枢機卿だけでも七人になっていた法王の一行は、北西部イタリアにさえも居場所がなくなってしまったのだった。

ついに法王インノケンティウスは、パリにいるフランス王ルイ九世に、フランス王領内への亡命の許可を求めた。だが、使者が持ち返った王の答えは、拒否だった。それでも法王は、冬の真最中というのに、アルプス越えを強行する。法王とその一行は、イタリア側のスーザからアルプス越えに入り、フランス側のグルノーブルに出る道筋をとったという。それならば古代ローマ時代のアルプス越えの幹線路のうちの一本を通ったことになるが、ローマ街道も放置されたままで一千年以上も過ぎていた中世、かつてのような一夜ごとの旅宿も馬の乗り換え施設も完備しているはずはなかった。しかも、季節は厳冬。ローマ法王とは誰の眼にも見えない疲れ果てた姿でリヨンにたどり着いたのは、一二四四年の十二月二日である。兵士に変装してローマを逃げ出してから、五ヵ月が過ぎていた。

リヨン入り

なぜ、リヨンだったのか。リヨンは、フランス王の領国内ではなかったのか。

もしもあの時代のリヨンが持っていた特殊性を知ったうえでそのリヨンを避難先に選んだとしたら、法王インノケンティウス四世には、世界最古の大学であり当時の最高学府であったボローニャ大学の教壇に立つ資格はあった、とするしかない。

なぜならこの時期のリヨンはまだ、フランス王の領国内の都市ではなかったのだ。それどころか、神聖ローマ帝国皇帝フリードリッヒが傘下（さんか）に加えていた、アルル王国内の一都市であった。とはいえ、帝国領の最も西の端に位置しているので、フリードリッヒにしてみれば自国内でも辺境になる。それでリヨンは、それまで長くつづいてきた大司教区、として残っていたのである。

中世の大司教区とは、実際には大司教が領主として統治している地域を指していた。領主が、世俗の君侯ではなく聖職者というだけのちがいだが、高位の聖職者である以上は、地位的にはローマ法王の下に属す。

この種の領国の特殊性は、フランス内にありながらフランス王の領土ではないのはもちろんだが、かと言ってローマ法王の領土でもないし、皇帝の直轄(ちょっかつ)領でもない、というところにあったのだ。ゆえにリヨンだけが、当時では特殊であったのではない。イギリスにもフランスにもドイツにもイタリアにも、高位聖職者が領主として統治している地域は、まるで不規則な水玉模様のようにヨーロッパ中に散在していたのである。これが中世ヨーロッパ世界の現実であり、この現実があったからこそ、皇帝と法王の対立が、これらの領地をもつ大司教や司教の任命権はどちらにあるのかをめぐる、叙任権問題として顕在化していたのであった。

リヨンは、まさにこの種の領土の典型であったのだ。フランスの王権も及ばず、神聖ローマ帝国の力も辺境にあるために及びがたく、それでいて地位的にはローマ法王

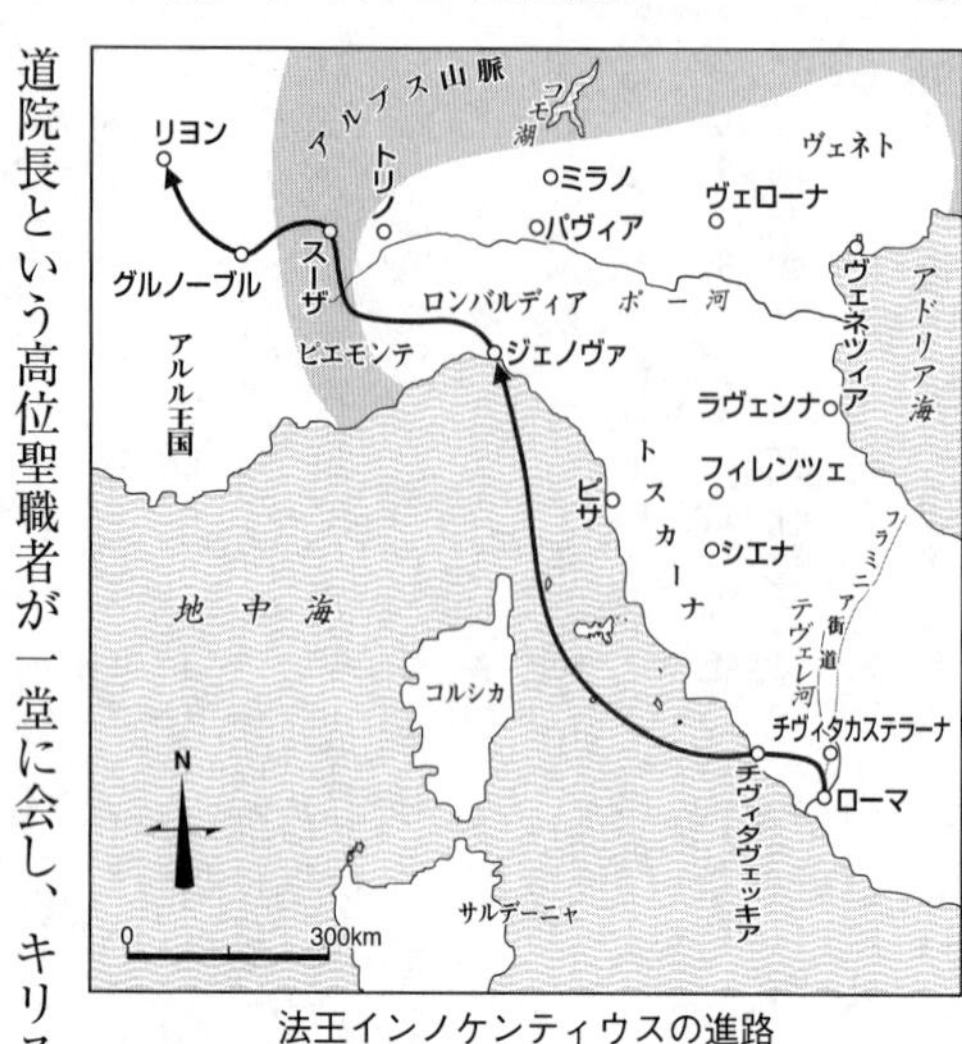

法王インノケンティウスの進路

の配下になる大司教の治める都市。このリヨンに、法王インノケンティウスは逃げこんだのである。そして、十二月二十七日、リヨンから法王は、翌・一二四五年六月にリヨンで開催する公会議への召集状を、キリスト教世界の高位聖職者全員に送りつけた。疲れ果てた姿でリヨンに着いた日から、一ヵ月と過ぎていなかった。

「公会議」の役割とは、法王の召集を受けて枢機卿や大司教や司教や修道院長という高位聖職者が一堂に会し、キリスト教の信仰に関しての見解の統一を計るところにある。キリスト教会の言葉では「ドグマ」と呼ばれるこの統一見解がないと、一般の信者と直接に接する司祭や修道士たちが、それぞれ勝手な考えで説教することになりかねないので、何年かに一度は集まってカトリック教会としての考えを統一する必要があったのである。ゆえに、その場で討議されるのは信仰上の問題にかぎり、世俗の問題にはふれないことに決まっていた。王侯たちも代表の派遣は認められていたが、あくまでもオブザーヴァーとしてであった。

異端裁判

南イタリアのフォッジアの王宮で、キリスト生誕祭とその翌日の誕生日を過ごしていたフリードリッヒが法王の公会議開催を知ったのは、年が代わった一二四五年の一月に入ってすぐである。その数日後、リヨン公会議で討議される議題も知った。第一に、教会内の改革。第二は、新たな十字軍の派遣。そして第三は、東ヨーロッパを侵略しつつあるモンゴル対策、である。

これを知っただけで、五十歳になっていたフリードリッヒは、ただちに理解したにちがいない。リヨンで開かれる公会議とは、これら簡単には解決できない問題を討議するためではなく、公会議の名に隠れての異端裁判であることを。

「異端」とは、キリスト教徒でありながら誤った信仰をもってしまった者に向けられた「糾弾」の言葉である。ゆえにそれを裁く裁判も、キリスト教会のトップであるローマ法王の管轄下、ということになる。

公会議を名目にした異端裁判は、彼自身が的にされた前例がすでにあった。四年前の一二四一年に法王グレゴリウス九世がローマで開催しようとしたラテラノ公会議がそれだが、あのときは海路ローマに向う高位聖職者たちを海上で待ちうけて捕え、公会議を流してしまったのが彼であったからである。その四年後に、今度は法王インノケンティウス四世による、リヨンでの開催だ。リヨンで開くのではローマとちがって、出席者たちを海上で捕えて公会議を流すことはできなかった。フリードリッヒは北イタリアに行って、そこでリヨンの公会議にそなえることにしたのである。

フリードリッヒの予想は、やはり当った。一二四五年四月、法王はリヨンから、フリードリッヒだけでなく、エンツォとマンフレディの二人の息子にまで的を広げた、探索令を発してきたからだ。親子三人ともが、「Wanted」と張り出されたようなものであった。三人とも居場所がはっきりしているのだから、「ウォンテッド」というのもおかしな話だが、ローマ法王による反皇帝への第一弾ではあった。

こうなってはフリードリッヒも、裁判の場で自分の弁護に立つ人が必要になる。聖職者のみに出席資格のある公会議だが、俗界の君主の代理の出席は認められていた。

皇帝はその代理に、タッデオ・ダ・セッサを任命した。彼の忠誠心には一点の曇りもなかったし、論理的で弁も立ち、情熱をこめて説得する力もある男であったからである。しかし、公会議であろうが異端裁判であろうが、教会法の下で行われるのである。つまり、告発はイコール判決、になる世界で展開されるのであった。

公会議にそなえて北イタリアへ発たねばならないフリードリッヒにとって、南イタリアとシチリア島から成るシチリア王国が心配する必要のない状態でありつづけていることは、やはり大きな安堵であったろう。

シチリア王国は、十五年前に発布した「メルフィ憲章」に基づいて、豊かで秩序ある平和を享受していた。その実現に心から協力してくれたエンリコ・ディ・モッラを始めとする元封建諸侯でフリードリッヒ下では高級官僚に変身していた第一世代は、死んだりして退場していた。だが、その息子たちの第二世代は、フリードリッヒによって幹部候補生として育てられ、すでに要職に任命されて活躍していたのである。また、この第二世代よりは年齢的には十歳は若い、フリードリッヒの息子たちも育っていた。幹部候補生育ちは三十歳前後になって要職に任命されるのが常だったが、息子たちのほうは二十歳にもならない前から最前線に出されていたのである。

そして、年齢的には双方ともが次世代、ということになる幹部候補生育ちと息子たちは、育った後でも互いに協力し合ってことを進めていた。当り前だ。皇帝のそば近くでの育成期間は分け隔てなく過ごしてきた仲であり、フリードリッヒの方針もあって、カイロのスルタンからオリエントの最新技術を駆使した水時計や宇宙儀が贈られて来れば、それを肩を寄せ合って見た仲なのだ。皇帝とその友人たちとの会話も傍聴し、鷹狩りにも従いて行った仲なのである。同窓意識が強まるのも、当然であった。

これら「次世代」に託されていたのは、シチリア王国という一地方にかぎっていなかった。「聖ペテロの資産」と呼ばれた中東部イタリアのマルケ地方とフィレンツェの統治までも、彼らに一任されていたのである。しかし、ミラノがリーダー格のロンバルディア同盟を今なお完全には制圧できないでいた北イタリアは、能力でも経験でもベテラン級の実績をすでに示していた、二人に託されていた。息子たちの中では最年長で二十九歳になっていた、今ではサルデーニャ王のエンツォと、封建諸侯中のたたきあげのためか、冷酷だが軍事の才はあったヴェローナの領主エッツェリーノ・ダ・ロマーノである。

フリードリッヒには、彼の著作『鷹狩りの書』にも表われているように、事情が許すかぎりすべての事柄をきちんと押さえたうえで前に進む性向が強かったように思う。突発的な思いつきは、友人たちとの愉しい会話に取っておいたのかもしれなかった。

一二四五年の四月、フリードリッヒは、南イタリアを発って北イタリアに向う。リヨンでの公会議にそなえるには、まだ一つやっておかねばならないことが残っていた。向う先はヴェローナ。すでにアルプスの北側の諸侯たちには、ヴェローナで開く「ディエタ」(諸侯会議)への召集状が送られていた。ヴェローナならば、ドイツからでも、ブレンネル峠を越えるだけで着けたからである。もちろん、この年のヴェローナには、十七歳になっていた息子コンラッドも来る。年齢は上でも庶出のエンツォとちがって嫡出である彼が、フリードリッヒの後を継ぐ第一の人であったのだ。

六月二日、世俗の領主も聖職者の領主も顔をそろえた席で、皇帝は説明した。自分と法王との長年にわたる確執が、何が原因で起ったのか、法王側の言い分はこれで、それに対するこちらの言い分はこれこれであると、明快に正直に話したのである。皇帝の位を占める身にふさわしい、ラテン語は使わなかった。言語としてはいまだ未熟でも、彼らの全員が理解できるドイツ語で話したという。

ヴェローナで開かれた「ディエタ」には、封建諸侯の他にも、オーストリア公やモラヴィア公やカリンツィア伯という、神聖ローマ帝国内とは言っても独立色の強い地方の領主たちも来ていた。皇帝フリードリッヒは、リヨンでの結果がどう出ようと、アルプスの北側に広がるこれらの地方すべてに及ぶ影響力が、最小限に留まるために言葉をつくしたのである。

諸侯たちがアルプスの北にもどって行った後も、しばらくの間、コンラッドだけはヴェローナに留まった。そしてその二週間が、父と息子がともに過ごした最後になる。

リヨン公会議

一二四五年六月二十八日、聖歌隊の歌う「来られよ、聖なる創造主よ」が鳴り響くリヨンのカテドラルで、リヨン公会議は幕を開けた。実はこの公会議は、下位の聖職者をふくめても百五十人足らずしか出席していなかった。常ならば五百人から八百人は集まるのだが、イタリアからもドイツからも出席した者はいなかったからである。

それでも強行した法王インノケンティウスだが、出席者の誰もが、議長役の法王インノケンティウスの冒頭の演説を聴いただけで、この公会議の真の目的が、公会議召集状に書かれてあった教会の改革や十字軍の遠征やモンゴル対策ではないことを知ったのである。この冒頭の演説で法王が力をこめて言った言葉が、「異端」であったからだった。

それが終わるや、タッデオ・ダ・セッサが起立して言った。この裁判は（彼ははっきりと裁判と言った）、告発する側と裁きを下す側が同じ側に立つ者であるゆえに無効である、と主張したのだ。だがこれは、空振りに終わるしかなかった。告発する側の検事と中立の立場からそれに裁決を下す裁判官の役割の分離を重視していたのはローマ法であり、それに基づいた「メルフィ憲章」だけであったからだ。だが、教会法ではちがう。これより後の時代になってヨーロッパ中に燃え広がることになる異端裁判でも、裁判官と検事の区別はなく、両者とも同じ人が務めるのが常になる。そして、公会議は、教会法に基づいて進むのだ。これでは、フリードリッヒがいかに譲歩し、その皇帝の言葉をイギリスとフランスの王二人が保証すると言っても、空振りに終わるしかなかった。法王インノケンティウスは、誰が皇帝の言葉などを信用できるのか、と言っただけで、王二人から派遣されていた代理の申し入れさえも却下したのである。次回の公会議は七月五日に開かれると決めて、その日は散会した。

七月五日、公会議二日目になるその日は、検事役のスペイン人の司教三人と弁護役のタッデオ・ダ・セッサの間で交わされる応酬で始まり終わることになる。法廷劇をあつかったアメリカ映画では、手をあげて「裁判長、異議あり」と叫んでは反論を始める弁護人がいるが、タッデオ・ダ・セッサがリヨンでしたのがその役割であったのだ。カライス、カンポステーラ、テッラゴーナの司教三人が次々とあげてくる「皇帝の罪状」に対し、そのたびに席を起っては資料片手に反駁していったのが、彼であったのだから。

それで、一二四五年のリヨンで展開された、公会議に名を借りた異端裁判の場での検事と弁護人の応酬だが、記録に残るがゆえに史実とされているそれらを集め、その再構成を試みれば次のように進んだ。

「検事」――皇帝は長子で嫡出のハインリッヒを、冷遇しただけでなく精神的にも虐待することで、彼を自殺に追いやった。

タッデオ・ダ・セッサはそれに、ドイツ王であった頃のハインリッヒの行動をこと細かくあげていくことで、事実無根であると反駁する。

「検事」――正式に結婚した妃の三人ともが数年後には世を去っているが、それも皇帝が、キリスト教徒である妻をイスラム教徒の宦官(かんがん)に監視させ虐待させたことに原因がある。

「タッデオ」――まったくその事実はなく、そうだと言うのならば証人を呼んできて証言させるべきである。皇帝は、愛人に対してさえも、そのような待遇は与えていない。

「検事」――ルチェラにはもともとキリスト教徒が住んでいたのに彼らを追い出し、その地に移住させたサラセン人には、彼らだけの町を作ることを認めた。

「タッデオ」――自国内では皇帝は、ギリシア正教徒にもユダヤ教徒にもイスラム教徒にも、皇帝の統治に反対しないかぎりは各自の信仰の保持を認めている。イスラム教徒だけをルチェラに集めて住まわせたのは、あくまでも統治上の理由にすぎない。

それに以前のルチェラは、内陸部に数ある畑の中の村で、住民の数自体が少なかった。そのルチェラも今では住民が増加し、たしかにその多くはサラセン人だが、キリスト教徒の住民もいないわけではない。それもとくに、前法王グレゴリウスの要求であった説教僧派遣を皇帝が認めてからは、イスラム教からキリスト教に改宗した者も少なくなく、その中の一人は皇帝に登用され、南伊の重要な官職に就いている。

「検事」――イスラム諸国のスルタンや大守(エミル)たちとの間の友好関係をつづけているの

は、カトリック教を守るのが任務である皇帝のやってよいことではない。ましてや皇帝は、娘の一人をギリシア正教徒であるニケーア帝国の皇帝に嫁がせるという、カトリック教徒としてはあるまじきことまでした。

「タッデオ」――国境を接していたり、接してはいなくても友好な関係をもつのが国益に利する、と判断した国の指導者たちと友好な関係を保つのは、国の統治を一任されている者の義務である。ゆえにその相手がギリシア正教徒であろうがイスラム教徒であろうが、聖職者ではない皇帝にとっては何ら不都合はない。皇帝も、娘をイスラム教徒に嫁がせたわけではない。いかに今ではカトリック教からは分れてはいても、ギリシア正教もキリスト教である。

タッデオ・ダ・セッサのこの反論は、近現代ならば正論で、問題にはなりようがなかったろう。だが、いかにローマ法王の権威がゆらぎ始めていたとはいえ、時代はいまだ、中世後期である。つまり聖職者たちに、眼を覚まさせるには役立たなかったということであった。ゆえに検事役の司教たちも、赤い布を見せられた牛のように突進を止めない。

「検事」――フォッジアの王宮ではしばしば宴会が催され、その席にはサラセンの女たちがはべり、踊りまで見せるという。

「タッデオ」――まずもって皇帝は、宴会が好きではない。催されたとしてもそれは他国の要人が訪ねてきたときにかぎられ、そのときでも女たちをはべらすなどということはしていない。そのような席では踊りを見せることもあるが、そのために呼ばれるのは踊りを職業にしている女たちで、その種の女はイスラム教徒にしかいないのだ。

「検事」――フォッジアの王宮内には、サラセン女たちが常住している。それこそが、イスラム式に染まった皇帝のハレムだ。

「タッデオ」――王宮の一画にイスラム教徒の女たちが住んでいるのは事実だが、彼女たちは、皇帝や高官たちが着る服に用いる布地を織るという、立派な仕事を持っている。高級織物をわざわざ高いカネを払ってオリエントから取り寄せるよりも自国内で生産しているのは、皇帝の自国産業奨励策の一つでもある。

「検事」――皇帝配下の兵士の中には少なくない数で、ルチェラ在住のサラセン人が加わっている。神聖ローマ帝国の皇帝ともあろう人が、イスラム教徒の兵士を率いるというのもいかがなものか。

タッデオ・ダ・セッサに欠点があったとすれば、それは、胸中の想(おも)いが顔にも言葉にも出てしまうところであった。おそらくはもう相当にげんなりしていたにちがいない彼は、このときは皮肉で応ずる。

「タッデオ」——皇帝は、血が流れないでは済まないのが戦場の現実である以上、そこで流れる血はキリスト教徒よりもイスラム教徒の血のほうがよかろう、と考えたからにすぎない。

「検事」——皇帝の周辺には常に、若い男たちの出入りが多い。これこそが皇帝の、男色の趣向を示すものである。

これにはタッデオも、今風に言えばキレたのだ。それで、キレたままで言った。

「タッデオ」——彼らは皇帝の息子たちであり、高官の息子たちである。その中の一人とでも皇帝がこの種の関係を持ったと言うのなら、確たる証拠を示してもらいたい。

ゴシップ雑誌でもあるかのようなこの応酬には、さすがに公会議に出席していた聖職者たちも眉(まゆ)をひそめたようである。記録には、沈黙が支配した、としか記されていないから、リヨンの主教会(カテドラル)を埋めていた彼らの間からブーイングが巻き起ったわけではない。だが、教会内の空気が一気に冷えこんだのは、検事役を務めていたスペイン人の三人の司教にもわかったのである。それで彼らも、矛先(ほこさき)を変えた。

「検事」――皇帝は、法王領土であるマルケ地方への侵略という、「聖ペテロの資産」への侵害行為を犯した。

「タッデオ」――あれは返還すると、皇帝は確言している。そしてこの皇帝の約束の保証人には、フランス王とイギリス王が立つとまで言ってくれている以上、これはもはや問題にはならない。

「検事」――新たな十字軍の遠征に、皇帝はまったく関心を示していない。

「タッデオ」――これまでは必要なかったから、というのがその理由だ。前年（一二四四年）にイェルサレムが大守（エミル）の一人の暴走によって占拠されたが、これによって遠征が必要と決まれば、皇帝にはそれに発つ用意はある。

とまあこんな具合で、公会議の二日目は終わったのである。この日の応酬は、逐一、ヴェローナにいる皇帝に報告が送られていた。

この展開をフリードリッヒが、どう見ていたのかは知られていない。わかっているのは、彼はヴェローナを発ち、トリノに移動したことだけである。

トリノならばヴェローナよりも、リヨンから送られてくる報告を早く知ることができる、と考えたからか。

リヨン公会議（中央が法王インノケンティウス四世）

それとも、自らリヨンに乗りこむことも、考えたうえでのことであったのか。

　皇帝フリードリッヒ二世は、欠席裁判をされている被告、になっていた。なにしろ、法王インノケンティウス四世は、「被告」に対し呼び出し状を送ってきたわけではなく、真の意味での被告の代理である、全権大使を送れと言ってきたわけでもなかったのである。

　リヨンでのタッデオ・ダ・セッサは、事実上の全権大使の役割を果していた。しかし、その彼の立場は、聖職者のみが出席する公会議にオブザーヴァーとしてならば出席が認められている、フランスやイギリスの王たちの「代理」と同じであったのだ。つまり、タッデオは、皇帝を守るための人として、法王から呼ばれてリヨンに来ていたのではない、ということである。たとえ欠席裁判であっても、被告を守る弁護人の出席は認めるのが裁判ではないかと思うが、それはローマ法的な考え方であって、リヨンの公会議とは、被告も、そしてその被告を守るのが任務の弁護人も、出席していない裁判なのであった。

それでもタッデオ・ダ・セッサが事実上の弁護人の役割を果せたのは、出席しているフランスとイギリスの王の代理たちの存在を、法王が無視できなかったからである。そしてこの人々は、自分たちの王の意向を受けて、タッデオが反論に起つのは当然と考えていた。

五日後の七月十日、公会議の三日目が始まる。その日、タッデオ・ダ・セッサは、裁判長でもある法王に、次回の公会議は十五日後の七月二十五日に開くことを申し出、それを認めさせるのに成功した。タッデオは、もはやことここに至っては、皇帝から正式に任命された全権大使の到達が必要と考えたのかもしれない。

また、この延期には、フランスやイギリスの王たちの代理も賛成だった。決定的な結果が出る前に双方ともが歩み寄ることで決裂が避けられるのは、ヨーロッパの王侯の多くが望むところであったのだ。十五日間の延期は、その彼らにも妥当に思えたのである。

だが、法王インノケンティウスは、皇帝フリードリッヒがトリノにまで来ていることを知っていた。アルプス山脈を越えていくのだから単純には比較できないが、直線距離ということならば、トリノからリヨンまでは、リヨンからパリまでの距離の半分でしかない。

また、馬を御すのに巧みな者ならば、この地点からのアルプス越えはさしたる難行にはならない。それに、季節は夏。越え終わってグルノーブルに降りて来れば、そこからリヨンまでは馬を疾駆させるだけである。しかもフリードリッヒは、五十歳になった今でも鷹狩りを欠かさず、鷹狩りとは、馬を巧みにしかも早く走らせるスポーツでもあるのだった。

七月十七日、法王は急遽(きゅうきょ)、公会議を召集した。次回の会議は、二十五日のはずだった。ところが、それにはまだ八日も残っている十七日に召集したのである。八日もくり上げての召集の理由を、法王は、全権大使さえも送って来ない皇帝に対して、二十五日までの時間を与える必要は認めない、と言っただけであった。

しかし、全権大使はすでにトリノを発ち、アルプスを越えつつあったのである。フリードリッヒは、法王からの召集の有無にかかわらず、全権を与えたピエール・デッラ・ヴィーニャを、リヨンに向けて送り出していた。そして、送り出したということを、早飛脚を走らせることで、法王にも伝えていた。だから法王は、それを知っていながら公会議の日をくり上げ、しかもその席で、皇帝は全権大使さえも送って来ない、と言ったのである。

十五日も休会するということで、公会議出席者のうちの少なくない人々が、リヨンを留守にしていた。イギリス王の代理に至っては、この機を利用して王と打ち合わせするために祖国にもどっており、それは終えたもののドーヴァー海峡さえも渡っていなかった。だが、タッデオはリヨンに留まっていた。同僚のピエール・デッラ・ヴィーニャの到着を待っていたのである。

というわけで、七月十七日に急遽召集がかかった公会議の出席者は、当初の百五十人から大幅に減っていたにちがいない。だが、法王は、それでも強行する。

出席している者だけを前にした法王は、裁判官が下す判決を読みあげていった。控訴権は認めない教会法に基づいている以上、それが最終の判決になるのである。

裁判長でもある法王インノケンティウス四世は、検事役を務めた三人のスペイン人の司教があげた、皇帝の罪状なるもののすべてをそのままで認めた。それに対して行われたタッデオによる反論は、すべて却下された。この日の法王の判決の要旨ならば、次のようになる。

皇帝フリードリッヒ二世は、彼が占める高い地位にはまったく値しない人間である。その彼が行ってきたことのすべては異端行為であり、彼自身も属すカトリック教会の教えには完全に反している。これまでに彼に与えてきた破門も、この「教会の敵」を正しき道にもどすには役立たなかった。ゆえに、より厳しい処罰を下さざるをえなくなったのである。

と言った後で、法王はつづけた。

わたしは、ドイツの、選帝侯たちを始めとする諸侯の全員に進言する。フリードリッヒに代わる皇帝の選出を急ぐように、と。

だが、シチリア王国の将来を決めるのは、この王国領の真の所有者であるローマ法王に権利がある以上、王国の王になる者の選定はわたしが考える。

これを聴いたタッデオ・ダ・セッサは、手もあげないで起ちあがり、広いカテドラル中に響きわたる声で叫んだ。

「ディエス・イスタ・ディエス・イラエ、カラミターティス・エ・ミゼリアエ！」

(Dies ista dies irae, calamitatis et miseriae)

「今日この日からは神が怒り災いをもたらし、それによって人間が苦しむ時代が始まる」

主君とは常に考えをともにしてきた、タッデオ・ダ・セッサであった。その彼によるラテン語の意味を汲めば、次のようになるかと思う。即ち、皇帝のものは皇帝に、神のものは神に、と言ったイエスの教えに明らかに反する行動に出た法王インノケンティウスに対して神が怒り、これによって決定的になった皇帝と法王の抗争によって、関係のない人々までが苦しむ時代になる、と。草原で巨象同士が激突した場合の弊害は、中小の動物たちにより大きく及ぶからであった。

もはや、叙任権問題の域を越えていた。世俗の王侯の領国内に司教区という名の領土を持つ司教や大司教の任命権は、世俗の王侯にあるのか、それとも聖職界の長であるローマ法王にあるのか、などという問題ではなくなったのである。首のすげ替えの対象は、司教や大司教ではなく、皇帝や王になったのだから。

読者に思い出していただきたいのは、このリヨンの公会議は、『コンスタンティヌス大帝の寄進書』が、まだホンモノと思われていた時代の出来事であったということだ。あれが、十一世紀の前半に法王庁がでっちあげた真赤なニセモノであると実証されるのは、一四四〇年になってからである。リヨンの公会議でフリードリッヒが断罪されたのは、一二四五年。つまりいまだに、コンスタンティヌス大帝はキリスト教を公認しただけでなく、当時のローマ帝国の西半分にあたるヨーロッパまでもローマ法王に贈ったと、信じられていた時代なのである。だからこそ、法王インノケンティウスは、フリードリッヒが母方から受け継いだ世襲領土のシチリア王国も、真の所有権はローマ法王にある、と言えたのであった。

中世のローマ法王たちが、それも十一世紀以降の法王たちが、「法王は太陽で、皇帝は月」という一句を武器に使えたのは、『コンスタンティヌス大帝の寄進書』がニセモノだと喝破される以前であったからである。その代わり、中世の間中忘れ去られていたのが、「皇帝のものは皇帝に、神のものは神に」というイエスの言葉のほうであった。

リヨンの公会議の場で行われたのは、宗教界の最高位者による、俗界の最高位者の地位の剝奪である。これを、「テオクラティア」という。「神権政治」の意味である。

中世ヨーロッパを震駭させた法王と皇帝の抗争は、「カノッサの屈辱」から始まってフリードリッヒで正面からの激突になり、「アヴィニョンの捕囚」にまで及ぶことになる。いや、もしかしたら、あれでも終わりにはならなかったのかもしれない。「政教分離」が当然と思われるようになっている現代にまでなるには、その前にルネサンスや啓蒙主義を経なければならなかったのだから。

自分に下された判決をトリノで知ったフリードリッヒは、激怒して叫んだ。これまでは敬意を払ってきたがこれからは遠慮しない、これからは鉄槌になってやる、と。

そして、もはや彼の常のやり方だが、ヨーロッパ中の王侯にあてて書簡を送り、その中で彼の想いを明確に表明したのだった。美辞麗句などは皆無の、大上段に振りかぶった剣を一気呵成に振り降ろすかのような文章だから、美文を書くのが得意のピエール・デッラ・ヴィーニャに書かせたのではなく、フリードリッヒ自らが、多勢の書記を前に口述し筆記させたのだろう。

まず、公会議に名を借りたリヨンでの異端裁判を、これは裁判ではない、と切って捨てる。

告発側による訴因を実証する確たる証拠は一つとして示されず、告発側によって法廷に連れ出された証人の全員は、告発側の言い分をくり返すだけ。この程度の証人では、いかなる裁判でも証人として認められないはずだが、リヨンでは彼らの言はすべて、証拠として認められた。反対に、弁護側の証言や証人は、何を言おうが誰を出廷させようが、すべてが無視され却下されたのである。

次いでフリードリッヒは、切っ先を法王に向ける。第一は裁判長として、第二は、宗教界の長として。

裁判長としては、被告の出頭を最後まで要求してこなかったのは、裁判官という、告発側と弁護側の言い分を聴いたうえで判決を下さねばならない席に坐る資格を、初めから放棄している、と非難する。

宗教界の長としては、その地位に授けられている権限を大幅に離脱したのがリヨンでの法王の行為である、と断言する。なぜなら、法王が皇帝の地位を剥奪して良いとは、どこにも書いてないし、誰も言っていない。

皇帝のもつ権力は、神によって認められている。法王の権力が、神によって認められているのと同じである。

もし仮に皇帝が悪政を行うとかで罪を犯したとしても、その責任を皇帝は、神に対してのみ負う。ローマ法王に対しては、負う必要はない。なぜなら、ローマ法王の権限は、宗教上のことにかぎられており、皇帝に認められている世俗の権限にまでは、及んではならないはずだからである。

ヨーロッパ中の王侯にあてた書簡をこのような調子で書いてきたフリードリッヒは、その最後を次の一文で結んだ。

「わたしが受けた法王によるこのたびの処置は、明日はあなた方にも起りうると思われるよう。公会議に名を借りたリヨンでの今回の裁判は、ローマ法王とは、誰がその座に坐ろうと、世俗の権威権力に対して口を出し手も出す人種であることを実証したのである」

この最後の一文は、効いたようであった。フランス王もイギリス王もドイツの諸侯も皇帝との連絡を絶やさなかったし、何かと言うと自由を旗印にフリードリッヒに反抗しつづけてきた北イタリアの自治都市までが、法王への賛意を表明するどころか沈黙してしまったのだから。

「リヨン」以後

しかし、法王インノケンティウスにとっては、意外なところに火が点く。司教区だから事実上の領主であるリヨンの司教が、宗教上の問題を討議するはずの公会議がこのような結果で終わったことに対して、不快感を露わにしたのだった。気分を害した法王は、この司教を解任する。これまでにも法王のやり方には相当に嫌気がさしていたらしい司教は、そのまま修道院にこもってしまった。

ところが、この司教は善政によって住民に愛されていたらしく、住民たちはこの解任に怒り、法王が滞在していた司教邸の周囲は険悪な雰囲気につつまれる。身の危険を感じた法王はリヨンを離れ、そこからは北に向ったところにあるクリューニーの修道院に移らざるをえなかった。中世の大修道院はどこでも本格的な城塞づくりになっていたので、リヨンの町中にある司教邸よりも安心できたからである。

とはいえ法王は、修道院の中で神に祈ってばかりいたのではなかった。「カトリック教会の敵」「アンチ・クリスト」「憎むべき異端の徒」である皇帝フリードリッヒを軍事的にも打倒することを旗印にかかげた、反皇帝十字軍の結成を全ヨーロッパに呼びかけたのである。しかも単に、呼びかけた、だけではなかった。

いかに現代からは八百年の昔になる中世後期でも、プロパガンダの重要性は変わらない。法王がそれに使ったのは、各地方の大司教や司教の管轄下にはなく、ローマ法王直轄の部下になる修道会の修道士たちである。クリューニーにいる法王から、各地の修道会に指令がとんだ。修道会に属す修道士を、反皇帝のプロパガンダに総動員せよ、という指令だ。

大司教や司教の管轄下に入る司祭の説教が町の教会の祭壇上から成されるのに対し、修道僧による説教は、街頭で行われる。教会の中ではなく、広場や街角で行われるのである。

その年の十一月も末近く、すっぽりと雪につつまれたクリューニーの修道院に向う道を、色彩豊かな豪華な服をまとった人々とその警護役の兵士たちという、神の棲まいに向うにはふさわしくないように見える一行が進んでいた。

フランス王ルイ九世と、その妃でプロヴァンス伯の娘マルグリット、そして三十歳になっていた王に対しても影響力絶大と言われていた王の実母で、カスティーリア王家の出のビアンカ、それにスペインのアラゴン王とカスティーリア王、という一行である。

修道院内の一室で、彼らは法王と相対した。そして、一行を代表してルイが法王に、ヨーロッパ全土を騒乱に巻きこまないために、皇帝との関係の改善を願ったのである。

結果は、失敗に終わった。法王インノケンティウスは王三人の願いにも耳を傾けなかったばかりか、フランスの王弟の一人にシチリア王国の王位を与えるから、王もその弟に軍事力を貸してやることで、シチリア王国をフリードリッヒから取りあげるのに協力されよ、と言ったのである。

ルイ九世には、弟が三人いた。ルイにはこの弟三人に、しかるべき地位と領土を与えてやる義務があった。しかし、このときのルイは、法王の申し出をきっぱりと断わる。

二十歳年上のフリードリッヒとの間でつづいてきた長年の良好な関係を考慮して、だけが理由ではなかった。以前の「破門」は、破門だけで終わり、それもいずれは解除されるのが普通であったのだ。それがリヨン以後は、破門は即、領国の剝奪になるということを、キリスト教への信仰心ならば人後に落ちないルイでも、悟らざるをえなかったのである。与える権利があると認めそれを受ければ、奪い返す権利もあると認めることになるのである。

リヨン公会議で示されたローマ法王による明らかな越権行為に同意しなかったのは、王侯クラスには限らなかった。この人々の配下である「騎士」たちともなると、より具体的な行動を起す。フランス内では、街頭で反皇帝プロパガンダをくり広げる修道士が、馬に乗った騎士たちによって追い払われるという事故が多発するようになった。似た事故はドイツでも起り、この状態を心配した諸侯は法王に使節を送って、皇帝との関係改善を求めるまでになったのである。

クリューニー修道院にいる法王は、戦術を変えた。それまではドイツの諸侯に対し、フリードリッヒに代わる皇帝を選ぶよう「進言」するだけであったのが、法王自らが乗り出すことにしたのである。

法王の「長い手」

ハインリッヒ・ラスペは、チューリンゲン伯の三男に生れた。長兄が、フリードリッヒが率いた第六次十字軍に参加しながら出発前に疫病で死んだので、まだ幼いその息子の摂政としてチューリンゲン伯領の統治に当たる。三十七歳の年、皇帝に命じられて、東欧まで侵入していたモンゴル軍の撃退に送られた。フリードリッヒは、法王との対立はつづけながらも、ヨーロッパの地へのモンゴル勢の侵略の最前線に立たされていた、ポーランドやハンガリーの王には援軍を送っていたのである。この年のラスペの活躍は皇帝の耳にも届いたらしく、フリードリッヒはその翌年にラスペを、まだ十四歳だった後継ぎのコンラッドを助ける高官の一人に任命した。

このラスペに、法王が眼をつけたのだ。自分自身が領主の、領国は持っていない。だが軍事上の才能はあるらしいラスペを、密使を送って口説いたのだった。まず、ドイツの王に選出されるようこちらで準備するから、ドイツ王であるコンラッドを追い落とせ、その後は皇帝にする、が条件である。四十二歳のラスペは、それに乗った。

法王が、「こちらで準備する」と言ったのは、ラスペのドイツ王選出に必要な票はこちらで集める、という意味である。

以前にすでに述べたことだが、中世のドイツ社会は、自ら領土を獲得してその地の統治者になっている「世俗の諸侯」と、もともとはローマ法王が「叙任」した大司教が、司教区という名ではあっても事実上の領主に収まっている「聖職者諸侯」が並び立つ社会であった。この二種の「諸侯」の間の平和的な共存を実現させたのがフリードリッヒのドイツ統治の成功の要因であったのだが、法王インノケンティウスは、この二種の諸侯の間を切り離す策に出たのである。

「聖職者諸侯」には弱味があった。いかに甥あたりを司教にしたりして後を継がせることで事実上の世襲領土にはするつもりではいても、「世俗の諸侯」とちがうのは、正当な世襲権を主張できないところにある。そして、リヨンの公会議以後は、法王による破門はイコール、領国剝奪を意味するようになっていた。破門されることで大司教でもなくなり、そのうえ領国も剝奪されては、樹から落ちたサル、になってしまう。

ドイツの「聖職者諸侯」の中でも有力者とされていたケルンとマインツの大司教が、その間の事情をちらつかせては迫る法王に屈した。こうして、「世俗諸侯」のほとんどが反対したにかかわらず、ラスペのドイツ王選出が成功したのは、この二人の大司教がラスペ側にまわり、他の「聖職者諸侯」の票を集めたからである。

ドイツ王に選出されたラスペは、早速コンラッドに譲位を迫った。十七歳の若僧だから簡単に引き退ると思っていたのだが、返ってきた答えは、断固として否、である。もちろん十七歳は、アルプスの南側にいる父親の指示に従ったのだが、コンラッド自身も、すでに十年近くもドイツ王の地位にあったのだ。

というわけでドイツ王に選出された直後に早くもつまずいてしまったラスペだが、それ以後もラスペは、「世俗諸侯」たちからの支持は得られないままでつづく。世俗諸侯たちはこの彼を、「rex clerus」(坊主の後押しで王になった男)と呼んでいた。そして、ラスペをこう呼んだ諸侯たちのほとんど全員が、コンラッド側に残っていたのである。

平和的な手段を用いての交代に失敗したラスペは、軍事力を使っての交代に賭ける。一二四六年八月、フランクフルトの近くで両軍は対決した。このときは、ラスペが勝った。十八歳になったばかりのコンラッドの、軍事上の才能の欠如によったのではない。法王が、コンラッド側で闘うはずだった二人の領主のそれぞれに、マルク銀貨六千枚とコンラッド下の領土のうちの伯領の一つを与えると約束していたからである。

ゆえに、敗北による損失もほとんどなく、コンラッド自身、その一ヵ月後にはバイエルン公の息女と結婚式を挙げている。

ラスペとコンラッドの間の第二戦は、第一戦の六ヵ月後に行われた。今度は、コンラッドが勝った。傷を負ったラスペは、生地であるチューリンゲンに逃げる。その彼に従った諸侯はいなかった。その状態のままで、ラスペは死んだ。ドイツ王に選出されてから、一年と過ぎていなかった。

ラスペの死も、法王インノケンティウスの気持を変えはしなかった。とは言っても、ドイツの諸侯の中ではもはや誰一人として、法王側について、コンラッド、つまりフリードリッヒ、に敵対しようと思う者はいなくなっていた。やむをえず法王は、オランダの王子だった二十歳のウィルヘルムに白羽の矢を立てる。オランダ人をいきなりドイツの王に即位させたりしてはドイツ諸侯たちの反撥(はんぱつ)を招くだけなので、ドイツ王はやめて神聖ローマ帝国の皇帝にすると約束して、ドイツ入りを承諾させたのである。それでも、今度もまたケルンとマインツの大司教の力ぞえで、シャルル・マーニュが葬(ほうむ)られているアーヘンで、帝位につけることだけはできたのだった。

だが、数年も過ぎないうちに、この人もオランダに逃げ帰るしかなくなる。戦場でコンラッドに敗北を喫したことと、もはや「聖職者諸侯」たちまでが彼を見放したからであった。

以上が、法王インノケンティウスが、公会議の名を借りてまで皇帝フリードリッヒの破滅を計ったリヨン直後、つまり一二四五年から翌年にかけての経過である。

破門され、皇位も王位も剝奪されていながら、ヨーロッパの王侯たちは、そのフリードリッヒとの関係を変えなかった。法王が呼びかけた、反フリードリッヒを旗印にした十字軍に至っては、それに応えて起った諸侯は、ヨーロッパのどこにもいなかったのである。

この間フリードリッヒ自身は、北イタリアに留まりつづけた。トリノ、ヴェローナ、パドヴァと移動しながらも、ヨーロッパ各地の動きを監視し対策を講ずるには、北イタリアにいるほうが好都合であったのだ。

ところが、そのフリードリッヒの足許に火が点く。ヨーロッパ各地の状況が自分が望む方向に進んでいるのが確かになりつつあったこの時期、その知らせは、彼にとっては想像もしていなかっただけになおのこと、受けた衝撃は大きかったのだった。

遠方にいながら策を弄するのを、ヨーロッパでは「長い手」と言う。法王インノケンティウス四世は、ドイツにも「長い手」を伸ばしたが、イタリアにも伸ばしていたのである。なぜなら、ドイツの地でのラスペのドイツ王選出への動きと、イタリアでのこの事件は、同じ時期に進められていたからであった。

陰謀

法王インノケンティウスの妹の夫にあたる人に、オルランド・ロッシという名の男がいた。この男は、義兄が法王に選出される以前は、皇帝フリードリッヒの軍に参加して、法王派である北伊のロンバルディア同盟相手に闘っていたのである。それで、皇帝配下の将たちとも親しかったのだ。義兄が法王になって以後は、皇帝下で働くこともならず妻の実家のフィエスキ家の領地に引っこんでいたのだが、その領地はパルマの近くにあった。この男が、皇帝下に入っていたパルマで、皇帝代理として統治していたテバルド・フランチェスコに近づいたのである。

テバルド・フランチェスコは、幼少期の皇帝の教育を一人で担当したグイエルモ・フランチェスコの息子だった。皇帝は、誰からも放っぽらかしにされていた孤児時代の自分に、必要なことはすべて教えながら、教え子がそれ以外の事柄に好奇心を向けるのを匡正しようとは絶対にしなかった、この教師に恩を感じていたようである。息子のテバルドを、一教師の息子でしかないにかかわらず、封建諸侯で今は政府の高官として働いている要人たちの息子と同じに宮廷に引き取り、〝幹部候補生〟のコースに乗せたのだった。それで、候補生を卒業した後のテバルドも、皇帝派についたり法王派についたりをくり返して押さえていくのが困難なパルマの統治を、皇帝から一任されていたのである。

　オルランドから法王の内密の計略を告げられたときのテバルドの心境に、どのような変化が起きたのかは知られていない。わかっているのは、テバルド・フランチェスコはそれをただちに、オルランドが言うままに、パンドルフォ・ファザネッラとジャコモ・モッラに伝えたことだけだ。人が良いことで知られていたテバルドが、動転したのも無理はない。オルランドが告げた法王の意向というのが、皇帝とその息子のエンツォの殺害、であったのだから。

　動転しなかったのは、それをテバルドから告げられた、パンドルフォとジャコモの二人だった。二人とも、フリードリッヒの宮廷では「ヴァレット」という名で呼ばれていた幹部候補生の中でも年長世代に属す。つまり、候補生を卒業してからは皇帝によって要職に任命され、それを、すでに十年は勤め上げてきた男たちであった。

ただし、パンドルフォ・ファザネッラには、トスカーナ地方担当の皇帝代官という地位を、最近になって皇帝の息子のフェデリーコに代えられたという事情があった。とはいえジャコモ・モッラのほうは、フリードリッヒが任命したマルケ地方の皇帝代官という地位から動かされていない。それまでと同じに、皇帝配下の要人の一人、であったのだ。この二人は、それぞれの兄弟にも呼びかけて、一家でこの陰謀に参加することになる。

こうして、元幹部候補生の間に広がって行った陰謀の参加者は、シチリア全島の皇帝代官のデ・アミーチス、同じく皇帝代官として、プーリア地方を担当するチカラ、それに大領主であると同時に高官でもあったサンセヴェリーノ一家をふくめて、総勢九人を数えるまでに増える。だが問題は、数ではなかった。

この男たちは、有力な封建諸侯でありながらフリードリッヒの政府では要職をまかされてきた人々の息子であったことでも、次世代を背負う幹部として育成されてきたことでも、また彼らのほとんどが三十代から四十代の年齢に達し、すでに要職の経験者であることでも、共通していたのである。五十代に入ったフリードリッヒは、彼の死後を託すつもりで育成し、それを実証する機会まで与えてきた人材のほとんどから、裏切られたことになったのだった。

それならばなぜ、彼らの父親たちは、生涯にわたってフリードリッヒに忠誠をつくしつづけたのか。その父を見ながら育った息子たちは、なぜ一変して皇帝に反旗をひるがえしたのか。

また、彼らと同じコースを歩みつつあった彼らよりは若い世代は、なぜこの陰謀に加わらなかったのか。

最も簡単に答えが出るのは、第三の「なぜ」である。二十代に入るか入らないかの年頃にあったこの世代は、いまだ候補生中だったことから要職には任命されていない。それで、法王による陰謀者リストにもあげられず、反旗をひるがえすと決めた上の世代からも声をかけられなかった、のであった。ただしこの世代に属した者でも、陰謀の加担者とされた者はいた。ジャコモの末弟であったルッジェロ・モッラがその人だが、モッラ一家はあげてこの陰謀に加わっていたので、それが露見した後に逃げこんだ城に、この若者も逃げこんでいたというだけであった。

それで第一の「なぜ」だが、人間にはときに、個々の利害を忘れ夢を共有する生き方のほうを選んでしまうことがある。

南イタリアの有力な封建領主であった彼ら第一世代には、これまでと同じように封建諸侯でいつづけるほうが、利に適って（かな）いたのである。彼らが生きた中世後期は、封建制の社会であったし、南伊とドイツが一人物の支配下に入るのを極度に嫌っていたローマ法王も、シチリア王国が、封建諸侯の力が強く王が弱体な社会でありつづけるほうを望んでいたからだった。また、あの当時のフリードリッヒならば、倒すのも簡単なはずだった。

にもかかわらず彼らは、フリードリッヒの「夢」の実現に生涯を通して協力する。フリードリッヒの夢が、自分たち封建領主の権限を縮小することであるのを知りながら、封建社会を脱して法に基づいた君主政国家を実現すると決めたフリードリッヒと、夢を共有しつづけたのであった。

ジャコモの父のエンリコ・モッラは、この事件の四年前に死んでいたが、法の公正な施行を最重要視したフリードリッヒから司法大臣に似た職務をまかされ、死によってそれが断たれるまでの二十年間、この重職を果しつづけた。海軍を一任されていたチカラは、シチリア王国の海側の防衛の最高責任者として、その一生を終えていた。サンセヴェリーノは、この人の領土が中伊と南伊の境にあることから、陸側での防衛をもっぱら担当してきたのである。

また、これら世俗の有力者だけが、フリードリッヒと「夢」を共有していたのではない。聖職界に属す以上は法王側の人間になる聖職者たちの中にも、夢の共有者はいたのだ。

パレルモの大司教ベラルドは、何が起ろうとフリードリッヒから離れなかったし、チュートン騎士団の団長ヘルマンも、死ぬまで皇帝のために尽力する。アッシジのフランチェスコに次いでフランチェスコ修道会の二代目の総長になっていたエリオ・ダ・コルトーナは、法王グレゴリウスからフリードリッヒへの説得に派遣されていながら、ミイラ盗りがミイラになってしまった人だが、怒った法王から破門されても皇帝のそばに居つづけた。

このような人々が協力を惜しまないでいてくれたからこそ、フリードリッヒは、ドイツにも北イタリアにも行けたのである。モッラに至っては、皇帝が不在中のシチリア王国を、皇帝の次席の資格で統治していた人である。フリードリッヒが、これらの協力者たちの息子を手許に引き取り、次代の幹部に育てようと思ったのも当然だった。そしてそれは、父親世代が去って以後、着実に成果をあげていたのである。つまり、協力者たちの第一世代から第二世代への継承は、相当なまでに成功していたということであった。

ではなぜ、この第二世代は反旗をひるがえしたのか。

研究者たちは、二つの理由をあげている。第一は、リヨンの公会議での結果に驚いた彼らが、悔い改めて真のキリスト教徒にもどる想いになったこと。第二は、フリードリッヒの人使いの荒さに、以前から不満をいだいていたこと。

フリードリッヒは、これまでにも破門を何度も食らってきた。その最後は一二三九年だから、その彼の家臣である陰謀者たちには、すでに五年も前から、「悔い改めて真のキリスト教徒にもどる」機会はあったのである。ところがこれと同じ時期、ジャコモ・モッラはフリードリッヒからスポレートの長官に任命され、その任務に就いている。破門された者の家臣には忠誠を果たす義務から解放されるのが破門の決まりであったにかかわらず、そのような決まりは馬耳東風と受け流していた人の中に、五年後には陰謀の首謀者になるジャコモもいたのであった。

人使いが荒いのは、フリードリッヒの宮廷では、地位の上下を問わず誰もが耐えねばならないことであった。皇帝であるフリードリッヒ自身が誰よりも多忙を極めていたのだから、その下で働く高官たちの忙しさも並大抵ではなく、これまではそれに文句を言った人はいなかったのだった。ゆえにこれも、今になってなぜ、という問いには答えていない。

結局、これらの「理由」ではなく別の何かが、三十代から四十代という成熟期に入っていた男たちを、主君を殺すという暴挙に駆り立てたと考えるしかないのである。

幹部候補生の中の年長世代は、フリードリッヒによる君主政国家が確かなものになればなるほど、自分たちの父親の立場が、領主から官僚に変わる一方になっていくのを見てきたのだった。

封建社会である中世では、自前の領地を持つことにひどく執着する。自分たちのパワーの基盤が領地にあることを知っているからで、「市民」という言葉が、「自分の領地を持っていないがゆえに都市に住むしかない人」を意味していた時代であった。

それに、中世の封建諸侯とは、自分の力で領地を獲得した人々でもあったのだ。法王や王から授けられたのではなく、自分で獲得した私産なのである。その領地を失えば、その人の存在理由すらも失われると考えていた人々が、中世の封建領主であったのだった。

フリードリッヒも、この辺りの事情には配慮を怠っていない。封建領主を政府の高官に登用しても、その人の領地までは取り上げていない。ただ、わたしが支配する王国内では封建領主の領地内であろうと、わたしが定めた法律に基づいてすべてが決する、としただけである。その彼だから、領主の息子たちにも自領を持つ権利を認めている。実際、次男に生れてモッラ家の領地の継承権はないジャコモにも、小さいながらも彼だけの領地を贈ったのは、フリードリッヒであった。

皇帝フリードリッヒ二世は、中世の特質であった封建制度を全廃し、君主政国家に一変させようとしたのではない。封建領主たちの形は残しながらも、その内実は変えようとしたのである。もしも、封建領主全廃で突き進んでいたら、法に基づいた君主政国家の創設などは絶対に実現しなかったろう。

なぜなら、十三世紀のヨーロッパ全体が封建社会であったからだ。イギリスは、「マグナ・カルタ」によって王権が縮小され、封建領主たちが割拠する社会にもどっていた。君主政に進んでいるかのように見えるフランスでも、諸侯たちの力はあい変わらず強く、戦争に行く際には王でさえも、諸侯たちの兵力をあてにしなければならなかったのである。「聖職者諸侯」と「世俗諸侯」が並立するドイツは、いまだに封建社会そのものであった。

この時代、腕力がモノを言った封建社会を脱し、法に基づき、君主が任命する官僚が行政を担当する君主政国家に変えていくというだけでも異色だが、さらなる異色はこの半世紀後から始まる。土地に経済基盤を持たない人々が集まって作った都市国家がそれだが、その中では人は、自分自身の頭脳と手だけで勝負することになる。ここに、ルネサンスの革新性があったのだ。

ルネサンスの文化と文明は、これら「市民たち」が創り出したものであり、それはこの五十年後から芽生え始め、百年後には花が咲き始め、二百五十年後には満開になり、中世は完全に終わるのである。

だがそれゆえに、ルネサンスにはまだ長い歳月が横たわっていた一二四六年当時では、皇帝の殺害を企てた者たちが、封建領主たちになったのも当然である。とはいえ彼らは、自分が現に所有しているものを失ったから主君殺害という大事を企てたのではない。いまだ所有していながら、企てたのである。ルネサンス時代の人であるマキアヴェッリは、この二百五十年後に次のように書くことになる。

「人間が不安のとりこになるのは、現に持っているものを失ったときではない。いずれは失うのではないかと、思い始めたときである」

こう思い始めた彼らに、法王インノケンティウスの、フリードリッヒの下にいたのでは将来は保証されない、という言葉が効いたのも当然であった。

陰謀の目的は、皇帝とエンツォの二人を殺すこと、にあった。三十歳になっていた息子のエンツォが、庶出子であるにもかかわらず、フリードリッヒの右腕と言ってよい存在であるのは、もはや誰もが知っていた。そして、この二人の殺害が成功するやいなや、南伊全域を支配下に収めるために、殺害執行者以外の全員は、南イタリアの二つの城に集まることも決まっていたのである。

決行の日も、復活祭の当日と決まる。一二四六年の復活祭は、四月八日に訪れる。復活祭の当日の決行を決めたのは、キリスト教徒にはクリスマスとパスクワが最も重要な祝日で、その日は家族が集まって食卓を囲む日でもあるため、警備も自然とゆるやかになるからである。また、暗殺執行者と決まったジャコモ・モッラもパンドルフォ・ファザネッラも、皇帝からは息子同様に育てられてきた男たちだ。祭日に皇帝ゃエンツォを訪問しても、怪しまれる心配はなかった。

だがこの陰謀は、予定していた決行日の一ヵ月前に露見してしまう。

「獲物(えもの)目がけて襲いかかる鷹(たか)」

幹部候補生の年少世代の一人に、ジョヴァンニ・ダ・プレゼンツァーノという名の若者がいた。この陰謀の首謀者であった幹部候補生の年長世代から陰謀への参加を求められた当初は、彼もその気でいたのである。だが、その後からは、あまりの事の重大さに恐怖に駆られるようになる。それで、同じ世代に属す幹部候補生仲間のリカルドのところに行き、すべてを打ち明けたのだった。

カゼルタの領主でもあったリカルドは、年齢は若かったが、性格は冷静で沈着でもあったらしい。ただちに信頼できる部下の一人を、ジャコモ・モッラとパンドルフォ・ファザネッラの所在の確認に出す。その部下には、二人の所在がわかりしだい馬で自分の後を追え、と命じた。そして、リカルド自身はジョヴァンニを同道し、この時期皇帝が滞在していた中西部イタリアの海港都市、グロセートに向って馬を走らせたのである。

若者二人によってもたらされたこの知らせを、五十一歳になっていたフリードリッヒがどのような想いで受けたのかを、伝えてくれる史料はない。だが、これ以降の彼の行動から推測すれば、すさまじいまでの怒りに駆られたであろうとは想像可能だ。もしかしたら、リヨンの公会議での結果を告げられたときよりも、大きく深く激しい怒りではなかったか。翌日には、リカルドの部下も到着した。二人はすでに逃げた、という情報を持って。

ジャコモもパンドルフォも、リカルドがジョヴァンニを同道して皇帝の許に向ったことを知って、自分たちの企てが露見したのを悟ったのである。二人とも、幹部候補生であった間、フリードリッヒの、日本式に言えば「カバン持ち」を務めてきたのだった。このような場合に、皇帝がどのような行動に出てくるかは、わかりすぎるほどにわかっていた。城塞にこもる程度では、助かる見込みはなかった。

それで逃げたのだが、逃げこむ先もかぎられていたのである。二人が逃げこんだとわかれば、そこにフリードリッヒの攻撃が集中する。つい最近まで皇帝の高官であった二人を助けるのに皇帝軍の攻撃まで耐える都市は、確信犯的に反皇帝であるミラノでさえもなかったのだ。二人が逃げこめる先は、ローマしかなかった。法王の都とされているローマには、よほどの理由がないかぎり、軍を向けてくる人はいなかったからである。二人は、ローマ市内の反皇帝派の枢機卿の屋敷に身を隠す。

だが、こうして、陰謀の首謀者二人は、南イタリアで待っていた同志たちを見殺しにしたのである。南伊に住まわせていた、妻も子も見殺しにしたのだった。

一二四六年四月八日は、陰謀が発覚しなければ、皇帝とエンツォの二人が殺されていたかもしれない日であった。その日、皇帝から召集された北伊と中伊の責任者の全員がグロセートに集まった。復活祭を犠牲にしても陰謀者への対策を決めるためだが、討議したうえで決定するというよりも、すでにフリードリッヒが決めていたことを各人に言い渡す場になる。

北伊は、事実上のヴェローナの領主に収まっているエッツェリーノと、息子のエンツォの二人に託された。中伊は、息子のフェデリーコに一任する。ただし、この三人の任務は攻撃にはない。露見したとはいえ企てられていたということだけでもショックなこの事件に刺激された各地の反皇帝派が、蜂起しようものならそれを押さえるのが、彼ら三人に課された任務であった。南伊にこもる陰謀者の討伐には、皇帝自らが軍を率いて向う。逃亡した二人は、そのまま彼らの運命にゆだねることにした。身一つでは、何の脅威にもならないからであった。

年代記作者によれば、「獲物目がけて襲いかかる鷹」のように南伊に向ったフリードリッヒだが、実際はこうも素早く行動できたわけではない。まず、長びくことは必至の籠城(ろうじょう)戦は避けて攻撃を集中することで短期間にケリをつける必要から、大型の投石器を数多く造らせ、それを南イタリアまで運んで行かねばならないという問題があったこと。これらは船でティレニア海を南下し、長靴の形をしたイタリア半島のつま先をまわった後でターラントで陸あげする方法をとる。

ただし、軍勢のほうは、フリードリッヒ自らが率いて陸路を南下する道を選んだ。アウレリア街道を南下してローマへと向うが、ローマには入らずにそこからはアッピア街道を通って南を目指すのである。これだと目的地に着くまでに日はかかるが、陰謀を知って動揺しているにちがいないシチリア王国の民心に対する、皇帝の力の示威になるからであった。

陰謀者たちがこもる城塞を眼前にしたときから、フリードリッヒはそれこそ、「獲物目がけて襲いかかる鷹」に一変した。これまでの彼を特徴づけてきた度量も雅量も寛大も高潔も、まったく影をひそめる。皇帝自ら陣頭に立って指揮をとる大攻勢を受けて、陰謀者たちが二分してこもっていた二つの城塞ともが陥落した。

この攻防戦中に戦死した者は、陰謀者の中にはいなかった。陰謀者で捕われたのは、ジャコモ・モッラの兄と弟、テバルド・フランチェスコ、パンドルフォ・ファザネッラの弟二人、グイエルモ・サンセヴェリーノ、ルッジェロ・ディ・アミーチス、アンドレア・チカラの八名である。陰謀を企てた者の中でその場にいなかったのは、いち早くローマに逃げたジャコモ・モッラとパンドルフォ・ファザネッラの二人だけであった。

捕われた全員が、皇帝の前に引き立てられてきた。フリードリッヒにとって、見覚えのない顔は一つもなかった。その中でもモッラ家の三男のルッジェロは鷹狩り大好きという若者で、フリードリッヒが鷹狩りに行くと言えば、何を措(お)いても従(つ)いてくるので、皇帝の冗談の種になっていたくらいである。だが、その熱心さと、それによる技能の上達によって皇帝から、それまではアラブ人が務めるのが常であった鷹匠の任務を、代わってやる役まで与えられていたのだった。このモッラ家の三男は、兄のジャコモの言うままに陰謀に加わっていた、にすぎなかったのだが。

彼らを前にしたフリードリッヒが怒りを爆発させたとは、どの記録にも書いてない。だが、爆発しなかったからこそ、かえって怒りは大きく深かった、ということもありえるのだった。

陰謀者たちは、神聖ローマ帝国皇帝でありシチリア王国の王であるフリードリッヒの、殺害を企てたのである。最高位者に対してのこの種の行為に対する罪は、日本語ならば「大逆罪」と訳される。なぜなら、最高位者の命を奪うことによってその人が統治している国家の命運までも脅(おびや)かすことになるからで、ローマ法でもこれが重罪中の重罪とされていたのは、リーダーを殺すという行為によって「国家」という名の「住民共同体(レス・プブリカ)」の秩序を破壊することになるからであった。

しかし、陰謀者たちは、中世的な意味でも重罪を犯していたのだ。「臣従の誓い」を破ったことになるからで、それは信義に背くこと、つまり背信行為になる。

中世における臣従の誓いは、契約書を交わすことで成立するというものではなかった。中世では、契約書を交わさないかぎりは信用できないと考えるのは、商人の世界のことと思われていたのである。中世社会を構成する重要な一部門であった騎士の世界では、日本で言う、「武士に二言はない」が立派に通用していた。「誓い」とは「信義」であり、誓いを守ることは信義を貫くこと、と考えられていたのである。ゆえに陰謀者たちは、信義に基づいていた「誓い」までも破ったことになった。

そのうえさらに、父親殺しが加わる。これもローマ法以来、重罪とされてきた罪である。フリードリッヒは彼らを、自分の息子と何ら変わらない環境で育ててきたのだった。後継ぎゆえに父親から遠く離れたドイツで育つしかなかった嫡子よりも、彼らのほうがよほど、次代のリーダーを育てるには適した環境を享受してきたことになる。その彼らから背中を刺されたのが、一二四六年のフリードリッヒであった。

法に基づくことを最重要視してきたフリードリッヒにしては、この彼らに対してだけは、裁判の名に値する裁判はまったく行っていない。

全員がまず、資産のすべてを没収された。そして、赤く熱した鉄の棒を突き刺すというやり方で、両眼をつぶされる。この刑罰は、灼熱の棒を使って行われるので、眼をつぶすという目的は達しながらも傷跡の化膿は防げることから、中世では重罪人に対して多用された刑罰であった。

両眼をつぶされただけで放免されたのは、ルッジェロ・モッラとテバルド・フランチェスコの二人である。ルッジェロは、兄のジャコモに引きずられただけと判明したからというだけでなく、フリードリッヒにはどうしても、無邪気なまでに鷹狩り好きのこの若者を死に追いやる気にはなれなかったのだろう。テバルドのほうは、老いてはいてもまだ存命中のかつての恩師に、一人息子の死という最大の哀しみを与える気になれなかったからであった。

残りの六人は、フリードリッヒがこれまでついぞ命じたことのなかった極刑に処される。両手を縛られ疾走する馬に引きずられて町中を引きまわされた末に手足の骨を折られ、ある者はそのまま絞首刑になり、他の者は毒蛇と鉛の重しを入れた皮袋に閉じこめられて海中に投げこまれた。皮袋に閉じこめて海中に投げこむ刑罰は、父親殺しに対する刑罰として知られていた。

そして、いち早くローマに逃げた二人も、そのままでは済まなかったのである。彼ら二人が首謀者であることは、捕われた者たちの証言からも、フリードリッヒが集めさせた二人の周辺の人々の証言からも、疑いようがないほどにはっきりしていた。

皇帝はこの二人に、妻子の末に至るまで、食も与えない状態での投獄という形で報いたのである。女やまだ幼い子供までが牢獄（ろうごく）に投げこまれたのだが、この人々の運命は誰も知らないままに終わる。

逃げたから助かった二人のその後だが、個人では何の脅威にもならない、としたフリードリッヒの判断は正しかった。パンドルフォ・ファザネッラの名は、この年を最後に消える。ジャコモ・モッラのほうはこの五年後まで生きていたが、法王にさえも相手にされないままに、皇帝の死から一年足らずして消息を断った。

しかし、フリードリッヒは、陰謀者を出した家系すべてを根絶やしにしたのではない。同じ家系に属していても、まったく知らなかった者や、気配は感じてはいたがそれ以上の行動には進まなかった者は罰していない。そこまで根絶やしにしたのでは、シチリア王国の運営に要する人材の根絶になりかねない。だからこそ、無実であれば、首謀者の弟でも処罰しなかった。フリードリッヒは、怒りはした。だが、それによって盲にはならなかった。王国の維持のほうが優先したからである。

こうして、事後処理の半ばまでは終えたフリードリッヒだったが、その彼を待っていたのは、もはや病いが進む一方のビアンカだった。年代記作者によれば、皇帝が心から愛した唯一(ゆいいつ)の女人、となるビアンカ・ランチアだが、フリードリッヒとの仲は二十年にもおよび、三人の子を与えたということでも、正妻も加えた他の女たちとはちがう。また、結婚は政略と割りきっていたフリードリッヒが、四番目とはいえ、結婚したのも彼女一人だった。

一応の事後処置は終えたその年の夏の皇帝が、以前に彼女に贈り、その後は彼女の住まいになっていたジョイア・デル・コーレの城で、病いに伏す愛する人のそばで過ごした、と思いたい。それを実証する史料はないのだが、その時期にフリードリッヒがどこにいたかを実証する史料もないのである。確かなのは、その年の夏にビアンカが死んだことだけ。十六歳の春に、当時は三十一歳だったフリードリッヒと出会ってから、二十年もの歳月が過ぎていた。

秋、五十二歳に近づきつつあったフリードリッヒは、行動を再開する。やらねばならないことは、まだ三つ残っていた。

十月、海辺にそびえ立つバレッタの壮麗な城に、南イタリアとシチリア島から成る

「シチリア王国」の行政を担当する、高官たちの全員が召集された。

彼らに送られた召集状には、王国の行政機構の再編成のためのコロクィウム、と記されてあった。だが、「Colloquium」というラテン語には、話し合いを意味する他に口頭試問という意味もある。それとてフリードリッヒが使えば、和気藹々(わきあいあい)の話し合いの末に決めるのではまったくなく、彼らを前にして皇帝が告げることをそのまま帰って実施に移す、の意味に近い。

なにしろ「メルフィ憲章」の各条項を、「皇帝が命ずる」(Comanda lo Imperatore)で始める人なのだ。フリードリッヒの考える、法に基づいた君主政国家とは、皇帝が考え、その実施でも皇帝が全責任を負う政体のことであった。

この年の春に始まり夏に終わった高官たちによる陰謀は、封建諸侯であるのに高級官僚化する一方になっていた自分たちの現状に不安を感じた者たちが起したことであるのを、フリードリッヒはわかっていたのである。

普通の君主ならば、この種の不満を突きつけられれば、これら封建諸侯を以前の状態にもどすことで、つまり譲歩することで、彼らの不安を取りのぞこうとしただろう。

不安さえ消えれば、彼らとて、君主に対して反旗をひるがえす理由を失うからである。「マグナ・カルタ」に署名したときの、英国王のジョンがそれだった。

だが、フリードリッヒは、ジョン失地王ではない。封建諸侯を政府高官として取りこむことによって実現しつつあった、封建社会から君主政の国家への移行の考えは、絶対に変えなかったのである。

それは、フリードリッヒがジョンよりも、気が強かったからではない。家臣のほとんどに背を向けられてしまったジョンとはちがって、フリードリッヒには、重臣の多くが彼の側に残っていたからである。

長年にわたって陰日向(かげひなた)なく仕えてくれたエンリコ・モッラの息子たちが弓を引いたのは、皇帝には打撃であったろう。四年前にエンリコが世を去っていなかったならば、と思ったかもしれない。しかし、皇帝配下の重臣たちの中で、今回の陰謀に加わったのは、モッラとサンセヴェリーノの二家だけなのである。「メルフィ憲章」で決まった君主政国家で王を助ける助言機関（王室会議）に、封建諸侯の代表として名を連ねた有力諸侯のカゼルタ伯とアチェーラ伯は二人とも、フリードリッヒの側に残っていた。この二家門が残れば、この二家門の「衛星」的存在である他の中小諸侯も残る。

陰謀事件によってフリードリッヒが失ったのは、有力諸侯とは言えない諸侯数人と、幹部候補生コースを終えた後で要職に就いていた、合計しても十人足らずであったのだ。

しかし、年齢ならば三十代から四十代、そのうえ彼らのほとんどは、現役の政府の高官である。「数」ではなく、「戦力」として見るならば、フリードリッヒは少なくとも、自下の「戦力」の三分の一は失ったのである。

疾走する馬に引きずられて街中を引きまわされたあげくに絞首刑に処され、遺体はそのままで放置された陰謀者の一人の胸には、皇帝の命令によって、クリューニー修道院にいる法王から陰謀者の一人にあてた手紙が張りつけられていた。

もちろん、知識人法王であるインノケンティウスが、裏で糸を引いていたのが自分であるとわかるような書き方をするはずはない。だが、宛て名と、ローマ法王の印綬を見れば、誰でもわかったろう。この陰謀にも、ローマ法王の長い手が伸びていたことを。

再構築

バレッタの城で行われた王国の行政機構の再編成は、研究者の一人の言を借りれば、「曲がった背骨を真っすぐに矯正する程度で済んだ」となる。それは、「戦力」よりも「数」を重視したからだろうが、「数」もやはり重要なのだ。「マグナ・カルタ」を受け容れるしかなかった英国王ジョンは、フランス内にあった英国の領土を「失地」してしまった責任者であっただけに、「数」さえも持っていなかったのである。反対にフリードリッヒには、「数」ならばあった。

しかし、逃げたり処刑にしたりして空席になった、ポストは早急に埋めねばならない。フリードリッヒはそれを埋めるのに、封建諸侯階層からよりも、中流階層から登用している。「中流」と言っても、領主と言えるほどの領地は持っていないが学問を修める資力的余裕はある人々だから、意志と能力ならば諸侯階層には劣らなかった。

人材の登用には、生れだけでなく能力も重視するのが常のフリードリッヒだから、このときだけが特別であったわけではない。リヨンの公会議で熱弁を振るったタッデオ・ダ・セッサも、着実に出世の階段を登りつつあったピエール・デッラ・ヴィーニャも、知的には上流でも資力的には中流に属した人々である。ただし、この知的も、知識よりも知力を意味した。辞書ではこの「知力」を、才知と力量、と説明している。

バレッタの城での仕事を終えた皇帝は、一二四六年の残りをすべて使って、事後処理の第二段階に入っていた。それを一言で言えば、幹部候補生という人的ネットワークを、血による結びつきを強めることによって強化する、という政略（ストラテジー）である。

フリードリッヒは、幹部候補生（ヴァレット）システムは変えなかった。陰謀に加担した者もしなかった者も、陰謀以前に彼らが示した実績から、このシステムの有効性は証明されていたからである。だから、内実だけを変えたのだ。これまでのフリードリッヒは、次代を託すつもりで育成してきた幹部候補生（ヴァレット）たちの、結婚には干渉しなかった。それが以後、干渉するようになるのである。

この政略の変更には、多くの女に恋し、その女たちから合計すれば十五人もの子を得ていたのが、おおいに役に立つ。一度でも愛した女に対してもしかるべき落ちつき先を考えてやったフリードリッヒだから、その子たちにもしかるべき落ちつき先を配慮したにすぎない、とする人がいるかもしれない。だが、それをした当人がフリードリッヒとなると、単なる落ちつき先ではなくなるのだ。

「ヴァレット」(valletto)と呼ばれていた幹部候補生たちには、イタリア生れだけでなく、神聖ローマ帝国の本拠地であるドイツの諸侯の息子たちもいたのである。その若者たちは、南伊留学を終えた後はドイツにもどって、皇帝が任命した要職に就くことが決まっていた。皇帝の後継ぎのコンラッドをささえるのが、フリードリッヒが期待した彼らの役割であったからである。

ジョン失地王の娘で現英国王のヘンリーの妹にあたるイザベルは、三人目の正妻としてフリードリッヒに嫁ぎ一男一女を与えた後で死んでいた。残された男子はまだ八歳だが、その姉もまだ九歳の少女。だが父親は、その少女をドイツ諸侯中の有力者、チューリンゲン伯の後継ぎと婚約させる。この時代の婚約は、成立後はただちに婚家に送られ、結婚式までは婚家で過ごすのが常であった。

長年の愛人の立場から四番目の正妻になっていたビアンカからは、フリードリッヒは一男二女を得ている。長女のコスタンツァは、ビアンカが正妻になる二年前に、ニケーア帝国の皇帝に嫁いでいた。

愛人を正妻にするという、当時の最高権力者には珍しいことをビアンカ相手にはしたフリードリッヒを、研究者たちは、子たちを庶出の身のままで終らせないでくれというビアンカの哀願に負けたからだと推測しているが、私には、庶子は多くても嫡子は少なかったフリードリッヒが、嫡出子をより多く欲したからではないかと思う。ニケーア帝国は、今ではコンスタンティノープルを追い出されて小アジアに逃げている亡命政権であっても、ビザンチン帝国の後継を主張できる最短距離にあった。その皇帝に嫁がせるには、やはり庶出女では不充分ではなかったのか、と。

ビアンカから得た唯一の男子のマンフレディはまだ十四歳だったが、母親が正妻になったことで彼も今では嫡子になっている。父親は、この息子と、サヴォイア伯の娘との結婚を急がせる。

サヴォイア伯の長女のほうは、すでに四年前、嫡出の長男を例の事件で失っていたフリードリッヒにとっては庶子の中でも最年長の息子になる、エンツォと結婚していた。それに加えて今度はマンフレディも結婚することで、皇帝とサヴォイア伯とのつながりはより強くなったことになる。だがこれもフリードリッヒの政略で、伯の領地であるトリノを中心とするピエモンテ地方が確実に皇帝側に立てば、その西にあるフランスにも、東に位置するミラノにも、南にあるジェノヴァにも、皇帝の眼が届くようになるからであった。

しかもエンツォは、今ではサルデーニャ島の王でもある。イタリア半島の西側に波が打ち寄せるティレニア海までも、フリードリッヒの勢力圏に入りつつあったのだ。ビアンカから生れた末娘のヴィオランテは、一二四六年当時はまだ十三歳の少女だった。だが父親は、この娘を、カゼルタ伯の長男のリカルドに嫁がせる。陰謀を知るや馬を駆って皇帝に告げたのがこのリカルドだが、カゼルタ伯という、フリードリッヒの王国の封建諸侯の中でも最も有力とされていた二人のうちの一人の、後継ぎでもあったのだった。

いまだ幹部候補生中だった若者と十三歳の少女の結婚式は、南イタリアの有力者全員が出席する中、カステル・デル・モンテで行われた。この華やいだ数日が、あの美しい城が公式行事に使われた、最初で最後になった。

ドイツ語読みではフリードリッヒでもイタリア語では「フェデリーコ」となる父親と区別する必要から「アンティオキアのフェデリーコ」の名で定着している庶子のフェデリーコは、すでに父親からアルバ伯領を与えられていたが、トスカーナ地方の皇帝代理に任命されるにあたって、ローマの北に広大な領地をもつポーロ家の娘と結婚する。つまり彼も、駒（こま）として使われたのだ。

庶出の娘の一人であるアグネーゼも、母親の名も不明な生れということで差別されていない。南イタリアで生れ育ったこの皇帝の娘は、ドイツの諸侯の一人に嫁いで行った。だが、このドイツの貴族も幹部候補生の経験者であったから、夫婦間の会話も、妻にはまだわからないドイツ語ではなく、フリードリッヒの宮廷で話されていたイタリア語でなされたのかもしれない。

選りに選って、と言いたいくらいだが、最上の相談相手であったパレルモの大司教ベラルドの姪に惚れてしまったために生れたのが庶子のリカルドだが、父親からキエーティ伯領を与えられ、スポレート公領も皇帝の代理として統治する立場にまでなっていた。だがこの人も、妻には有力諸侯の娘を迎える。

そして駒の最後は、いつどこで、がまったくわからないのだが、ドイツの貴族の娘との間に生れたマルゲリータ。この娘に父親が用意した嫁ぎ先というのが、カゼルタ伯と並ぶ南伊きっての有力諸侯である、アチェーラ伯の長男のトマソ・ダクィーノであった。

中世最高の哲学者として有名になるトマス・アクィナスとは、兄弟か、でなかったら従兄弟の間柄かと思うが、いずれにしても皇帝の婿になるのは大領主の跡取りである。王室会議と呼んでもよい王への助言のための最高機関に、常に名を連ねてきた有力者であった。フリードリッヒは、カゼルタ伯とアチェーラ伯という、自下の封建諸侯を代表する二家とものそれぞれの後継ぎを、幹部候補生として育てただけでなく、自分の婿にもしたのであった。

幹部候補生（ヴァレット）システムは、そのままで今度も続行する。だが、彼らにはこれからは、娘を嫁がせる。息子たちにも、幹部候補生たちの姉か妹と結婚させる。これがフリードリッヒの、陰謀が起ったことで変わった、人的ネットワーク造りであった。

年が代わった一二四七年の春になって、事後対策の第三段階が公表された。それはもう、南イタリアだけでなく、イタリア半島全域を視野に入れたものになる。歴史上では、「皇帝フリードリッヒによる、イタリア全土の統治新体制」と名づけられるものになる。

ヴェネツィア共和国領を除く北東部イタリアは、エッツェリーノ・ダ・ロマーノの担当地域に決まる。自分と同年輩のこのヴェローナの僭主（せんしゅ）に、皇帝は、ビアンカの侍女から生れたセルヴァッジアという名の娘を嫁がせることで、この部下とのつながり

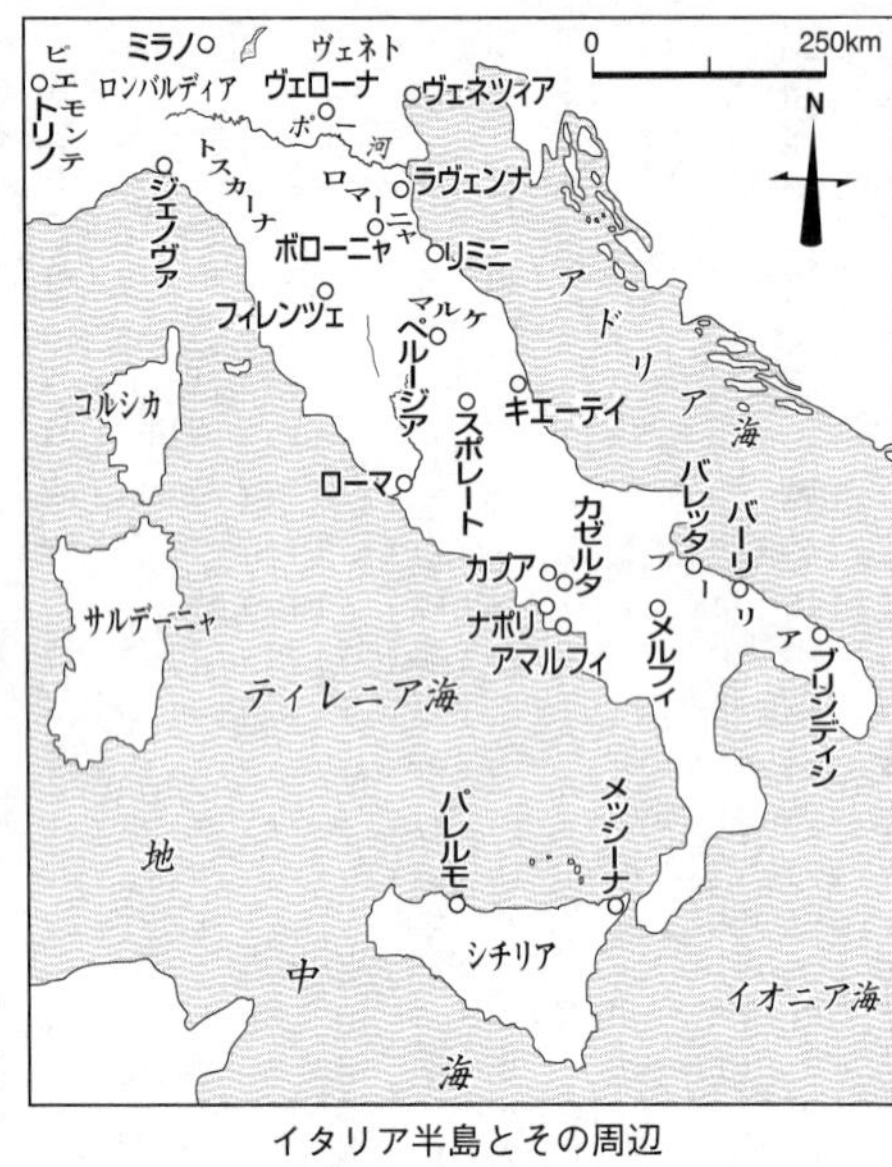

イタリア半島とその周辺

をさらに強めた。

北イタリアでも、ロンバルディア地方と呼ばれる中央部は、息子のエンツォに一任する。だがこの地方でも、八万の人口を擁してあいかわらず反皇帝を崩さないミラノという、難問がまだ解決していなかった。三十一歳のエンツォは、最もむずかしい地域をまかされたことになる。

このロンバルディア地方の西からアルプスにかけての「ロンバルディア西部」と呼ばれている一帯とピエモンテ地方は、この地方に自領をもつ、サヴォイア伯と、ビアンカの実家のランチア侯と、カレット伯の三人の担当地域と決まった。

一方、中伊のトスカーナ地方をまかされたのは、もう一人の息子の「アンティオキアのフェデリーコ」である。いまだ二十代前半という若さだったが、すでに着実に実績をあげていた。

　また、イタリア半島の中東部に位置するロマーニャとマルケの二地方は、これまた息子の一人であるキエーティ伯のリカルドの担当と決まる。

　この彼らに加えて、フリードリッヒの孫も仕事を与えられる。廃位に処さねばならなかった長男ハインリッヒの息子だが、父の失脚以後は祖父に引き取られていた。自分と同じ名をもつ十七歳のこの孫に、フリードリッヒは騎兵の一隊をまかせる。いずれは母方にあたるオーストリア公の地位を継ぐことになるこの若者に、実地の経験を積ませるためであった。

　そして、南伊とシチリア島から成る「シチリア王国」、フリードリッヒにとっては心の故郷であるこの王国の統治には、グァルティエロ・マノペッロが任命される。

　この人の年齢はフリードリッヒよりは少し若かったらしいが、フリードリッヒに従って第六次十字軍に従軍し、フリードリッヒとアル・カミールとの間で講和が成立した後は、この講和で実現した中近東の地でのイスラム教徒とキリスト教徒の共生状態の監視という難事を皇帝から命じられ、フリードリッヒがイタリアに向けて発った後もしばらくはオリエントに留まった人である。その後イタリアにもどってからも、この人の皇帝への忠勤ぶりはまったく変わらなかった。

ただしマノペッロは、封建諸侯の生れではあっても、大領主ではなくて中か小の領主の家の出身である。その人をフリードリッヒは、それまでは有力諸侯が占めてきた地位に昇格させたのだった。そして、この人の下には、大領主の後継ぎであるだけでなく、皇帝の娘と結婚したことで皇帝の婿になった二人の若者を配する。言ってみれば、実務のベテランの下で統治の実際を学べ、という感じの人事であった。

フリードリッヒの勢力下にある全地方の法行政の最高責任者には、リカルド・モンテネーロが任命された。この人も、知的には上流でも資力的には中流に属す一人である。十六年前に成った『メルフィ憲章』の起草グループにも、すでに名をつらねていた。フリードリッヒがボローニャ大学から引き抜き彼が創設したナポリ大学の初代学長にすえたロフレドの専門が民法ならば、ナポリ大学から引き抜かれたモンテネーロの専門は刑法であったらしい。この人をフリードリッヒは、司法大臣に任命したのである。

そして、これら全員の上に立つ「ロゴテータ」には、ピエール・デッラ・ヴィーニャが抜擢(ばってき)された。「Logotheta」とは中世のラテン語で、「皇帝の最高代理人」を意味し、言ってみれば、君臨しつつも統治するフリードリッヒにとっては、官房長官になる。フリードリッヒはこの要職中の要職に、封建社会では新興階級になる人を登用したのである。

このヴィーニャと並び称されることの多いタッデオ・ダ・セッサには、明確な担当分野は与えられていない。だが、リヨン公会議で熱弁を振るったこの男とはフリードリッヒは、いわゆるフィーリングの合う仲であったらしく、これ以後は常に皇帝のそば近くで仕えるのが彼の役割になる。

常にフリードリッヒのそばにありつづけたパレルモの大司教ベラルドは七十歳になっていたので、頻繁に移動するフリードリッヒに従いていける年ではなくなっていたのだった。ただし、大司教ベラルドも引退したわけではない。南イタリアに留まりながらも、統治新世代の相談役になる。「ベラルドに聞け」が、フリードリッヒの口ぐせでもあったのだから。

研究者たちの言う、一二四六年から始まった「フリードリッヒによるイタリア全土の統治新体制」とは、長老は残しながらもベテランと若き世代を積極的に活用することによって成ったのであった。階級と世代の交代ともを、この機に一挙にやってのけた、と言ってもよい。

この新体制によってもなおフリードリッヒの傘下(さんか)に入ることから免(まぬが)れることができたのは、いまだ本土(テッラ・フェルマ)にはさしたる領土を持っていないことから皇帝とは利害の衝突は少なかったヴェネツィア共和国と、追いつめられはしていてもまだ反皇帝でがんばっているミラノと、現法王の母国であるジェノヴァを加えた三都市国家、そしてローマだけである。

ローマは、聖ペテロの殉教の地ということから、その後継者であるローマ法王たちの都(みやこ)とされている。そのローマまで自領に加えることは、フリードリッヒでも考えてはいなかったのではないか。「法王は太陽で皇帝は月」と考えるローマ法王には反撥(はんぱつ)した。しかし、「神のものは神に、皇帝のものは皇帝に」の線で行ってくれる法王ならば、認めていたからである。

しかし、この新体制が布かれてしまっては、イタリア半島には法王インノケンティウスがもどることのできる地はなくなってしまった。ジェノヴァに帰ろうにも、ジェノヴァ自体が安全ではなくなっていたのだ。陸側からは皇帝勢が迫り、海側からは、皇帝下にあってジェノヴァとはライヴァル関係にあるピサが、ジェノヴァ船の行動さえも阻止するかまえを崩さない。しかも、サルデーニャ島も今はエンツォの領土であり、サルデーニャが皇帝下に入ればそのすぐ北に位置するコルシカの近海さえも、ジェノヴァ船が安全に航行できる海ではなくなっていた。

そのジェノヴァでは、法王の生家のフィエスキ家とは長年にわたって仇敵関係にある、ドーリアとスピノラ両家の皇帝派が、権力奪回を狙っていた。

それならばローマにもどれば、と思うが、そのローマも今や、事実上皇帝派に包囲された状態にあった。では逃げた先のフランスならば安全だったかというと、そうとも言いきれなかったのである。

リヨンでも安全でなくなっていたのでクリューニー修道院に移っていた法王だが、その地はフランス王国の領土の中にある。そのフランス王が、何度となく皇帝との関係改善を推めて来るのがわずらわしかったのだが、安全な亡命生活を送れる地も、他にはなかったのだ。

その法王にとっての唯一の救いは、フランス王ルイ九世の頭が、新たな十字軍遠征で占められていたことであったろう。そのルイにとって、この機にローマ法王との間が険悪化するのは避けたかった。と言って、第七次になる十字軍の遠征に、法王代理を同行させてくれるよう、頼むこともしていない。フランス王も、自国内での法王の滞在は黙認しても、ローマ法王を重んじたわけではないのだった。

それに加えて、ドイツにまで伸ばしていた法王の「長い手」による成果も、散々な状態は変わらなかった。フリードリッヒに代えたラスペも、若僧にすぎないコンラッドが相手でありながら、敗北を喫した直後に死んでいた。ドイツの諸侯の中でも世俗諸侯であればなおのこと、以前と変わらずに皇帝についていたからである。

これが、リヨンの公会議から一年半が過ぎた、ヨーロッパの状況であった。

皇帝による妨害を心配しなくてもよいフランスに逃げるまでして、また宗教上のことを討議すると決まっている公会議に名を借りるまでして、事実上の異端裁判を強行したのが法王インノケンティウス四世である。破門したぐらいではビクともしないフリードリッヒを破滅させようと、皇帝や王の位を剝奪（はくだつ）するという、厳罰まで強行したのだ。だが、その成果となるとこれしかなかった。

公会議での〝判決〟を知った直後にヨーロッパ中の王侯に書き送った書簡の中で、フリードリッヒは、これはわたしだけの問題ではなく、あなた方の問題でもある、と書いている。

フランス王にもイギリス王にもドイツの諸侯たちにとっても、皇帝フリードリッヒが実際に異端の徒であるかどうかは、二次的な問題になってしまったのではないか。それよりも、ローマ法王が異端と断じさえすれば自分たちのクビのすげ替えも可能になる、ということのほうが、一次的な問題になったのではないか。

リヨンでの法王の行為は、高位の聖職者たちにすらも、法王の越権行為と映ったのである。彼らとはちがって世俗の人間である王侯たちが、より敏感にそれに反応したのも当然だ。聖職者にとっては神学上の問題だが、世俗の王侯たちにとっては現実の利害がかかっているからであった。

くり返すが、法王によるこの種の行為を正当化していた『コンスタンティヌス大帝の寄進書』が、法王庁がでっちあげた偽書であることが実証されるのは、これより二百年は後になってからである。しかし、人間には誰にもある自己防衛本能は、科学的に証明されなくても肌では感じるカンを呼び覚ます働きはする。そして科学的な証明とは、カンが正しかったことを示してくれる場合が意外にも多い。

一二四五年のリヨン公会議とは何であったのかと問われれば、私ならば、「ローマ法王要注意」とした信号が点滅するようになる最大の機会になった、と答えるだろう。それも、明快な考えに立ち、その考えを適確な形で情報公開までした皇帝フリードリッヒが、堂々と正面から受けて起ったからでもあったのだが。

中世を震駭させた法王と皇帝の闘争は、司教の任命権はどちらにあるかという、叙任権などをめぐって争われたのではない。皇帝や王や諸侯という世俗の統治者たちのクビをすげ替える権利は、ローマ法王にあるのか、それとも否か、をめぐる闘争であったのだ。それも、科学的な方法で「否」が証明される二百年も前に。そして、政教分離が当然と思われるようになっている現代からは、八百年も昔に。

一二四七年の二月に始まった新体制の定着が確実になったその年の後半から、皇帝は再び、北イタリアのロンバルディア同盟の制圧に乗り出す。五十三歳になっていたフリードリッヒにとっての最強の敵は、「時間」だけになっていたからだ。

中世時代の社会は、「祈る人」と「闘う人」と「働く人」に三分されていた。「祈る人」は聖職者で、「闘う人」は騎士階級。一方、「働く人」の名で一くくりにされていたのは、日本で言う士農工商の、農と工と商を担当していた庶民である。「工」と「商」で頭角を現わしつつあった都市在住の「市民」も、この第三階級に属した。日本ならば「士」になる「闘う人」だが、統治する人ではなく闘う人と呼ばれていたのは、中世とは良く評せば群雄割拠の時代で、統治の前に制覇が先行せざるをえなかったからである。

また制覇にも、政治的制覇と軍事的制覇のちがいがあった。このちがいは古代ローマにもあり、「政治的制覇」とは、どこそこまで制覇し、その計画を効率良く実行するために、各地方の責任者を定める、ところまでである。その後に「軍事的制覇」が実行に移され、それも終了すれば、初めて本格的な「統治」を行えるようになる。政治的安定が実現すれば社会も平和になり、それが社会全般の繁栄につながっていくのだから。

一二四七年二月に公表された「フリードリッヒによるイタリア全土の統治新体制」

とは、すでに統治段階に入っている南伊を除いた北伊と中伊では、「政治的制覇」を示したにすぎなかったのである。いまだロンバルディア同盟勢力が強い北伊ではとくに、「軍事的制覇」が残っていた。そしてそれは、強者であることを常に示しつづける必要がある、ということでもある。自己防衛本能をもつ人間には、「寄らば大樹」派が大勢であったからで、「大樹」であることを示しつづける必要が、制覇を目指す者には常に求められた。絶対王政が確立する近世の君主よりも、それが確立していなかった中世の君主のほうが、より厳しい競争の世界で生きていたのである。

ヴィクトリア焼失

北イタリアにあるパルマを、現代のわれわれは、スタンダールの小説『パルムの僧院』の舞台になった町として、またイタリア歌劇（オペラ）の巨匠ジュゼッペ・ヴェルディの生まれ故郷として知っている。だが、このパルマという都市の歴史は古く、古代のローマ時代にすでに、アドリア海側からミラノに向うエミーリア街道に沿う都市として発展してきた。ゆえに、ローマ時代の都市が起源のラヴェンナやヴェローナやクレモナと同じに、このパルマも古代からの発音のままでつづいてきたのである。

中世に入ってコムーネ（自治都市）になっていたパルマは、ロンバルディア同盟に参加して反皇帝側に立ったり、同盟から脱退して皇帝側に立ったりをくり返していた。都市内に法王派（グェルフィ）と皇帝派（ギベリン）の両派をかかえ、その両派の間で勢力争いが絶えないことでは、パルマも、北イタリアの他の多くのコムーネと変わりはなかったからである。

しばらく前からこのパルマは、皇帝側についていた。市内では皇帝派が優位に立っていたからだ。そして、パルマが自分の側にあるのは、フリードリッヒにとっても無視できない利点になっていた。なぜなら、皇帝にとっては、ドイツから北イタリアへ、その北イタリアから南イタリアへと来る道の確保は、常に重要事であったからで、アルプスを越えてヴェローナに出れば、マントヴァ、パルマ、ピサまでは南下するだけである。ピサからは海路をとりナポリに上陸すれば、そこはすでにシチリア王国だ。フリードリッヒは、北伊と南伊の間の往復に、もっぱら海路を使うようになっていたのである。

そのパルマにも、法王インノケンティウスの「長い手」が伸びてきたのだ。今度もまた実際には、法王の義弟のオルランド・ロッシが動く。しかもこのパルマでは、法王代理という高位聖職者までが動員されていた。

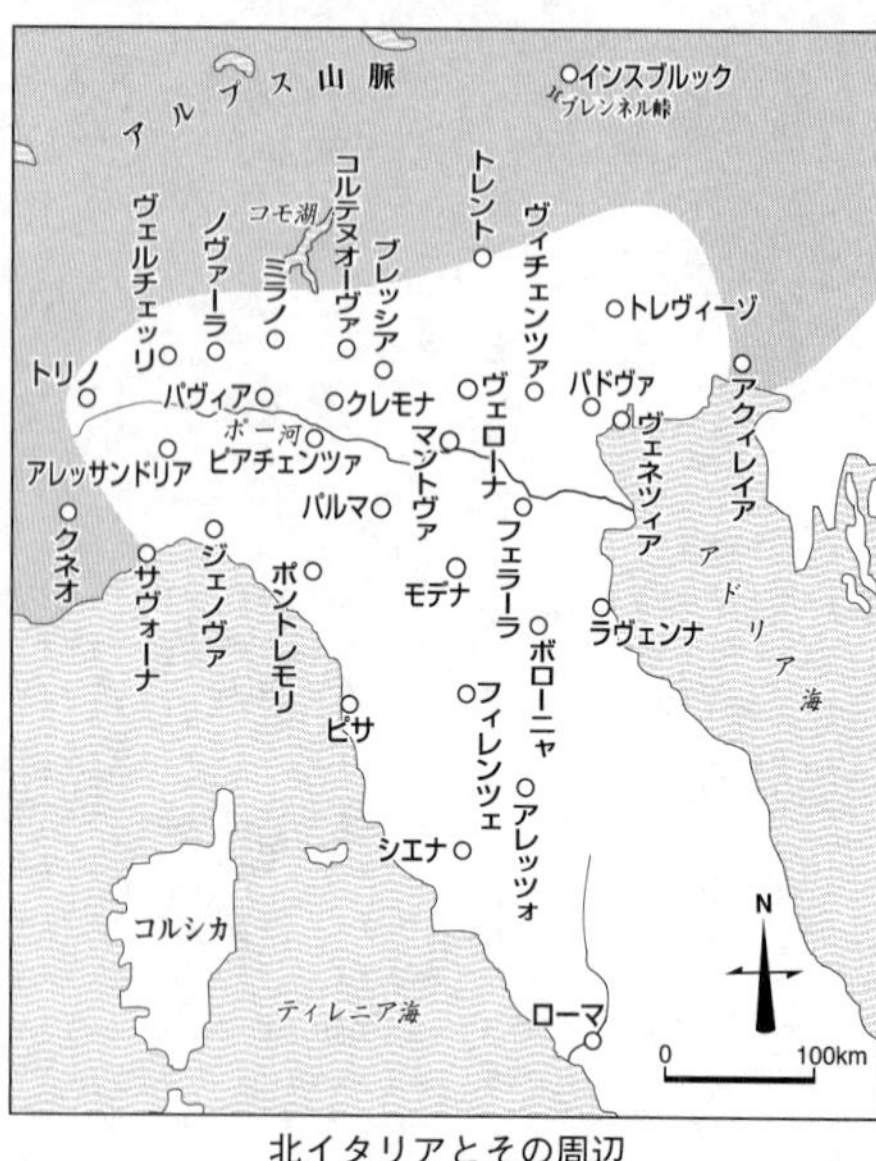

北イタリアとその周辺

法王代理とは、前法王のグレゴリウスの時代からロンバルディア同盟のリーダーのミラノに送りこまれていた、枢機卿モンテロンゴがその人である。反フリードリッヒに燃えるこの聖職者を、法王はパルマに送りこむ。パルマの住民に、皇帝が異端の徒であることを吹きこむためであった。

「商」と「工」の分野で力をつけ始めていた北イタリアのコムーネの住民なのだから、経済人で、ならばヴェネツィア人のように、「まずヴェネツィア人、次いでキリスト教徒」と考えるかと思うとそうではない。

ロンバルディア人と総称される北イタリアの人々の多くは、敬虔なキリスト教徒であると自負していた。ジュゼッペ・ヴェルディ作の歌劇（オペラ）に、『第一次十字軍のロンバルディア人』と題された作品がある。ただし、宗教的な熱情が戦場での勝利につながるとはかぎらないので、第一次十字軍に参加したロンバルディア人は、後から参加したこともあって散々な戦果に終わるのである。だが、戦闘の結果などはどうでもよいのだ。神の命じた十字軍に参加して異教徒と闘ったことで、キリスト教徒の役割は果したと思いこんでいたのが、ヴェネツィアを除く北イタリアの、当時の〝経済人〟たちの想（おも）いであったのだから。

　その彼らの胸の底に、フリードリッヒに反撥する心情が常にあったとしても当然だ。神聖ローマ帝国皇帝でありながら敵イスラムと講和したという一事だけでも、彼らから見れば異端になる。彼らの経済力も、自分たちで製造した品をイスラム教徒が買ってくれるから向上したのだと説明しようが、聴く耳は持たなかったろう。この種の考え方をイタリアでは「プロヴィンチャーレ」と評すが、この面では彼らは田舎者であったのだ。そしてこの種の「田舎者（プロヴィンチャーレ）」ほど、法王側の扇動に乗りやすい人もいないのである。

　これに、皇帝派であったパルマから追放されていた亡命パルマ人を集結するという、オルランド・ロッシの動きが加わる。反皇帝への気分だけでなく、それに反皇帝の人と武器が加わったことで、クーデターは成功した。たかだか七十人の決起でしかも一日で、パルマは皇帝派から反皇帝派に一変したのだった。

皇帝フリードリッヒにとっては、見逃すことはできなかった。早速エンツォ率いる軍を送ったが、法王代理の熱烈な後押しを受けた住民たちは、城壁内にこもって防戦するだけで外には一歩も出てこない。この時期は南イタリアにいたフリードリッヒも、こうなっては街全体を包囲して人も食も絶ったうえで降伏にもって行くしかないと考える。パルマ包囲網の建設は、こうして、一二四七年の夏には始まっていた。今度ばかりはフリードリッヒも、勝負を急がなかったのである。

包囲網は、完璧(かんぺき)であったようである。外部からは、人も食料も何もかもが入って来ない。補給路はすべて、閉鎖された。ミラノを始めとする北イタリアの法王派が必死に送り出す人も物も、皇帝派の人々を集めて結成された封鎖網を突破できないで終わる。騎兵の一隊をまかされていた皇帝の孫も、騎兵ゆえの機動力を発揮してなかなかの成績をあげていた。

一方、相当な数の兵を率いるエンツォとランチアの軍勢は、二手に分れてパルマの周辺一帯の焦土化作戦を始めていた。例年には秋になると一面の黄金色に変わる郊外の農地は焼き払われ、焦土と化した平原の中にパルマの町だけが孤立しているという風景になる。市内では食糧が尽き始め、食だけでなく何もかもが尽き始めていたのである。飢えに苦しみ始めた人々の上に、法王代理の意気軒昂(けんこう)な、まるで眼前にいる皇帝に向けられでもしているかのような弾劾(だんがい)の声が響きわたる。人々は絶望し、そして極限にまで高まった絶望は、容易に憤怒(ふんぬ)に一変するのだった。

一方、フリードリッヒのほうは、そのパルマのすぐ近くに、「ヴィクトリア」(勝利)と名づけた基地を新設させていた。

基地といっても、恒常性を考えて造られた基地ではない。古代ローマの軍団の移動中に造られた基地に似ていて、周囲には堀がめぐり、隙間(すきま)なく丸太を並べて作った柵(さく)で守られてはいた。その内部が兵士のための天幕が並び立つだけならば軍事のみの基地だが、ヴィクトリアではそうではなかった。皇帝の滞在にも必要な諸々の設備もあり、住む人々のための教会も店も食堂もあるという、ちょっとした町の造りになっていたのである。ただし建材はすべて木材。それに基地と町の中間という感じなので、いていた。ということは、防御は万全とは言えなかったということだ。そしてこの、軍団基地ならば四方に一つずつしか開いていない門は、ヴィクトリアでは二つずつ開基地でもなければ町でもないというヴィクトリアの中には、皇帝から兵卒までのためのの、布地を織って衣服に仕立てる、小規模ではあっても工場まであったのだ。そこで働く職人の多くは、フォッジアの王宮から連れて来たサラセンの女たちだった。

皇帝はこのヴィクトリアに、一二四八年と年が代わった二月初めに移って来ている。パルマの降伏はもはや時間の問題だと、報告を受けたからだった。皇帝の到着とともに、皇帝の冠も皇帝の正装用の衣服も、宝石をちりばめた玉座も、そして軍資金を収めた皇帝の金庫までもがヴィクトリアに運びこまれた。フリードリッヒは、飢えに耐えきれずに降伏した際には、パルマの町自体を完全に破壊することで地上から消し去り、そのすぐそばのヴィクトリアにパルマの住民全員を移住させるつもりでいたのである。もちろんそのときには、ヴィクトリアも今のような木造の町ではなく、石造りの都市に変貌(へんぼう)する。五十三歳になっていたフリードリッヒの頭の中では、すでにそこまでが現実の姿になっていたのだった。

このときに皇帝が持っていた兵力は二分され、息子エンツォが率いる軍と、ビアンカ・ランチアの実家とは本家の関係にあるガルバーノ・ランチアが率いる軍に分れて行動していた。それでも、ヴィクトリアの防衛はランチアの責任とされている。三十一歳と若いエンツォは厳冬下の行軍にも平然としていたが、フリードリッヒとは同年輩であったらしいランチアは、基地にいて防衛するほうを選んだからだった。

一二四八年の二月半ば、北イタリアでは珍しく晴天の日がつづいていた。こうなると、フリードリッヒは我慢できなくなる。翌朝には、鷹（たか）狩りに出ると決めた。いまだ軍事的制覇の途中だが、それも終わりに近いと見たのだろう。その皇帝に同行するのは、十六歳でも父ゆずりで鷹狩り大好きのマンフレディと、これまた同好の士ばかりで成る五十人ほどのグループ。ただし北イタリアは、フリードリッヒにとっては我が家である南イタリアではないので警備が欠かせない。五百騎は、随行していたらしい。

皇帝が留守にするヴィクトリアを守るのは、ランチアと彼の配下の兵士たち。それ以外に基地に残った要人には、タッデオ・ダ・セッサがいた。この人はあらゆる面でフリードリッヒとは気の合う仲であったが、鷹への愛情だけは共有していなかったのかもしれない。

二月十八日は、きらめく星の光から、夜の明けない前からその日一日中の晴天が予想された。例によって皇帝は、朝にはなりきっていない時刻に馬を引いて来させる。そして、基地の外に出るや馬に鞭(むち)をくれた。昇りくる太陽を背にするのだから、基地からは西に、つまり、基地の東に位置するパルマからはさらに西に向って馬を走らせることになる。その皇帝に、マンフレディも鷹匠も鷹狩り好きたちも、一団となってつづいた。

この機会を、パルマ側は待っていたのである。その頃ともなると、北イタリアの法王派(グェルフィ)にとって、皇帝は悪魔の頭目にでも見えていたのか、フリードリッヒに面と向って攻めこむのは、誰もがたじろぐようになっていたのだった。その皇帝がいない。

皇帝側から法王側に寝返ったパルマの「ポデスタ」(行政長官)だから、もちろんのこと反皇帝の意気に燃えている。また、パルマが皇帝側にあった時期の亡命中にはミラノ軍に入って皇帝側の将たちと闘っていたので、軍事経験も豊富だった。それもあって、ジルベルトという名のこの人物は、軍略の才もなかなかのものであったのだ。

長官ジルベルトはまず、パルマの市内にいる兵士だけで成る隊と、女子供まで加えた住民だけで成る隊に二分した。二つの隊とも役割は明確で、まず兵士隊が市外に出て攻勢の意図を示すことで、ヴィクトリア内にいるランチアの軍を基地から引き出す。次いで逃げることで、ランチア軍を基地から遠方へ引き離す。それによって無防備状態になったヴィクトリアに、隊を組むというより群れと化した住民たちがなだれこむ。

作戦は、完璧に成功した。事実上は無防備状態になっていたヴィクトリアは、何万という数の群衆に、四方八方から襲いかかられたのだ。指令のゆきとどいた軍隊に攻められるよりも、暴徒の大群に襲われるほうが怖ろしい。柵が燃えあがり門が破られ、手に手に鎌や斧を持った老若男女が雪崩を打って押し入ってきた。

タッデオ・ダ・セッサは、ほとんど一人だけで、残っている兵たちを集めようと声を涸らした。だが兵士たちは、剣や槍は手にしていながら恐怖で動けないうちに殺されていった。

木造であった建物のすべてが、暴徒が火をつけるや燃えあがる。一箇所が炎上すれば、それはたちまち延焼につながった。それでも、暴徒と化しても群衆は、奪える物があれば何であろうと奪うことは忘れなかった。こうして、皇帝の冠も玉座も金庫の

ヴィクトリアとパルマの攻防

中身もすべて奪い去られた。一ページごとに美しい多色の細密画入りですでに製本の直前にまでなっていた、皇帝初の著作『鷹狩りの書』までが奪い去られたのである。焼き払い奪えるものはすべて奪ったヴィクトリアを後に意気揚々とパルマに引きあげていく人々の多くは、豪華な織物の束を背に捕虜にした男女を引き連れていた。

ヴィクトリア焼失によってこうむった皇帝側の損失を、年代記作者は、死者一千五百、捕虜二千と記している。だが、この数字はにわかには信じがたい。その理由の第一は、あの規模の基地では、ランチア下の軍勢を加えれば一万にはなっていたにちがいない数の人までは収容しきれないこと。第二は、この数字は、勝ったパルマ側が残した記録であること、である。研究者の中でも少なくない数の人は、実際の数はこの半分以下であったとしている。それでもなお、弁解の余地もない、フリードリッヒの敗北であった。

たかが北イタリアの一都市でしかないパルマに、皇帝ともあろう者がしてやられたのだ。それも、鷹狩りに行ったスキに。知らせを受けて急遽引き返して来たフリードリッヒは、灰燼に帰したヴィクトリアを眼にするしかなかった。そのまま彼は、忠誠ならば絶対に信用の置けるクレモナへと、馬を向けた。

この事故で皇帝が失った要人は、タッデオ・ダ・セッサ一人であったと言ってよい。リヨンの公会議で熱弁を振るったこの忠臣は、パルマの人々にも名を知られていた。捕えられ、斬りきざまれた末にパルマの牢に放りこまれ、そのまま出血多量で死んだ。

帝冠は、勝利の証としてパルマの主教会に奉納された。玉座は、宝石をくり抜かれた後は破壊された。金庫に入っていた金貨と銀貨は、もちろんのことパルマ市の金庫に直行する。この制覇行のために用意していた資金をすべて失ったフリードリッヒは、自軍の兵士たちに支払う給料を、後で銀貨に換えるとの保証附きとはいえ、この直後は皮で作らせた通貨で支払うしかなかった。

「鷹狩りの書」のほうは、いったんはミラノの商人が買い取ったのだが、その後は買い手が見つからなかったらしく、つまりその価値をわかる人がいなかったからだが、まもなく行方がわからなくなる。現在ヴァティカンに所蔵されているのは、前にも述べたように、息子のマンフレディが父の死後に、生前に父が書き残していた草稿やデッサン等を集めて編集し直したものである。

クレモナに難を避けた形になってしまった皇帝フリードリッヒだが、どのような想いでいたのかを伝えてくれる史料はない。彼のことだから、奪われたのが物品であるかぎり、怒りや落胆は消化できたろう。だが、タッデオを失ったことは、容易に忘れられることではなかったと思う。体面を傷つけられたことも痛かった。面子とか世間体とかの問題ではない。常に強者であることを示しつづけねばならない皇帝ともなると、体面を傷つけられることは実害につながる危険があったのだ。それを避けるには、パルマの例がロンバルディア地方全体に広がるのを、事前に阻止するしかなかった。

実際、それから一ヵ月も過ぎない三月半ば、パルマ周辺もふくめたロンバルディア全域の制地権は、制海権に倣(なら)って制地権と呼ぶが、その制地権ならば、パルマで勝った法王派(グェルフィ)にはなく、パルマでは敗れた皇帝派(ギベリン)の側にありつづけるのである。フリードリッヒ自らも軍を率いて、制地権確保の最前線に立つ。息子エンツォも、別動隊を率いて戦果をあげつづける。だが、制地権確保の最前線に立っていた一人であるランチアとなると、失地挽回(ばんかい)の意味もあって必死だった。

ロンバルディア地方の制地権確保を目的にしていたこの時期の軍事行動には、別の目的もあった。フリードリッヒの発した命令には、殺すよりも捕虜にせよ、というのがあったのだ。この軍事行動で得た捕虜を、ヴィクトリアの焼失時にパルマ側に捕われた人々と交換するためであった。

中世とは意外にも、捕虜の交換が頻繁に行われていた時代なのである。講和にも、双方の捕虜交換という一項が必ず入っている。だが、講和にまで行かなくても、つまりいまだ敵味方なのに、捕虜の交換はしばしば行われていた。何となく、貯(た)まりすぎたから交換するという感じだが、捕虜とは言ってもその保管にはある程度の費用はかかるので、それを節約する意味もあった。もちろん、双方ともが同じ条件になるとはかぎらない。一方には捕虜はあり余っていても、他方にはあり余っていない、という場合もありうる。そのような場合には、身代金（みのしろきん）という形で金銭が介入した。

どのような形にしろ捕虜の交換は普通に行われていたのが中世だが、それはヨーロッパという、戦闘はしてもキリスト教徒同士だからというわけではなかった。交換し合うのがキリスト教徒とイスラム教徒であっても、変わりなく行われていたのだ。十字軍の歴史でもこの種の例は、枚挙にいとまもないほど多い。捕虜交換の習慣は、非合理が支配していた中世に存在した合理的な精神の発露、でもあったのかと思ってしまう。

こういうわけで制地権の確保と捕虜の獲得に邁進（まいしん）した一二四八年の夏だったが、この時期ランチアが率いる皇帝軍とオルランド・ロッシ率いる法王派の軍勢がぶつかったのである。今度は、軍と軍の対決だ。ランチアの完勝で終わった。これまで常に法王の「長い手」の手先を務めてきた法王の義弟は、捕われ斬りきざまれパルマの城壁の前に投げ捨てられた。

そして、パルマが法王側(グェルフィ)についたことによる地理上の損失も、ヴィクトリア焼失から五ヵ月が過ぎた頃には挽回していたのである。パルマからティレニア海に通ずる道の中間にあるポントレモリを手中にしたからだが、これによってパルマを通らなくても、北伊と南伊を結ぶ道は確保できることになった。

この、ヴィクトリア焼失後にフリードリッヒが示した挽回力の逞(たくま)しさは、アルプスをはさんだフランスの地で亡命生活をつづけている法王インノケンティウスを震えあがらせる。

黙認にしろ亡命を認めてくれていたフランス王の頭には、法王の安全などは入る余地はなくなっていた。三十三歳になっていたルイ九世は、長年の夢であった十字軍遠征をついに実現したのである。弟三人を連れ、王妃まで同行して、この年の八月十五日、南フランスのエーグモルトから出港して行った。

第七次になるこの十字軍は二年も過ぎないうちに王以下の全軍が捕虜になるという散々な結果に終わることになるのだが、これまでは消極的にしても保護者であった王に発たれた後の法王が、フランスの地で不安になったのも無理はない。北西伊の有力者サヴォイア伯まで味方につけた皇帝が、いつ軍勢にアルプス越えを命ずるかは予想できなかった。法王は、アルプスを越えてすぐのフランス東部に亡命中なのだ。不安を隠せなくなった法王インノケンティウスは、英国王ヘンリーに、ボルドーへの移住の許可を求めた。ヘンリーの父のジョンの「失地」のおかげでフランス内の英国領の大半を失っていたイギリスだが、それでもまだボルドーを中心にした一帯は英国領で残っていたのである。ところが、ヘンリーから返ってきたのはにべもない拒否。アルプスの東側で軍事的制覇を進める一方の皇帝を感じながらも、法王は、クリューニー修道院での亡命生活を続けるしかなかったのである。

しかし、ポントレモリを手中に収めたことでいつでも南イタリアにもどれる状態を回復していたにかかわらず、フリードリッヒはその年から翌年にかけて、北イタリアに留まりつづけた。クレモナを本拠にし、ミラノやパルマの近くに居つづけることによって、この地方全域の軍事的制覇をやり遂げると考えていたのかもしれなかった。

まったく、なぜかはわからないが、フリードリッヒの存在自体が、数万の軍勢にも優る軍事的効果を産むようになっていたのである。

これは、彼個人にすれば、喜べることではなかったろう。フリードリッヒの理想であった「法に基づいた君主政国家」とは、君主が誰になろうと機能しつづける政体だからである。にもかかわらず、現実のほうは、彼という個人による度合が強くなる一方になっていた。そして、この彼にとっての最強の敵である「時間（テンポ）」は、五十代の半ばに近づいていたフリードリッヒに対しても、容赦してはくれないのであった。

年が代わった一二四九年の一月、それまではずっと医者いらずで来たフリードリッヒに、肉体の衰えを示す最初の徴候があらわれる。身体（からだ）中がかゆくなり、かくとその部分が赤く変わるという病状で、医学的には紅斑性狼瘡（こうはんせいろうそう）と呼ぶらしい。侍医は、時間が経（た）てば治ると言い、皇帝も常の忙しさをまったく変えなかった。おそらく、極度のストレスによって人間の身体が本来的に持つ免疫（めんえき）力が低下した結果ではないかと思うが、それでもフリードリッヒは、自己制御力を充分以上に発揮することで、皇帝として振舞いつづけるのはやめなかった。

ピエール・デッラ・ヴィーニャ

二月、皇帝とその宮廷が滞在中だったクレモナで、マスメディアが存在していたとすればトップニュースになったこと確実な事件が勃発（ぼっぱつ）する。皇帝の「ロゴテータ」、皇帝が「首相」とすれば、その官房長官としてもよい地位にあったピエール・デッラ・ヴィーニャが、突如逮捕されたのだ。罪状は、「レーザ・マエスタ」と言えばヨーロッパ人ならば誰でもわかる大逆罪。フリードリッヒ派のクレモナの住民たちはその罪状を知るや激昂(げっこう)し、滞在先から牢獄に引き立てられていくヴィーニャに襲いかかったので、連行役の兵士たちは警護役に一変しなければならなかった。

ピエール・デッラ・ヴィーニャは、一一九〇年前後の生れというから、フリードリッヒよりは五歳ほど年上になる。ナポリの北にあるカプアの町の、小店の家に生れたらしい。だが、年少の頃から頭の良さで知られていた。また、カプア自体が単なる南イタリアの中都市の一つではなく、古代のローマ時代には南へ向う幹線の二本ともが、つまりアッピア街道とラティーナ街道が合流する地がカプアであったのだ。中世に入って以後はそれほどの要地ではなくなっていたが、地霊というか何かはまだ残っていたのだろう。カプア市は、この頭脳明晰(めいせき)な若者に、大学で勉学する間の奨学金を与えたのである。

当時は唯一(ゆいいつ)の最高学府であったボローニャ大学で学び始めたヴィーニャの夢は、この大学の教授になることであった。だが、ボローニャ大学の後援者はローマ法王庁で、高位聖職者の推挙でもなければその夢の実現はむずかしい。司教にも有力諸侯にも縁故者のいないヴィーニャは、優秀な成績で法学部を卒業したものの失業者になってしまった。

この時期に、パレルモの大司教ベラルドの眼にとまったことから、道が開けてくる。どこで何の機会に、この両人が知り合ったのかはわかっていない。もしかしたら、フリードリッヒの人材スカウト熱は有名になっていたから、三十歳になっていたヴィーニャのほうから売りこんだのかもしれなかった。

大司教ベラルドは、フリードリッヒに生涯を捧げた人である。そのベラルドが若い学士失業者に何を見出したのかは知らないが、当時は二十五歳だったフリードリッヒにヴィーニャを推薦したのが大司教であることははっきりしている。こうして、ピエール・デッラ・ヴィーニャは、皇帝に即位したばかりのフリードリッヒの下で働くようになった。ただし始めの頃は、皇帝が口述することを逐一筆記していく、書記の一人としてではあったのだが。この時期に成される「カプア憲章」は、フリードリッヒ自身と大司教ベラルドと、皇帝がボローニャ大学からスカウトしてきたロフレドを初めとする法学者たちで作成されたが、その時期のヴィーニャの関与度は、書記としてでしかなかった。

しかし、この四年後に成されるナポリ大学の創設には、すでにヴィーニャは深く関与していた。また、その七年後の一二三一年に発表される「メルフィ憲章」では、ヴィーニャの地位はもはや、メルフィにカンヅメにされた要人の一人にまで出世していたのである。力の強い者がすべてを決めていた封建制度を廃して法律がすべてを決める国家を建設するという、中世では画期的としてよい大事業に、十年前の貧乏学生は作成者の一人として参加していたのだった。

この時期にヴィーニャが、大学の教壇に立ちたいという若い頃の夢を実現したいと思ったならば、容易に実現できたにちがいない。「メルフィ憲章」の成立に協力した法学者の多くは、成立後はナポリ大学初代の学長であったロフレドとともにナポリ大学にもどっていたのだから。しかし、四十代に入っていたヴィーニャは、その昔の夢にはもはや関心がなくなっていたらしい。「メルフィ憲章」後もずっと、皇帝の側近の一人として働きつづけるのである。

ただし、以前に私は彼を「書斎の人」と評したが、外交使節としての実績は、はなはだかんばしくない。側近だからしばしば派遣されるのだが、上手く行ったためしがない。交渉が暗礁に乗り上げてしまったヴィーニャに代わって、他の人が急遽派遣されるのも、一度や二度では済まなかった。修羅場には、弱い人であったのかもしれない。それがわかっていたのか、フリードリッヒも、リヨン公会議という決戦の場には、タッデオ・ダ・セッサを派遣している。ヴィーニャも最後になって送られはしたが、リヨンでの彼は何もできないで終わった。

それでもヴィーニャは、能吏中の能吏ではあったのだ。皇帝は、五十六歳になっていたヴィーニャを、皇帝の代理官の意味でもある「ロゴテータ」に任命する。そして、突如逮捕された時点でも、ピエール・デッラ・ヴィーニャはその地位にあったのだ。

皇帝第一の側近である人の逮捕は、それだけでも衝撃的なニュースだった。知らせはたちまちヨーロッパ中に広まり、多くの人の臆測(おくそく)もヨーロッパ中を飛び交った。ヴィーニャの私物の中からフランスにいるローマ法王と通じていた証拠が発見されたことを、逮捕の理由にあげる人がいた。たしかにヴィーニャは法王と、リヨンで会っている。そのとき法王とヴィーニャは、他の人々を排除して二人だけで話しこんでいたというのだ。

また、ヴィーニャが、六十歳に近い年齢にありながら皇帝の愛人を横取りしたのを皇帝が知り、怒った皇帝が逮捕させたのだと言う人もいた。

これら以外にも、ヴィーニャの蓄財好きが皇帝の怒りを買ったのだとする人もいる。かつてヨーロッパ中を騒がせたのに、リチャード獅子心王やジョン失地王の父親になる英国王ヘンリー二世が、カンタベリーの大僧正トマス・ベケットを殺害させた事件があった。皇帝フリードリッヒとその官房長官的な存在であったヴィーニャの間に起ったこの事件も、長年近い仲にあった二人の男の間に起きた悲劇としてならば、トマス・ベケット事件と似ていたから、格好の話題の種にされたのである。

ダンテも、この事件の半世紀後に書くことになる『神曲』の中で、ピエール・デッラ・ヴィーニャを登場させている。その中でダンテは、ヴィーニャ失脚の原因を彼自身に語らせるという形で述べているのだが、それは、ヴィーニャの出世に嫉妬した高官たちが皇帝に告げ口をし、それを皇帝が信じたからである、としている。つまりダンテは、ヴィーニャ無罪論者なのだ。ダンテは、このヴィーニャを読者に紹介するのに、「フリードリッヒの心を開く鍵を二つとも持っていた男」という言葉を使っている。

だが、それはないだろう。自分の心を開く鍵を、誰であろうと他者に渡すフリードリッヒではなかった。開きたければ、自分で開くのだ。心は、自分が開きたいと思ったときに開くものである。その人が、フリードリッヒであればなおのこと。

ダンテよりは五十年ほど早く生れたために実際にフリードリッヒに会うことができ、その印象を書き残した人に、サリンベーネという名の修道僧がいた。この人については、「同時代の〝メディア〟の評価」と題した章ですでに紹介済みだが、あそこで紹介したこの人による「評価」の中で、もう一つ注目してほしいことがある。それは、フリードリッヒに言及するたびにサリンベーネは、「皇帝」とは書かず、「彼」という第三人称単数で通していることである。サリンベーネのような法王派(ゲルフィ)にとって、リヨン公会議後のフリードリッヒは、もはや皇帝ではないのだった。

また、親切に愛想良く振舞い相手の立場にも理解を示すのも、彼が「その気になれば」なのである。このような人が、自らの胸中を開く鍵など、しかも「二つとも」を、他人に与えるはずもないではないか。

そして、二重に〝アンチ〟であった人にまでこう評されるフリードリッヒにとって、彼が最も嫌ったのが、自分に無断で成されること、であったとしても不思議ではない。

もしかしたら、ピエール・デッラ・ヴィーニャは、主君のために良かれと考えて、伸ばされてきた法王の「長い手」とにぎったのかもしれない。「ロゴテータ」という地位は、相当に多くの問題を、皇帝にまで上げずに彼だけで決定できる地位であった。

ただし、決定は下してもそれは、あくまでも皇帝の意に沿っていなければならない。

それに、法王との関係改善ともなれば、もはや彼一人で決められる問題ではない。

にもかかわらずヴィーニャは、独断で動いたという可能性も無くはないのである。もしもそうであったとすれば、明白な越権行為であり、平俗な言い方をすれば「舞い上ったがゆえ」となり、臣下が越権行為に出たり舞い上ることほど、フリードリッヒが嫌ったこともないのである。ヴィーニャを見出し、その後の三十年もの間援助を惜しまなかったパレルモの大司教ベラルドが、この事件ではまったく動いていない。ベラルドにとっては自慢の種であったはずなのに、何の弁護にも動いていないのである。

牢に入れられはしたが、裁判は行われなかった。皇帝は、熱した鉄棒を突き刺すことで両眼をつぶすという罰は命じた。だが、死刑を命じたわけではない。クレモナの牢獄から、トスカーナ地方のサン・ミニアートにある城に移動させられただけである。逮捕されてから一ヵ月後、ピエール・デッラ・ヴィーニャは、入れられていた牢獄の石壁に頭部を何度も打ちつけることでの自死を選ぶ。五十九歳の死であった。

真相は、研究者たちの努力にもかかわらず、今に至るまでまったくわかっていない。

王権と教会権が対立したことが原因だった、ヘンリー二世とトマス・ベケットのケースよりもわかっていない。

だが、ローマ大学で中世史を教えていたラファエッロ・モルゲン教授は、次のように書いている。

「ピエール・デッラ・ヴィーニャは皇帝フリードリッヒにとって、皇帝が作りあげようとしていた新興階級、封建制度の外に生れながら法律という武器だけは持っている新たなる統治者階級の有効性を示すことのできた、具体的な見本であったのだろう。この、中世ではまったく新しかった階級も、その二十年後に訪れる皇帝一族の滅亡と運命をともにすることになる」

もしもモルゲン教授の仮説のとおりだとすれば、この事件に対してのフリードリッヒの想いは、怒りよりも絶望ではなかったか。

法王たちとの闘争ではあれほども多弁であったフリードリッヒが、この件に関しては、一言も言いも書き残してもいない。だが、中世史どころか歴史の研究者でもなく歴史を語る作家にすぎない私でも、こんなふうには考える。

ピエール・デッラ・ヴィーニャにとっての不幸は、タッデオ・ダ・セッサが一年前に殺されていたことだった、と。

事業とは、それが大であろうと小であろうと、同世代の者同士が協力して行うと上手く行くものである。あらゆる面で、無理をしなくても済むからだと思う。フリードリッヒもヴィーニャもタッデオも、わずかの年齢のちがいはあっても同世代に属した。

フリードリッヒはカプアに、まるで古代ローマの三主神、ユピテルとジュノーとミネルヴァでもあるかのように、自分を中にタッデオとヴィーニャを左右に配した石像群を立てさせている。皇帝の頭部だけは後に反皇帝派によって破壊されたので首から下しか残っていないが、左右に配された二人の重臣は頭もある胸像として残っている。しかもこれは、ヴィーニャの生地カプアに立てられたのだ。かつての貧乏学生ヴィーニャは、最も華々しい形で故郷に錦を飾ったのである。

ピエール・デッラ・ヴィーニャが、どちらかと言えば「書斎の人」であったのに対し、タッデオ・ダ・セッサは、「書斎の人」であると同時に「行動の人」であった。皇帝フリードリッヒも、このタイプに属す。

そのタッデオが、一年前に殺されて今やいない。一人残ったヴィーニャと会うたびに、フリードリッヒは、タッデオ・ダ・セッサを思い出したのではないか。

もしもそうであったら、ヴィーニャにとっては不幸以外の何ものでもなかった。そして皇帝と会うたびに、なにしろ官房長官的な立場にあったのだから会う度合いは他の人よりも断じて多かったのだが、そのたびに主君の視線にわずかによぎる影を、彼は感じとったのではないだろうか。なぜおまえだけが生き残っているのか、とでもいう感じの。

もしもそうであれば、法王インノケンティウスが伸ばしてきた「長い手」をつかんだとしても、それは消極的にではなく、積極的につかんだのではないか。三十年もの間仕えてきた主君に、タッデオは死んでも自分は生きており、その生き残った自分だけでも充分に主君の役に立てる、ということを示すために。

「ロゴテータ」の地位にまで昇進していたヴィーニャは、日本式に言えば、位人臣を極めた人であった。だが、出身階級からもこれ以上の出世は望めず、これ以上の富も望めなかった。その人が、何を望んで、主君に弓を引くであろうか。弓を引くことになるかもしれないという考えさえも、持たなかったのではないか。その彼が忘れていたのは、フリードリッヒとは、重要と思う問題を自分に相談なく進めてしまうことを、何にも増して嫌う男であるということであった。

カプアの城に置かれた大理石像だが、タッデオ・ダ・セッサが死んだ後もそのままにしていたフリードリッヒの想いはわかる。だが、ピエール・デッラ・ヴィーニャが自殺した後も、そのままで置かれつづける。カプアはフリードリッヒの自領内だから、撤去せよと命ずればその命令は必ず実行されたはずである。だが、フリードリッヒからの命令はなかった。なぜかは、わかっていない。反皇帝派の人の書いた年代記によれば、かつての重臣の自死を知ったときに皇帝の口から出た言葉は、「無から来た者が無に帰っただけだ」、であったという。これは、「無」から引き立てた者に裏切られた、絶望ではなかったか。

一二四九年の冬と春は、このようにフリードリッヒの身辺では諸々の出来事が起ったが、北伊と中伊への軍事的制覇のほうはその間も進んでいたのである。痛烈な一打を食らったパルマは、息子のエンツォが率いる皇帝軍が攻めに攻めていた。アルプスの北側では、二十一歳の嫡子（ちゃくし）コンラッドが、ドイツ内の法王派（グェルフィ）を向うにまわして敢闘している。中伊のトスカーナ地方でも、アンティオキアのフェデリーコが、中伊の要（かなめ）であるフィレンツェを確実に皇帝側に引き寄せるために善戦をつづけていた。北西伊でも、サヴォイア伯の娘と結婚していた十七歳のマンフレディに、初めての子が生れようとしている。ミラノを牽制（けんせい）するに最適なサヴォイア伯との縁は、これで一層強化されるはずであった。

フリードリッヒは、南イタリアにもどることにする。北イタリアに居つづける必要はもはやない、と見たからだろう。北伊全域の参謀本部のようになっていたクレモナは、息子エンツォに引き継がれた。そして皇帝自身は、鳴りをひそめるだけになっていたパルマを右手に見ながらティレニア海に抜け、ピサの港で待っていた船で南下してナポリに上陸したのは五月の末だった。だが、そのナポリ滞在中に皇帝は、二つの悲報を受けることになる。

一つ目は、まだ二十代の若者だったキエーティ伯が、戦闘中に死んだという知らせだった。父からキエーティ伯領を与えられていたリカルドは、フリードリッヒが愛した女の一人だったマンナとの間に生れた息子である。中東部イタリアの皇帝代理として、彼もまた政治的制覇を軍事的制覇に変える最前線に送られ、そこでの責務遂行中に戦死したのだった。フリードリッヒにとっては、廃位させねばならなかった長子ハインリッヒの自死に次ぐ、二度目の息子の死になる。それでもリカルドの死だけで済んだのは、このキエーティ伯を助ける役にあった幹部候補生あがりの一人がただちに指揮を代わっていたことだ。皇帝には、後任を任命する必要さえもなかった。

しかし、二つ目の悲報は、悲報というよりも強烈な打撃としたほうが適切な知らせであった。キエーティ伯リカルドの戦死は五月二十二日、こちらのほうはその四日後の、五月二十六日に起ったことである。

サルデーニャ王でもあったエンツォが、ボローニャの軍勢と戦闘中に捕われ、そのままボローニャに連れて行かれたという知らせであった。

エンツォ捕わる

庶出ではあってもフリードリッヒの息子の中では最年長のエンツォは、三十三歳になっていた。無類の美男と評判だったエンツォだが、これまでの十年余り、常に皇帝の右腕として、北伊を主な活躍の場として実績をあげてきたのである。三年前に起った陰謀事件でも、陰謀者たちが殺害の的に定めていたのは、皇帝とエンツォの二人だった。このエンツォを敵側に捕われてしまったのは、フリードリッヒにとって、大きな打撃をともなう悲報と言うしかなかった。

ボローニャで捕われるエンツォ

捕えたボローニャ側も、エンツォの価値は充分に知っていた。戦闘中に受けた傷の手当てには、ボローニャ一の医師が呼び出され、エンツォを捕えておく場所も牢獄ではなく、市庁舎の最上階すべてが提供された。しかも、身のまわりの世話をする者まで、一人でなく何人も与えられていたのである。大切な人質なのだ。ボローニャの有力者たちも、このエンツォを手中にしているかぎり、皇帝が攻勢をかけて来ないことがわかっていたのだった。

手紙を書くのも受け取るのも、自由だった。人に会うのも、皇帝側の者でないかぎりは誰とでも会えた。市庁舎に連行されてきたときも、手足を縛られるわけでもなく追い立てられることもなく、自然に振舞うのが常であったエンツォそのままに静かに悠然と歩いてくる彼を、捕われた皇帝の息子を一眼見ようと沿道を埋めていた市民たちまでが、息を飲んで迎えたというほどの美男である。肩までとどく波打つ金髪と、ダンテならば「ジェンティーレ・アスペット」と評したにちがいない典雅で美しい容姿。誰と会うのも自由だった人の中に、ボローニャの有力者たちの妻までがいたというのも無理はなかった。なにしろ、この捕われ人は、愛人を持つことさえ自由であったのだから。

父親は、この息子を取りもどすためにあらゆる手段を講ずる。

まず、知らせを受けるやただちに、ボローニャの「ポデスタ」(長官)に、皇帝自らが手紙を書いた。半ば懇願し半ば脅迫するという内容だが、人の運には浮き沈みは常にあり、その機微を察して判断を下すのは中程度の都市の統治を預かる人の取るべき道である、とした説得も、ボローニャの長官には通じなかったようである。長官から皇帝に返ってきた答えはただ一行、ときには小犬がいのししを捕えることもある、とあっただけだった。

それで皇帝は、エンツォとともに北イタリアの軍事的制覇を進めていたヴェローナの僭主(せんしゅ)エッツェリーノに軍勢を率いさせ、ボローニャに軍事的な圧力を与える手段に出る。だがボローニャ側は、この挑発に乗るどころか、城門を閉めたままだった。

第三にとった手段は、大司教という平和的な使者をボローニャに送り、エンツォの体重と同じ重さの銀を与えるからと釈放を求めたことであった。だが、これにもボローニャは聴く耳を持たない。大学都市でもあるところから強大な軍事力を持ったことのないボローニャにとって最も重要であったのは、大量の銀よりも皇帝軍に攻めて来られないことのほうであった。

エンツォも、快適な捕囚生活を愉(たの)しんでいたわけではない。脱出は、幾度となく試みた。一度などは、身を隠した長櫃(ながびつ)を乗せた荷車が市庁舎の警護兵の前を通り過ぎるまでは上手く行ったのだが、その荷車が通りを行く途中で出会った女たちが、長櫃のふちから少しばかりこぼれ出ていた輝く金髪に気づいて警護の兵たちを呼んだので、再び市庁舎にもどされたことがあった。

これ以後、エンツォの〝牢〟が、ほんものの牢獄に変わったのではない。以前と同じに市庁舎の最上階に捕われつづける状態は変わらなかったのだが、寝室にだけは鉄製の格子(こうし)が設置され、夜にはその中に置かれた寝台で眠るように変わった。

このエンツォが父親とちがっていたことをあげるとすれば、悪意とは無縁で生きてきた、ということだろう。

イタリア語では悪意を「cattiveria」という語で表現するが、悪い意味には使われない。この「悪意」の有る無しが、超一流と一流を分ける要素になるからだ。サッカーでも試合に負けたときの反省に、「悪意が足りなかった」という言い方をする。

非凡な父を持つのは、子にとっては不幸でもある。父の命ずるとおりにやっていれば常に上手く行くのだから、自分の考えでやってみたいと思う必要さえも感じなかったのかもしれない。必要がなければ、悪意の感覚(センス)を磨けた機会さえも逃してしまうのだった。

救出も脱出もことごとくが失敗に終わった後、まだ三十代の半ばにも達していなかったエンツォは、今現在を甘受する生き方を選んだようである。詩作を好んだ彼のところには、ボローニャだけでなくトスカーナ地方の都市からも、詩や文学の愛好者たちが集まるようになった。この時代でもイタリアでは、詩や小説好きには、一応の家柄の出にしろ女もいたのである。女の一人とは愛情にまで進み、二人の女子も生れる。

そして、このエンツォの許に集まった文学好きのグループは、ダンテから始まるイタリアの俗語文学の一翼をになうまでになる。

鷹狩りの趣味でも父親を継いでいたのか、自ら文を書き絵までつけた一書をモノしている。ただし、父親の書いたものとは、全体の構成から部門ごとの掘り下げ方から、比べようもない。鷹狩りへの愛情はわかるが、その表現から始まってすべてが大まかなのである。

捕われて以後のエンツォは、趣味に徹する後半生を送ったのだ。徹するしかなかった、ではあったのだが。

捕われ人の人生は、五十六歳で死ぬまで、二十三年間つづく。

この一年後に来る父の死も、その後を継いだ義弟コンラッドの死も、またこの十七年後に訪れるもう一人の義弟マンフレディの死も、エンツォは、捕われの身で知るのである。このエンツォが作る詩歌が、哀歌になるのも無理はなかった。その中から、一篇だけを紹介する。

「飛べ、わが歌よ、プーリアの平原に飛んで行け。わが心が、昼となく夜となく行ったままになっている、陽光輝くあの大地に向って」

死は、一二七二年になって訪れる。黄金色(こがね)に波打っていた豊かな金髪にも白いものが混じるようになっていたが、彼と面と向い合うだけで女にかぎらず男までが一瞬息を飲んだという、たぐいまれな容姿の美しさは少しも変わらなかったという。

最後の一年

そのプーリアで、父親のほうは一二五〇年を迎えていた。

北イタリアの法王派(グェルフィ)への影響ならば、ピエール・デッラ・ヴィーニャの裏切りよりもエンツォの退場のほうが大きかった。ミラノがリーダー格のロンバルディア同盟は、再び頭をもたげ始める。これまで北イタリアの皇帝派(ギベリン)を率いて闘ってきたのが、エンツォであったからだった。

エンツォに代わることのできる人を、見つけることからして容易ではなかった。

コンラッドは、ドイツの地で法王派と交戦中。アンティオキアのフェデリーコは、担当地域の中伊から手が離せない。十八歳になっているマンフレディには一隊を与えて戦線に送り出したが、大軍を率いるにはまだ若すぎた。フリードリッヒは、これまではエンツォが占めてきた地位に、ウベルト・パッラヴィチーノの登用を決める。

ウベルト・パッラヴィチーノは、フリードリッヒよりは三つほど年下で、北イタリアの封建領主の家に生れていた。ただし、長男には生れなかったので他に生活の手段を見つけるしかなく、父親から与えられた手勢を率いての戦争屋になっていたのである。この五十年後には始まるルネサンス時代には主流になる、傭兵隊長のはしりであった。パッラヴィチーノ家がもともと皇帝派であったことで、すでに十六年も前からフリードリッヒの軍に加わっており、ここ数年はエンツォの指揮下で働いていた。だから、皇帝側で闘うのも、あくまでもカネしだいではあったのだが、彼の場合はそれだけではなかったのである。

それでも、戦争のプロである。戦争請負い業では、戦闘での実績だけが、報酬もふくめたすべてを決める。五十三歳という年齢からも経験は豊富、そのうえ、これまでは一度も率いたことのない数の兵勢まで与えられた戦争屋は、一気に勝負に出る。エンツォ捕わるの報で再び頭をもたげ始めていた北部イタリアの都市群は、この戦争屋に率いられた軍事力を一身に浴びることになった。

たちまち、ブレッシアが陥ち、パヴィアが降伏し、ピアチェンツァが城門を開く。

この三コムーネとも、ミラノの衛星都市のようなものだ。そして、ヴィクトリアの焼き打ちで皇帝に苦汁を飲ませたパルマまでが、皇帝軍の前に屈したのである。

ただし、忘れてはならないのは、これら北伊の自治都市（コムーネ）は、リーダー格のミラノもふくめて、都市内には常に法王派（グェルフィ）と皇帝派（ギベリン）がいたことである。それで、皇帝派が優勢になればその都市内の皇帝派が政権をにぎり、法王派が巻き返せば都市内の法王派も勢いづいてくる、というのが、自由を旗印にする「自治都市（コムーネ）」の実態であったのだ。

それで、エンツォ捕わると知るやこれで皇帝も終わりだと思いこんだコムーネが法王派（グェルフィ）に傾いていたのが、パッラヴィチーノの攻勢で皇帝派（ギベリン）にもどった、ということでしかなかった。

それでも、古（いにしえ）のアレクサンダー大王の言ではないが、戦争で勝つのは主導権をにぎった側、なのである。北部イタリアでの皇帝派（ギベリン）の優勢は中部イタリアにも波及し、イタリア半島の情勢は、息子リカルドの戦死ともう一人の息子エンツォの捕囚で空いた穴を、半年後には完全に埋めていたのである。

これまでにもフリードリッヒは、挽回力の強さを示してきたが、このときも同じだった。これでついに皇帝も終わりだ、と思った人は、今度もまた裏切られたのである。

苦難に出会うのは、何かをやろうとする人の宿命である。苦難を避けたければ、何ごともやらない生き方を選ぶしかない。ゆえに問題は、苦難に出会うことではなく、それを挽回する力の有無になる。しかも挽回は早期に成されねば効果はなく、それには主導権をいち早く、つまり敵よりも早く、手中にするしかないのであった。

この皇帝派の優勢に北イタリアの法王派は市内で身を縮こめているしかなかったが、アルプス山脈の西側に逃げている法王インノケンティウスは、今度こそ本物の恐怖におののいていた。アルプス越えの道を勢力下に置いているサヴォイア伯は今や完全に皇帝派で、フリードリッヒさえ決断すれば、皇帝軍がアルプスを越えてフランスに攻めこんでくるのも、充分に可能になっている。しかもそのフランスは、王以下の要人のほとんどが十字軍でオリエントに行ったままという状態にあり、もしもそのフランスに皇帝軍が攻めこんで来ようものなら、法王を守る軍勢はどこにもいないのだった。

そこに、法王にとってはまたしてもの悪報である。

二年前の夏に南仏のエーグモルトから鳴り物入りで出港したフランス王ルイが率いる第七次十字軍だが、ナイルの河口都市ダミエッタを占領したまではなかなかの戦果をあげていたのである。ところが、ナイルを溯(さかのぼ)り始めたときから形勢は逆転する。そして、目指すカイロにはまだ道遠しという地点まで進んだところで、王以下の全軍が捕虜になるという完敗を喫したのだった。

十字軍とは言っても、軍事行動である。信仰心は厚いルイには戦略のセンスが絶無であったことを示していたのだが、十字軍の歴史上かつてなかった、惨めな敗北に終わったのは確かだった。

イスラム教徒も捕虜交換には無関心でなかったから、十字軍側に捕虜のストックがあれば、交換は成り立ったのである。だが、まず、ルイの側にはストックがなかった。それに、二万五千といわれた全軍が、王もろとも捕虜にされたのである。

この敗北を知ったフリードリッヒは、勝者になったカイロのスルタンに、フランス王ルイの釈放を要請した書簡を送った。だが、カイロのスルタンも、フリードリッヒと協力してキリスト教徒とイスラム教徒の講和を成立させた、アル・カミールの孫の代になっている。しかも、病身でもあったので祖父ほどの力はなかった。結局、フランス王ルイは、すさまじい額の身代金を払うことで、自分と弟三人と部下たちの自由を買ったのである。そして、戦略眼はなくても人格は高潔であったルイは、それを払いきる一二五四年までオリエントに留まるので、一二五〇年の時点でのフリードリッヒに対し、対等で立ち向える権力者はヨーロッパでは一人もいなくなっていた。同じ時期、ドイツではコンラッドが、法王の推(お)していたウィルヘルムに対して、このオランダ人がオランダに逃げ帰るしかなかったほどの決定的な勝利をあげていたのである。

　これらの動きは、南イタリアのフォッジアの王宮に滞在する皇帝には逐一報告されていた。クリスマスの次の日の聖(サン)ステファノの祝日が来れば五十六歳になるフリードリッヒは、自分が、五年前のリヨン公会議で下された判決をはね返し、今ではあのとき以上の力を持ったことを知っていたのである。

　研究者の中には、この機を利用して自ら軍を率いて北伊に向い、ロンバルディア同盟を地上から抹殺すべきであったし、また余勢を駆ってフランスに進攻し、ローマ法王の影響力を徹底的に落としめるべきであった、とする人がいる。そして、にもかかわらずプーリア地方から動かなかったフリードリッヒを、「アパティア」とまで評するのだ。「無気力(アパティア)」とまでは言わない人でも、体力が衰えていたのだろう、とは言う。

　五十六歳とは言っても、十四歳で勝手に成人宣言をしてから四十二年間もつづいた、緊張しっ放しできた五十六歳であった。体力の衰えは、彼とて感じてはいたであろうが。

しかし、王が不在中のフランスに攻めこむまでして亡命中の法王を窮地に追いつめることまでは、彼は考えてはいなかったと思う。

まず第一に、長年のフランス王との不可侵協定に反する行為になる。第二は法王の追いつめだが、フリードリッヒにとって、神のことだけを担当してくれるローマ法王ならば、不都合はまったくないのだ。宗教と言おうが信仰と呼ぼうが、この種の精神状態を、普通の人間ならば誰でも多少は必要としている。押さえつけ滅ぼそうと努めても、必ず息を吹き返してくる。そうとわかれば、両者の責任分担を明確にするだけで、両者ともが平和に暮らしていけるではないか、と。

フリードリッヒが挑戦したのは、法王インノケンティウス三世が言い始めその後歴代の法王たちのモットーになっていた、「法王は太陽で、皇帝は月」に対してなのであった。イエス・キリストの言った、「神のものは神に、皇帝のものは皇帝に」には賛成なのだ。こう考えるならば当然の理(ことわり)だが、フリードリッヒの考えには、カトリック・キリスト教会の廃絶などはまったくなかった。この時期の彼が「アパティア」に見えたとしても、行動はしなかっただけで、考えなかったわけではないのである。

カゼルタ伯に嫁いでいながら何かと父親のそばにいるのを好んだ娘のヴィオランテに推(すす)められて、九月、皇帝は、ついぞ取ったことのない長期の休暇をとることに決めた。

休暇とは言っても、フリードリッヒのことだ。フォッジアの王宮で、漫然と時を過ごすはずはない。どこにいてもフリードリッヒが我が家と思っていたプーリア地方、捕われの身のエンツォが、陽光輝くあの大地、と歌ったプーリア地方に点在する城を、鷹狩りをしながらまわるのである。「我が家」なのだから、警護の兵士を従える必要もなかった。統治機構の別名である宮廷(コルテ)も、フォッジアに置いたままだった。

それでも、仕事人間からは脱け出せなかったらしく、滞在先の城から使いを送っては、人事から税収まで細かい指令を出している。プーリアをふくむ南イタリアとシチリア島から成る「シチリア王国」は、フリードリッヒが創(つく)りあげた政体によって住民の反乱にも縁がない統治がつづいていたが、それでも眼につく不都合は、ただちに是正しなければ気の済まないのがフリードリッヒなのである。だが、休暇はやはり快適であったらしい。十月が過ぎ十一月に入っても、フォッジアの王宮にはもどらなかった。

最後の鷹狩り

冬は、南国のプーリアであっても、冬であることでは変わりはない。雪も、たまにしろ降る。北イタリアの二月という厳冬下での鷹狩りに出たのがヴィクトリア焼失の原因であったのだが、十一月の南イタリアであればなおのこと、養生を優先するフリードリッヒではなかった。

十一月二十五日、いつものように夜も明けない前に出発したその日の鷹狩りは、トッレマジョーレの城からルチェラに向う平原で行われる。ちょうどその中間まで来たところで、皇帝は、強烈な痛みに襲われた。

トッレマジョーレまでもどるには、遠すぎた。ルチェラに向うには、十二キロある。三十キロ離れているフォッジアの王宮に運びこむのは、皇帝の状態からしても不可能だった。すぐ近くにあった、丘の上に建つ小さな城に運びこむしかなかったのである。

カステル・フィオレンティーノという名のその村は、狩り用に建てさせた城を中心にできた村だったが、フリードリッヒ自身はこれまでに、一度も訪れたことはなかった。だが今は、どこであろうと一刻も早く、皇帝を休ませることのほうが優先した。

それで、小ぶりの城でしかないカステル・フィオレンティーノでも、そこに運びこんだのである。

病因が何であったのかについては、正確には何もわかっていない。脱水症と記した年代記は多いが、外傷でない病気のほとんどは脱水症にしてしまうのが、中世でもあった。

それでも、急遽フォッジアの王宮から侍医が呼ばれる。馬を走らせて駆けつけた侍医のジョヴァンニ・ダ・プロチダは、ナポリ湾に浮ぶ島の一つであるプロチダ島の領主の息子に生れながらサレルノの医学校で医学を学んだ男で、診断の結果を正直に言うところからフリードリッヒに気に入られ、しばらく前から皇帝の侍医を務めていたのである。

侍医ジョヴァンニは、六日六晩病床につきそいつづけたが、このときも正直だった。皇帝に、もはや打つ手はありません、と告げたのである。皇帝も、もはやこれまでと思ったのか、この時期フォッジアにいた、高官たちを呼び寄せるよう命じた。十二月の一日だった。

この日にフォッジアにもどって来たばかりだったマンフレディが、真先に駆けつけてきた。ヴィオランテの夫になったことから今では皇帝の婿でもあるカゼルタ伯も、馬に鞭をくれつづけた一人だった。南伊担当の陸上軍司令官のルッフォも司法大臣のモンテネーロも上級裁判所長官のロベルトも、冬の野を馬を急がせて到着する。そして、七十三歳になっていたパレルモの大司教ベラルドも。大司教とマンフレディの二人は、到着後は一刻も皇帝のかたわらから離れなかった。

病状は、一進一退をつづけた。状態の良いときのフリードリッヒは、高官たちの告げる報告に耳を傾け、短く指示を出したりした。その様子から、皇帝の頭脳は充分に機能していることが、城にいる人々にはわかった。何を調合したのか不明だが、侍医のジョヴァンニが差し出す薬は、痛みを止めるには役立ったようである。高官たちの報告を聴いた後の皇帝は、穏やかな眠りに入っていけたのだから。

だが、一進一退でつづいていた病勢も、「退」である時間のほうが長くなる一方になる。十二月七日、王国附きの公証人が呼ばれた。遺言書を作成するためであった。

ラテン語で遺言を口述していくフリードリッヒの声は、もはや消え入るほどに弱くなっていたが、構文はしっかりしていて、言葉も簡潔で明快だった。年代記作者たちも、最後まで意識ははっきりしていた、と書いている。

遺言

二番目の正妻でイェルサレム王国の王女であったヨランダから生れた嫡子コンラッドはその年二十二歳になっていたが、皇帝は、嫡出子では最年長のこの息子に、神聖ローマ帝国とシチリア王国の統治権を遺す。今風に言えば、コンラッドが筆頭相続人である。

ただし、このコンラッドが世継ぎを残さずに死んだ場合は、統治権は、嫡出子としてはその次にくるエンリコに受け継がれる。そして、このエンリコも子を残さずに死んだときは、統治の全権はマンフレディに行くことが明記された。マンフレディはその年十八歳になっていたが、母の結婚によって嫡子になったので、嫡子として認められる時期が遅れたからである。フリードリッヒも、この種の差別ならばつけたのだった。

ドイツ語読みならばハインリッヒとなるエンリコは第三の正妻であった英国王女の

イザベルから生れた子だったが、この年はまだ十二歳。それでも、生れたときからの嫡子である。ゆえにこの十二歳には、父が持っていた称号の一つであった「イェルサレムの王」が遺された。

マンフレディには、この時点でただちに、ターラント公領が遺された。長靴の形をしたイタリア半島の土踏まずに位置する古代からの海港ターラントを中心にした領地の主（あるじ）になったわけだが、ターラント公領と呼ばれるこの一帯にはモンテ・サンタンジェロの聖所もふくまれる。オリエントから帰ってきた巡礼たちがヨーロッパの土を踏むや参拝すると決まっていた聖所だが、母方にあたるノルマン王朝を継いでいたフリードリッヒには特別な意味があった。

フランス北部のノルマンディー地方からオリエントに巡礼に行った帰りにその聖所に参ったノルマン人の騎士たちがそのまま南イタリアに住みついたことから、ノルマン王朝は始まったのである。言わば父祖の地であるこの地方を、フリードリッヒは、最愛の人ビアンカから生れたただ一人の男子に遺したのだ。こうして、マンフレディは十八歳で、「シチリア王国」筆頭の大領主になったのである。

廃位にするしかなかった嫡出の長男ハインリッヒには二人の息子がいたが、フリードリッヒには孫にあたるこの二人ともがイタリアで育っていた。そのうちの長男に皇帝は、オーストリア公領を遺す。オーストリアは神聖ローマ帝国内でも有力な封建領地で、その領主を、皇帝になるコンラッドが頼りにできるようにとの配慮からであった。

南イタリアとシチリア島から成る「シチリア王国」の住民には、皇帝の死を理由にした特別供出金の免除を明記した。弔慰金はけっこうです、というわけだ。

また、王国内の牢獄(ろうごく)に入っている者たちは、恩赦によって全員が釈放されるとも記される。ただし、裏切りの罪によって刑に服している者は除く、とある。古代でも中世でも、裏切りは、口論の末の殺人よりも重罪とされていたのである。

王室の借金の全額返済も明記され、もしも新たな十字軍の遠征が必要になったときはそのための資金として、金貨十万オンチアを支出するよう言い遺した。

ローマ法王には、ローマから中東部イタリアにおよぶ法王領、「聖ペテロの資産」と呼ばれていたこの法王領土を、返還するように言い遺す。ただしこの返還には、条件がついていた。

皇帝の正当な権利を法王が認めたならば、がそれだ。つまり、ローマ法王が神聖ローマ帝国皇帝との役割り分担に応ずるならば返還する、という意味であった。

この遺言書には、皇帝のほうから法王に向って、破門の解除を願う言葉は一語もない。フリードリッヒは、破門された身で死んでいくほうを選んだのである。

考えてみれば、皇帝フリードリッヒが法王たちに求めたことは、簡単で明瞭であった。

神（イエス）は、魂の救済は法王以下聖職者たちの役割りとし、肉体の救済は皇帝以下世俗の統治者たちの役割りとしたのだから、それを忠実に実施していくだけである、であったのだから。

しかし、この一事こそが、中世ヨーロッパを震駭させた、「グェルフィ」（法王派）と「ギベリン」（皇帝派）の争点であったのだ。

その抗争の中心的存在であったフリードリッヒは、人生の最後を迎える瞬間でさえも、これまでの彼の考えを貫き通したのである。自分は、自分が考えた形の皇帝として死んでいく、と。

死

イタリアでは、死への旅立ちを、日没のない世界に入っていく、と言う。死とは、明日という日はもはや訪れない世界に入っていく、という意味だろう。フリードリッヒにも、明日のない世界に向って旅立つ日が訪れた。

一二五〇年十二月十三日、それまではマンフレディに、これからも兄弟仲良く協力していくようにと言ったりしていたフリードリッヒだったが、その日は、病床の脇に椅子を引き寄せたパレルモの大司教ベラルドに、手を預けたままで一日が過ぎた。

二人の間では、ことさら何かを話す必要もなかったろう。四十年もの歳月を、ともに歩んできた仲であった。フリードリッヒが破門されれば、聖職者でいながらベラルドも一緒に破門される。その大司教に怒った法王が大司教区を取り上げれば、取り上げられるままにした。カイロのスルタンの許に行くように求められれば、キリスト教の高位聖職者でありながら、イスラム教徒と交渉するのも厭わなかった。姪に惚れて子供が生れても、苦笑ぐらいはしたろうが、フリードリッヒの望むようにさせたのである。

憲章の成立から大学の新設から法王との交渉から、フリードリッヒの考えの実現に、常に先頭に立って協力してきたのがベラルドであった。自身は封建領主の家に生れながら、封建社会から法治国家への移行というフリードリッヒの考えに彼も同感であったからだ。このベラルドにとって、十七歳年下のフリードリッヒの最後の日に、かたわらにいること以外の選択肢は考えようもなかったのではないかと思う。

思えば、奇妙な光景であった。破門されている者の最後の告解を、自身も破門されているために、本来ならばそれを聴いたり、またそれを聴いたことで許しを与える資格はないはずの聖職者が行っているのである。だが、他では奇妙に映っても、彼ら二人の間では奇妙ではなかった。それどころか、その場にいた人の誰一人奇妙に感じなかったくらい、その光景は実に自然に進んだのである。

年代記作者によれば、このときフリードリッヒが、弱い息の下からベラルドに、「ポスト・モルティム・ニヒル」(post mortem nihil)と言ったという。「死ねば何もない」と、ほんとうに言ったのかは怪しい。なにしろこう書いた年代記作者は、この時期、南イタリアからは遠く離れたパリにいたのだから。とはいえ、フリードリッヒならば言いそうな言葉だ、と思ったから、その年代記作者も書いたのではないか。死の瞬間にその場にいた人々、遺言書でも、パレルモの大司教ベラルドを筆頭に高官たちの名がつづき、最後は侍医のジョヴァンニの署名で終わる立会人の他に、マンフレディも加えて十数人はいたにちがいない同席者の誰一人として、このフリードリッヒの最後の言葉を書き残した者はいないのである。それに彼自身、「死ねば何も無し」と想(おも)っていたのだろうか。ほんとうは、思ってはいなかったのではないだろうか。

死がフリードリッヒに訪れたのは、あと二週間もすれば五十六歳になるという日であった。

翌日、遺体はフォッジアの王宮に運ばれた。皇帝の遺志を、細部まで完璧(かんぺき)に果たすためである。

ただし西欧では、エジプトとの関係が深かった古代のローマ時代でさえも、ミイラにすることはほとんど行われなかった。ましてや中世は、キリスト教の教えに従って、遺体にはなるべく手を加えないでの埋葬方式をとっている。ただし、遺体が損われない程度の処理は行われた。それでも、オリエントから輸入するしかない没薬(もつやく)が必需品なので、高位の人々にしか成されなかった。

その没薬をオリーヴ油と混ぜ合わせ、それを塗った遺体を、同じものにひたしたごく薄地の綿布で包みこむという遺体処理は、古代でも行われていたが、これだけでも、遺体を収める石棺（せきかん）が密閉されていれば、相当な効果をあげることはできたのである。

フォッジアの王宮でも、この種の遺体処理が成されたにちがいない。フリードリッヒの望みどおりにパレルモに埋葬するには、その前に消化しなければならない長い旅路が待っていたのだから。

これらの作業が進められている間、フリードリッヒの息子の中ではただ一人、父の最後に立ち会ったマンフレディは、父から命じられていたことを実行に移していた。

第一は、皇帝の死は、隠されることなく、ただちに公表されること。

フリードリッヒは、死ねば何もないどころか、死んだ後も堂々と正面から挑戦するほうを選んだのである。

第二は、筆頭相続人であるコンラッドに皇帝の死を知らせ、可能なかぎり早期にドイツでの地固めをし、その後にイタリアに南下して、シチリア王国の相続権を確実にすること。

十八歳のマンフレディは、四歳年上の義兄に送った書簡の終わりに、次の一文を書きそえた。

「もしも、法治への執拗(しつよう)なまでの情熱と、言行の徹底した公正さと、知へのあくなき探求心と、豊かで多方面にわたった才能と、生れからくる真の高貴さが、肉体の死によって消滅することがないとすれば、フリードリッヒは今後とも、われわれの心の中に生きつづけていくでしょう」

皇帝の遺体をシチリアのパレルモにまで運んでいく葬列は、フォッジアを出た後はプーリア地方の海港都市を次々と通って南に向う。バレッタ、トラニ、を経て、ジョヴィナッツォからは内陸部に入り、そこからターラントに出て船でシチリアに向う旅になる。

先頭を行くのは、フリードリッヒの警護を長年務めてきたイスラム教徒サラセン人の歩兵隊。それから少し間を置いて、深紅のビロードにおおわれた遺体を乗せた馬車が進む。そのすぐ後には、馬に乗ったマンフレディと大司教ベラルドがつづいた。マンフレディは老齢の大司教に馬車で行くよう推めたのだが、ベラルドはそれを断わり、死者の遺族の場所から離れなかったのである。政府の高官たちと通過する都市の市長

南イタリア

は、この二人の後に馬でつづく。その後に、騎兵の六個小隊が従い、祈りを唱える修道僧たちが徒歩でつづく姿で終わる長い葬列だった。

陽光輝くことで知られた南イタリアのプーリア地方とは言っても、十二月の末である。それでも人々は、馬のひづめが石畳にあたって響く音と修道僧たちの低い祈りの声だけのゆっくりと進む葬列を、沿道に集まって無言で見送るのだった。

十二年前だから四十四歳であった年だが、フリードリッヒは滞在中の北イタリアから、このプーリアの人々に向って次のような手紙を送っていた。

「皇帝の位を占めるようになって長いわたしだが、プーリア人の一人と思われるのは、不名誉どころか名誉と思っている。

責務はしばしばわたしにプーリアから離れることを強いるが、そのたびにわたしが感ずるのは、わが家から遠く離された亡命者の心境に似ている。甘美で穏やかな気候と惜しみなく降りそそぐ陽光にあふれた大地もわたしを優しくつつんでくれるが、それよりもなおプーリアを我が家と思うのは、そこに住むおまえたちのわたしに対する温情なのだ。

わたしに不運が襲えば、おまえたちは自分のことのように悲哀にくれる。わたしが成功したときは、おまえたちはわたし以上に喜び、歓声をあげてわたしの帰りを迎えてくれる」

この二年後には、中部イタリアのヴィテルボから、次のように書き送った。

「プーリアにもどるときは、なぜかいつでも急ぎ足になる。わたしの領国の中で、帰ると決めたらこうも急ぎ足になるのは、プーリアしかない」

葬列は、ジョヴィナッツォからは内陸部に入り、ジョイア・デル・コーレに向った。そこへの道筋にあるビトントの町で皇帝を見送った一人に、年代記作者のマッテオがいる。葬列の詳細を書き残したこの人も、馬のひづめの音と僧たちの低い祈りの声しかない静かな葬列を、無言で見送る住民が絶えなかったと書いている。四十年以上にもわたって彼らの統治者であった人との、最後の別れであった。

海港都市バレッタの城では南イタリアの海ぞいの地方の人々の別れを受けた皇帝だが、ジョイア・デル・コーレの城では、内陸部の人々からの別れを受けるのである。また、遺体が一日だけにしろ留まったこの城は、フリードリッヒがビアンカに贈り、皇帝が心から愛した唯一（ゆいいつ）の女人といわれるビアンカが、長く住み死んだ城でもあった。

ジョイア・デル・コーレからは、どこにも立ち寄らずにターラントまで南下する。ターラントの港には、フリードリッヒが育てあげたものの一つである、シチリア王国海軍の船が待っていた。

皇帝の遺体を乗せた船の出港は、港内に停泊していた船すべての船乗りたちが、小さな漁船に至るまで、高くかかげ持つ櫂（かい）の列の間を通り過ぎることで行われた。これが、あれほども愛した南イタリアに、フリードリッヒが別れを告げたときになった。

シチリア島の海港都市メッシーナには立ち寄る程度に寄港しただけで、そのまま船はパレルモを目指す。パレルモに到着したのは、翌年の二月。シチリア王国の首都であるこのパレルモの主教会（カテドラル）で、一二五一年の二月二十五日、葬礼が、厳粛に、それでいて壮麗に、行われることになっていた。

皇帝の遺言は、細部に至るまで完璧に実施された。

一、首都での葬礼には、高位の人々だけでなく一般の住民にも参列を許すこと。

実際、冬とはいえ晴れあがったパレルモのカテドラル前の広場は、教会に入りきれなかった人々で埋まったのである。

二、葬礼は、パレルモの大司教によって行われること。

大司教ベラルドは、主君と言うよりも長年の盟友になっていた人の葬礼を、美しい中にも厳か(おごそ)かに進めたのである。

三、棺(ひつぎ)には、あれを用いること。

あれ、とは、母方の祖父になるルッジェロ二世が、エジプトから取り寄せた大理石を使って作らせたという棺であった。ノルマン王朝最盛期のシチリア王の注文だけに、赤斑岩と呼ばれる最高級の大理石に彫刻をほどこしたもので、棺を守って立つ四本の円柱も同じ色の大理石で作られている。深味の赤色は皇帝の色とされていたのは、古代ローマではハドリアヌス帝がとくに好んだ色でもあった。

この大理石の石棺は、注文主だったルッジェロ二世がシチリア・アラブ様式の墓所のほうを選んだので、使われないままで残っていたのである。それをまだ十代の頃のフリードリッヒが見つけ、あれにする、と決めていたのだった。このことはシチリアでは多くの人が知っていたので、あれ、と告げるだけで通じたのである。

そして、今や皇帝フリードリッヒの終の棲家になった「あれ」は、すでに主教会に置かれて長い、祖父のルッジェロ二世と、父のハインリッヒ六世と母のコスタンツァと、そしてフリードリッヒの第一の正妻であったアラゴン王家出身のコスタンツァの棺と、並べて置かれたのである。これも、フリードリッヒが望んだことであった。

赤斑岩の大理石の棺に納められた遺体は、薄地の上に厚地を重ねた絹製の服をまとった姿だったが、いずれも色は赤である。古代の皇帝の色は紫色だったが、キリスト教会は紫色を喪の色と決めたので、キリスト教が強力であった中世では、皇帝の色は赤とされていたのだった。

フリードリッヒも公式の席では、それが諸侯を招いた「ディエタ」でも、王国の高官たちを召集した「コロクィウム」でも、また自分の結婚式であっても、常に赤色の服を着用していた。死への旅にまとう服も、皇帝では紅になってしまうのだ。こうして皇帝フリードリッヒ二世も、紅に包まれて、明日が訪れることのない世界に旅立って行ったのである。

第九章　その後

一二五〇年十二月十三日の皇帝の死を、フランスに亡命中の法王が知ったのは、年が代わった一月も末になってからであった。

ローマ法王インノケンティウスは狂喜し、早速、フリードリッヒの領国であったドイツとイタリアの住民全員に向けての法王書簡を送り出す。

「喜べ、天よ地よ。そして、キリスト教徒ならば全員が外に出て、新鮮な西風(ゼフィロス)を胸いっぱいに吸いこみ、新しき日の始まりにそなえて朝露で口を潤(うるお)そう。今やついに、これまでわれわれを突き刺してきた雷光は消え、われわれを閉じこめてきた暴風雨は去ったのだ」

で始まる、反皇帝派の決起をうながす法王書簡は、ドイツやイタリアだけでなく、イギリスにもスペインにも送られたのである。だが、決起するのが庶民だけでは、法王の目的は達せない。第一次十字軍が示すように、自前の兵力を持つ王や諸侯が起たなければ、皇帝派壊滅という法王の目的は達せないのだった。

ところが、法王からこうも扇動されたにかかわらず、ヨーロッパ各国の王侯たちは動かなかったのである。

不安

一二一四年にすでに、フリードリッヒはフランス王との間で、今風に言えば独・仏・伊の不可侵協定を結んでいた。フリードリッヒの領国はドイツとイタリアにまたがっていたから、これは事実上、独プラス伊と仏の間の不可侵を約束したことになる。

この協定当時は十九歳であったフリードリッヒにとっては、独と伊にまたがる帝国の確立に向けて動き出そうとしているとき、フランス王が敵側に立たないでくれるだけでよかったのだ。一方、四十九歳であったフランス王フィリップ・オーギュストも、自国内の封建諸侯を巧妙、と言うよりも悪賢いやり方で傘下に収めつつある最中である。フランスの強大化に邁進しているこのとき、神聖ローマ帝国皇帝が介入してこないことくらい、ありがたいこともなかった。この協定が四十年近くもの間有効でありつづけたのは、両者の利害が一致していたからである。

ドイツの諸侯たちも、動かなかった、ことでは同じだった。リヨン公会議後に法王が推挙した皇帝候補は二人とも、皇帝派の諸侯の押すコンラッドによって敗北を喫し、二人目のオランダ公ウィルヘルムは、フリードリッヒが死んだまさにその日に大敗してオランダに逃げ帰っていた。

また、イギリスとスペインはすでに、婚姻関係によって、フリードリッヒは自分の側に引き寄せている。そのうえこの時期のフランスは、完敗に終わった第七次十字軍の後始末で、王はオリエントに留まったまま。フランスは、王不在の状態にあったのだ。

ローマで戴冠(たいかん)した年から数えるとしても、フリードリッヒは実に、三十年間にわたってヨーロッパ政界のナンバーワンでありつづけたのである。そのナンバーワンは、今やいない。巨星墜(お)つ、を眼の前にした王侯たちがまず感じたのは「不安」であった。これから先は誰が代わるのか、代わりうる人はいるのか、という、将来への不安であったのだ。

フリードリッヒが「我が家」と呼んでいた「シチリア王国」内の諸侯たちの感じていたのも、将来への不安であった。

「カプア憲章」から始まり「メルフィ憲章」で結実した、フリードリッヒによる、封建社会から法に基づく君主政国家への移行が成功したのは、封建諸侯たちがこれまで持っていた領地の保持は、フリードリッヒが認めたからである。

領地はそのまま持ちつづけてよい。ただしこれからは、領地内の諸事は各領主が勝手に決め行うのではなく、皇帝であるわたしの定める法に基づいて決まり行われねばならない。これが、シチリア王国では王である皇帝フリードリッヒが、諸侯たちに求めたことであった。

だからこそ、シチリア王国内の諸侯たちは、フリードリッヒの改革に賛同し、彼に任命されるままに政府の高官を務めたりして、王国の統治に積極的に参加していたのである。

この状態で、三十年の間つづいてきた。三十年間、彼らはフリードリッヒという傘に守られてきたのだ。つまり、彼らの領地は、フリードリッヒがいるかぎり、「コンスタンティヌス大帝の寄進書」を盾に領有権を振りかざしてくるローマ法王から、守られてきたということであった。

そのフリードリッヒが、もはやいない。その彼に誰が代わるかについては、皇帝は遺言書で明記していた。だが、筆頭相続人であるコンラッドは二十二歳、その後を継ぐエンリコは十二歳、コンラッドが来伊するまでの皇帝代行に指名されたマンフレディは十八歳。亡きフリードリッヒに代わりうる人はいるのか、という不安はここでも消えなかったのである。

マンフレディは、父の葬儀を終えるやいなや、南イタリアに向った。君主政の維持にとっての最上の方法は、被統治者の前に統治者が常に姿を現わすことなのだ。シチリアは島だが、当時はプーリアと呼ばれた南イタリアは陸つづきなので、姿を現わす必要ならばこちらのほうが優先したのである。フォッジアの王宮にも入りバレッタその他の城にも姿を現わし、この作戦はひとまずにしろ成功した。

法王たちの執念

ヨーロッパ中をおおっていた不安の中で、おそらく唯一、雷光は消え暴風雨は去り、外に出て西風を胸いっぱい吸いこみ朝露で口を潤す気分になっていたのは、ロンバルディア同盟の自治都市が集中していた北イタリアであったろう。ヨーロッパ各国の王侯たちが起たないのに失望した法王インノケンティウスは、この北イタリアに希望を託す。勇躍、アルプスを越える。イタリアの土を踏んだのは、実に七年ぶりだった。ローマに向う法王は、それこそしばらくぶりに「外に出た」各地の法王派からの大歓迎を受けた。

だが、法王のローマ帰還とともに、北伊と中伊が法王派一色に変わったのではない。北伊にはエッツェリーノ・ダ・ロマーノとウベルト・パッラヴィチーノという皇帝派のベテランがまだ睨みを効かせていた。中伊は、アンティオキアのフェデリーコが堅持している。それでいながら、ローマ帰還後も法王は、フリードリッヒ二世の属す家門ということで有名になっていたホーエンシュタウヘン一門を壊滅させる執念を捨てなかったのである。しかもその決意を、公然と示すのも辞さなかった。つまり、ホーエンシュタウヘンの血を継ぐ者は誰であろうと運命は決まっている、その彼らを助けようとする者は誰であれ、ローマ法王の敵になることを覚悟せよ、ということであった。

だが法王も、口で言っただけでは効果はないのは、リヨンの公会議以来肝に銘じている。軍事力で倒せる者を、見つける必要があった。

とはいえフランス王ルイはオリエントに行ったままで話にならず、話を持っていった先は英国王のヘンリーである。王弟のコンウォール公リチャードにシチリア王国を与えるから、英国軍を率いて南イタリアを攻めよ、と推めたのだった。

まずもって、妹が嫁いだことでヘンリーは、フリードリッヒとは義兄弟の関係にあった。しかも妹の産んだエンリコは、コンラッドに次ぐ相続人として健在なのだ。その国に攻めこむことは、王も嫌ったが王弟のほうがもっと嫌ったので、この話は消えた。

それでも法王の想いは強く、ならば王の息子のエドワードではどうか、となった。だがこの話も、結局は立ち消えで終わることになる。聖職者が執念深いのはヨーロッパでは常識だが、それを如実(にょじつ)に示すことになるのが、この時期に次々と聖ペテロの座に就いたローマ法王たちであった。

しかし、ドイツでは、コンラッドが致命的な誤りを犯していた。法王派のウィルヘルムを敗走させていたのだから、この時期の彼の立場は強かったはずである。召集した諸侯を前にして、父の死を公式に告げ父の遺言を公式に告げる場であったこのときの「ディエタ」が、ドイツが皇帝派で一枚岩になる好機であったのだ。その日に彼が、諸侯たちを前にして何をどのように話したのかはわかっていない。わかっているのは、二十二歳の筆頭相続人は、封建諸侯たちがいちように抱いていたフリードリッヒ亡き後への不安を、一掃することができなかったということである。何をどう話すかで相手を自分に引き寄せてしまう才能、十七歳の頃のフリードリッヒにはあったその才能を、息子は持っていなかったのだろう。

ドイツの封建諸侯たちも、巨星墜つ、の心境では同じであったのだ。フリードリッヒの死によって抱くようになっていた彼らの不安は、コンラッドと会った後もそのままで残ってしまった。彼らは、法王に頭を下げる気にまではならなかった。だが、将来への不安は残ったのである。

ここでコンラッドは、またも誤りを犯す。不安とは、与えられた側の間に伝染するだけでなく、与えた側にも伝染するものらしい。諸侯たちの冷たい反応は彼をも不安にしたのか、ドイツでの地盤固めを優先させるよりも、まずはイタリアへ向うと決めたのである。一二五一年の秋であった。フリードリッヒの死から、まだ一年と過ぎてはいなかった。

一二五二年の一月になって、コンラッドとマンフレディは南イタリアで、父の死後初めて会った。父親は同じでも、コンラッドはドイツで育っている。反対にマンフレディは、生れたのも育ったのも南イタリアだ。イギリス人の研究者でも、次のように評している。ドイツ育ちで融通が効かなく謹厳な二十三歳と、イタリア育ちゆえか才気煥発な十九歳は、性格からしてちがっていた、と。

傍目には、兄弟の仲は良かった。父に心酔しきっていたマンフレディが、兄弟は仲良く協力してことに当るよう言い遺した父の遺志を守ったのである。

だがこれは、ローマ法王には、さらなる危険信号に映る。法王インノケンティウスは、まずコンラッドを、破門の前段階の罰に処したのである。

三月、ドイツでは、コンラッドに初めての子が生れた。コンラッド・ジュニアという意味で、コラディンと呼ばれることになる息子である。

九月、パレルモの大司教ベラルドが死んだ。法王はローマ入りしてすぐ、フリードリッヒ第一の忠臣だったこの大司教にわざわざ手紙を送り、キリストの教会にもどってくるよう推めたのである。だが、亡き皇帝が最も信頼していた人でもあったベラルドは、聖職界の人間でありながらローマ法王の推めには耳を貸さず、返書さえも送らなかった。フリードリッヒと同じに、破門されたままで死ぬほうを選んだのである。七十五歳で訪れた死であった。

一二五三年、フリードリッヒの死去から二年が過ぎ、三年目に入っていた。コンラッドは、兵を率いさせればなかなかの戦果をあげていた。武の人と言うよりも文の人であった弟のマンフレディだが、彼も責任分担という感じで、南イタリアを固めるのに奮闘していた。だが、攻勢にまわっていた法王にも、剣を収める気はまったくなかったのである。

皇帝派(ギベリン)と目された者は、それだけで破門された。ヴェローナの僭主(せんしゅ)エッツェリーノのように破門にはびくともしない者のほうが例外で、このエッツェリーノとともに北伊の皇帝派(ギベリン)勢力のもう一本の柱であったウベルト・パッラヴィチーノは、もともとがカネで動く傭兵(ようへい)隊長であっただけに簡単に法王派(グェルフィ)に鞍替(くらが)えする。

それよりも、マンフレディの母ビアンカの実家であったランチア一門までが、皇帝死去後の「不安」に伝染したのである。ただし、一門あげてではなく、数人ではあったのだが。法王はその一人を、見せびらかすかのように、他でもないロンバルディア同盟のリーダー格である、ミラノの「ポデスタ」(長官)に任命した。

北西部イタリアの有力領主サヴォイア伯も、不安に伝染した一人であった。マンフレディの婚姻の解消を求めてきたサヴォイア伯に、法王は許可を与える。ただし、キリスト教は離婚を認めていない。結婚式は挙げたが実際の婚姻生活はなかったとして無効にするのだが、マンフレディには娘が生れており、その娘はすでにスペインのアラゴン王の世継ぎの王子と婚約していたのである。それでも法王は、ベッドは共にしなかった、ということにして離婚を認めたのだった。

こうして北部イタリアは、皇帝派(ギベリン)から法王派(グェルフィ)に変わった。この北伊で法王派にならなかったのは、国益最優先でこの両派の抗争には加わらなかった、ヴェネツィア共和国だけであった。

こうなると、「不安」の伝染は、南伊にも及んでくる。

それもとくに、シチリア王国の中でも法王領と接する王国北部に領土を持つ、有力諸侯を直撃した。

カゼルタ伯のリカルド・サンセヴェリーノと、アチェーラ伯のトマソ・ダクィーノである。

王国内では有力な大領主でもあったこの二家は、フリードリッヒが定めた「メルフィ憲章」では、各部門担当の大臣七人とともに王室最高会議を構成していた、六人のうちの二人であったのだ。カゼルタ伯もアチェーラ伯も父親の時代は、王国内の封建諸侯の代表として、法に基づいた君主政国家の建設を目標にかかげたフリードリッヒに、積極的に協力していたのである。

その子の世代もフリードリッヒが、次代を背負う幹部候補生として育成し、中でもこの二人には、自分の娘を嫁がせることで皇帝の婿にもしていた。この二人の中でもカゼルタ伯リカルドは、七年前に起った、皇帝とエンツォの殺害を狙(ねら)った陰謀を、いち早くフリードリッヒに告げた人でもある。

亡き皇帝とはこれほども縁の深かった有力諸侯までが、皇帝の死後に有力者たちを襲った「不安」に伝染してしまったのだ。法王領と近接している地に領地を持っていたことが、シチリア王国の諸侯たちの中でも真先に伝染した要因かと思う。二十五歳のコンラッドと二十一歳のマンフレディに、フリードリッヒに代わりうる存在を、見てとれなかったのかもしれなかった。

この二人に嫁いでいたフリードリッヒの娘のヴィオランテとマルゲリータには、夫の変心に対して何もできなかったのか、と思うが、できなかったのである。中世で強い女は、自分所有の領地、つまり自前の収入源、を持っている女でしかない。庶出であっても息子たちには領地を与えたフリードリッヒには、娘たちにまでそれをする余裕がなかったのだった。

それでも、カゼルタ伯もアチェーラ伯も、婚姻の無効までは法王に求めていない。妻二人は、夫が兄たちを裏切るのを見ながら、この後もヴィオランテは十年、マルゲリータのほうは三十年も生きるのである。領主であることを優先した夫たちだが、妻は妻、であったのだった。

だがこの年、フリードリッヒがコンラッドに次ぐ相続人に指名していたエンリコが死んだ。病気がちだったが、十五歳で人生を閉じたのである。英国王の妹であった三番目の正妻から生れた嫡子（ちゃくし）なので、フリードリッヒも遺言書では、年長のマンフレディよりは先にくる相続人に指名していた。ホーエンシュタウヘン一門の男系は、ボローニャで捕囚中のエンツォから始まって、一人、また一人、と退場し始めていたのである。

コンラッドの死

一二五四年と年が代わっても、退場の動きは止まらなかった。五月、数日の病いの後にコンラッドが死んだ。イタリアに来て以後の二年、見ちがえるように活発な軍事行動をつづけていたのだが、マラリアにかかって死んだという。二十六歳になったばかりだった。

法王側は、マンフレディによる毒殺説を広める。だが、確かな病名はわかっていない。法王側はフリードリッヒの死さえも、マンフレディが枕（まくら）を押しつけて窒息させたと言いふらしたくらいなので、これもそのたぐいだと、研究者たちも言っている。

まずもって、嫡出の兄に死なれて困るのは、マンフレディのほうであった。マンフレディは、十二歳の年までは庶子であったのだ。嫡子になったのは母ビアンカが正妻に変わった十年前からで、中世のキリスト教世界では、このちがいは大きかった。とくに庶出子の王を絶対に認めないローマ法王が敵意を露（あら）わにしているこの時期、マンフレディには、コンラッドを毒殺してトクすることはまったくなかったのである。

コンラッドの死後、マンフレディは、対法王の作戦を変えた。コンラッドは強硬一筋であったのに対し、歩み寄り作戦に変えたのである。嫡出子の二人にまで死なれてしまったマンフレディの望みはただ一つ、南イタリアとシチリア島からなるシチリア王国、フリードリッヒが母から受け継いだ世襲資産であるシチリア王国を、彼も受け継ぐことだけであったのだ。ドイツも北イタリアもいらない、ノルマン王朝時代の「シチリア王国」だけでよい、と。それならば、ドイツと南伊の双方が一人の君主に統治されることを嫌いつづけたローマ法王たちにも、反対する理由がなくなると見たのだった。

コンラッドの死の二ヵ月後、二十二歳になっていたマンフレディは、八歳上の兄のアンティオキアのフェデリーコとともに、法王が滞在していたアナーニの町を訪れた。法王インノケンティウス四世は、フリードリッヒの息子二人との会談でははっきりしたことは言わなかった。だが、その二ヵ月後の九月、マンフレディへの破門を公表したのである。

「シチリア王国」の正統の王はコンラッドの遺児であるべきで、権利もなく王国を手中にしているマンフレディは、それだけでも破門に値する、というのが理由だ。それでいながら法王は、二歳のコラディンのイタリア行きを、何かと理由をつけては阻止していた。まず優先するのは、イタリアにいるホーエンシュタウヘンの血を絶やすこと。それが法王の考えであるのは、もはや明らかであった。

だが、この年の十二月、法王インノケンティウス四世が死ぬ。その五日後に、法王アレクサンデル四世が就任した。マンフレディは、この新法王に望みを託す。法王への接近作戦が再開された。どうやら新法王は前法王よりも、フリードリッヒとその息子たちへの憎悪は強くはないようであった。

ところが、状況が、好転はしないまでも現状は変わらずに一二五五年が過ぎ、一二五六年に入っていた四月、兄のフェデリーコが戦死したのである。三十二歳でしかなかった。イタリア語ではフェデリーコという名は父と同じになってしまうので、「アンティオキアのフェデリーコ」と呼ばれることの多かったこのフリードリッヒの息子は、庶出である身分を何のわだかまりもなく受け容れ、父の存命中からすでに、父から課された重責を次々と果していた。その父の死後も変わりなく、八歳下の弟に対しても、親身な協力を惜しまなかったのである。マンフレディは二十四歳で、誰よりも頼りにできた人を失った。

シチリア王マンフレディ

それから二年が過ぎた一二五八年になって、マンフレディもついに決めたのである。父の死からは八年、兄コンラッドの死からも四年が過ぎていた。

マンフレディも、迷い抜いたのだと思う。父の遺言書では、帝国とともに「シチリア王国」も、コンラッドが継ぎ、もしもコンラッドが子を残さずに死ねば継承権はエンリコに行き、そのエンリコも子を残さずに死んだときにはマンフレディに受け継がれる、となっていたのである。コンラッドもエンリコも死んでいたが、フリードリッヒの死の二年後に生れたコンラッドの息子のコラディンは、その年六歳でドイツに健在だ。

父の遺言に真に忠実であろうとすれば、ターラント公の名で王国最大の領地の領主でもあるマンフレディは、この六歳が成年に達するまでの摂政、でなければならないのだ。だが、コンラッドの未亡人は再婚していて息子は他人預けにしていたので、コ

シチリア王を戴冠するマンフレディ

ラディンの来伊は実現しないままで過ぎていたのである。マンフレディも、強く求めたわけではなかった。おそらく彼は、ドイツはコラディンが、南イタリアは自分が、と望んでいたのではないかと思う。それは彼が、法王に関係改善を求めたときに必ず出していた、条件でもあった。ドイツとイタリアが同一人の統治下には入らなくなるのだから、ローマ法王も同意するだろうと考えていたのである。だが、聖職者とは俗人以上に執念深いことまでは、ダンテによれば、「金髪で美しく容姿端麗」な二十六歳には、考えが及ぶことではなかったのかもしれない。

一二五八年八月十日、二十六歳になっていたマンフレディは、パレルモの主教会(カテドラル)で、シチリア王国の王として、戴冠式を挙行した。法王アレクサンデルには、伝えはしたが許可までは求めなかった。

フリードリッヒが創(つく)り上げた法治体制の「シチリア王国」は、満足いく水準で統治されていた。これもまた父の置きみやげだが、南イタリアとシチリア島が海をはさんで向い合う北アフリカのイスラム諸国との関係のほうもあい変わらず良好で、マンフレディには、海側の防衛に神経を払う必要もなかったくらいである。経済も、北イタリアから引き揚げて以後は特別税からも解放され、王国の領民は、低率の税と政治上の安定の果実でもある、経済的繁栄を満喫していた。

戴冠式の二ヵ月後、王マンフレディは、ナポリ大学の再開を実現している。前法王インノケンティウスの指示によって、ヨーロッパ最初の世俗人のみによる大学であった「フェデリーコ二世大学」は、七年間も閉鎖されたままであったのだ。

また、王マンフレディは、自らの名を冠した海港の建設にも着手していた。マンフレドニアと呼ばれることになるこの海港都市は、バレッタ、トラニ、バーリ、ブリンディシとともに、プーリア地方の海への出入口として繁栄する。こうしてシチリア王国は、父が統治していた時代と同じに、イスラム世界のオリエントとキリスト教世界

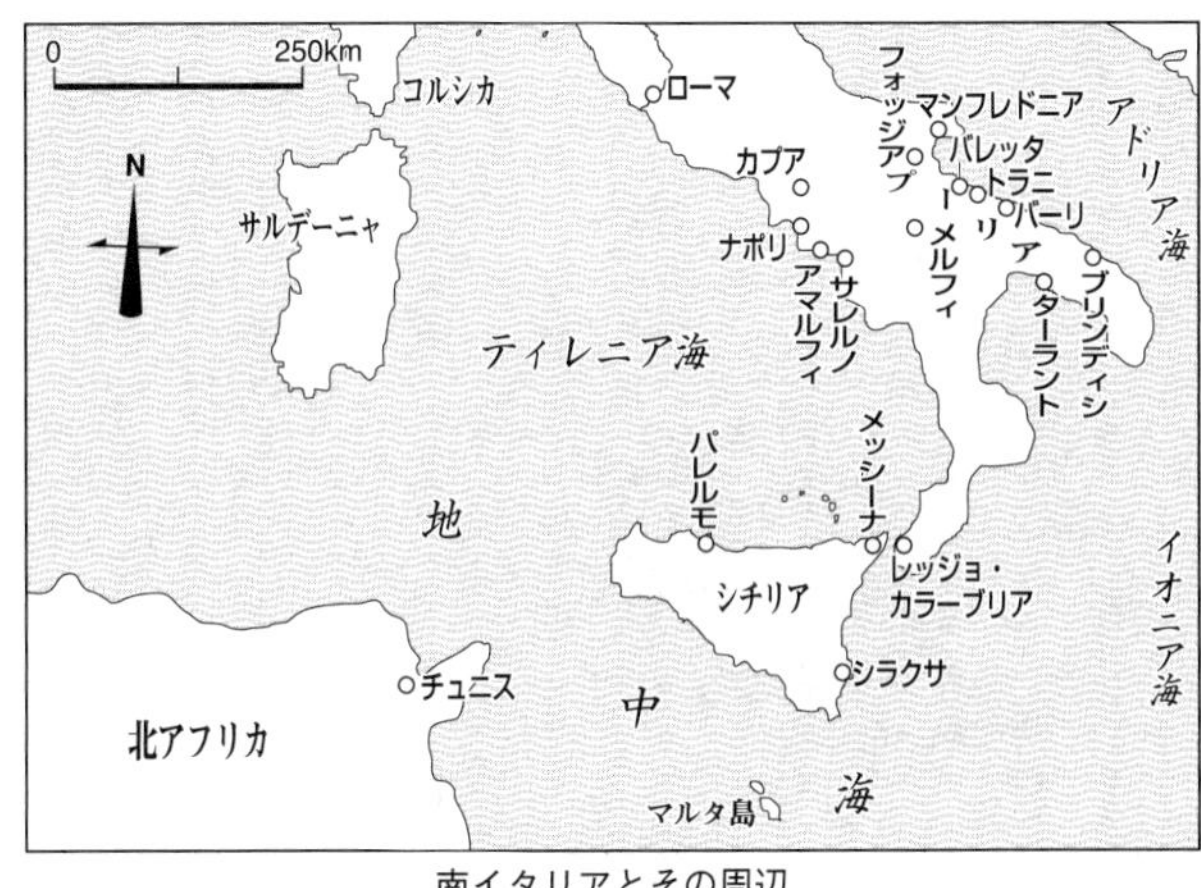

南イタリアとその周辺

のヨーロッパを結ぶ中継地でありつづけたのである。

これらの海港都市を通過するのは、物産だけではなかった。マンフレディはこの面でも父を見習ったのか、イスラム教徒であろうがユダヤ教徒であろうが、人の往来は盛んだった。カイロのスルタンからの使節も、これまたフリードリッヒの在世中と同じに、マンフレディの時代になっても頻繁に訪れていた。マンフレディ自身、古代ギリシア語からアラビア語に訳され、それをまたヘブライ語に訳されていたアリストテレスの著作の一つを、自分はヘブライ語版で読んだがヨーロッパでももっと読まれるべきだと、ラテン語への訳業を助成している。領地的にはノルマン王朝時代にもどっていたシチリア王国だが、法に基づいた統治でも異文化の交流でも異教徒との共生でも、フリードリッヒの時代のままでつづいていたのである。

もしも、ローマ法王たちによる外国の軍事力の導入策がこれまでと同じにことごとく失敗に終っていたならば、南伊とシチリアはこの後も、マンフレディの統治下でつづいたことだろう。マンフレディは、イタリア人が好むタイプの「君主（プリンチペ）」であったのだから。

一二五九年、ローマ法王が認めなくても事実上は王の地位を確立していたマンフレディも、二十七歳になっていた。前法王インノケンティウスが無効にしたためにサヴォイア伯の娘とは離縁していたのだが、その年の春に再婚する。相手はギリシアの一王国エピュロスの王の娘で、名をヘレネといった。

ギリシア女で名はヘレネとなれば、中世の年代記作者たちでも「トロイのヘレナ」を思い出すのか、絶世の美女と思いこむ。それでマンフレディの再婚の相手も絶世の美女となったのだが、絶世まではいかなくても美女ではあったようだ。それに、愛人をあちこちに作るクセだけは父から受け継がなかったらしいマンフレディのこと、この妻との間には次々と三男一女が生れた。

シチリア王国は、マンフレディの下(もと)で安泰。

ドイツは、コンラッドの死から始まる五年もの間、事実上の神聖ローマ帝国皇帝空位でつづいている。

フランスは、完敗で終わった第七次十字軍の痛手が癒(い)えず、その責任者である王ルイを見る人々の眼は冷たかった。なにしろ、王弟アルトワ伯の死だけでなく、イスラム側に捕われた王以下全員の釈放を獲得するのに莫大(ばくだい)な額の身代金(みのしろきん)を払ったために、国庫はカラの状態。最大の融資先であったジェノヴァの銀行が、倒産してしまったくらいである。借金踏み倒しは当時の王たちの常套(じょうとう)手段であったが、その時代、遺言書で全額の返済を指示していたフリードリッヒのほうが異例であったのだ。

またイギリスも、「マグナ・カルタ」以来弱体化していた王権を回復できないでいた。このヨーロッパの状況の中で、シチリア王国だけが、再びめぐってきた春を謳歌(おうか)していたのである。

だが、晴れわたった空も長くはつづかなかった。二年後の一二六一年、ホーエンシユタウヘン一門に対しては穏健であった法王アレクサンデル四世が死ぬ。次の法王が選出されるのには二ヵ月かかった。マンフレディが代表するホーエンシュタウヘン一門に対して、穏健に対処するかそれとも強硬にもどるかで、枢機卿（すうきけい）たちが割れていたからだ。だが、二ヵ月後、強硬派が勝つ。新法王に選出されたのは、フランス出身のウルバン四世であった。

法王の名は、コンクラーベで選出された直後に、法王が自身で決める。法王名が何になるかで、新法王の〝施政方針〟までが予測できるのだ。

第一次の十字軍の提唱者、と言うより扇動者は、フランス出身の法王ウルバン二世である。一二六一年に選出されたウルバン四世もフランス出身だが、法王に選出されるまでは、イェルサレムの総主教（パトリアルカ）の地位にあった。そして、イェルサレムの総主教といえば代々、イスラム教徒のスルタンとの外交交渉だけでイェルサレムをキリスト教徒にもどしたという理由で、反フリードリッヒでありつづけた筆頭だ。ゆえにキリスト教下にもどったにもかかわらずイェルサレムには足も向けず、アッコンに総主教邸を置きつづけた人たちであった。

反皇帝に燃えるその一人が、法王に選出されてローマにもどってきたのである。しかも、フランス人。そのうえ、破門に処したくらいでは皇帝派（ギベリン）は倒せないことも知っている。この法王が、フランス王への働きかけに、前任者たちよりも熱心になったのも当然であった。

仏王の変心

フランス王ルイ九世が、なぜこの時期になって、祖父のフィリップ・オーギュスト以来の不介入の方針を破る気になったのか。なぜ、フリードリッヒの死から十三年も過ぎた一二六三年になって、ローマ法王によるホーエンシュタウヘン壊滅作戦に乗ったのか。

その理由の第一は、第七次十字軍の失敗以来、ルイの立場が弱くなっていたことにある。そのルイには、弟の一人に軍勢を与えてシチリア王国に攻めこめ、という法王の勧めに対して、以前のように断固として否(いな)、と言える力はなくなっていた。何よりも、弟シャルルの、自分の王国を持ちたいという願いを拒否できなくなっていたのだ。リヨン公会議直後にははっきりと拒否したのに、第七次十字軍の失敗後は拒否できなくなっていたのである。

理由の第二は、ルイ自身が持ちつづけていた十字軍遠征への想いにあった。四十八歳になっていた王ルイの頭には、十三年前の第七次十字軍でこうむった雪辱を果したい想いしかなかったのである。信仰心は厚いルイは、自分がこの世にあるのは、聖地を解放せよとの神意を実現するためである、と信じて疑わなかった。

四十八歳になってもそう思いこんでいる兄を、兄よりはよほど現実的であった弟が、シチリア王国がわたしのものになれば、遠征にも行きやすくなる、と言って説き伏せるのは簡単であったのだ。三十七歳になっていた王弟シャルルは、アンジュー家のシャルルと呼ばれていたが、アンジュー伯領は結婚した妻の領地で、彼は婿入りした身にすぎない。つまり、法的に確かな自領は持っていない王弟、でしかなかったのだ。

ローマ法王ウルバン四世も、この王弟シャルルに積極的に力を貸す。ルイ説得には、マンフレディの出自を持ち出したのである。あれは庶出だから王としては「雑種」だと言い、そのような出自の「暗闇の君主」には、キリスト教徒の統治はまかせておけない、と説いたのだった。

ルイ九世にも子は多かったが、その子の全員は、王妃マルグリットから生れた子である。愛人には無縁で生きてきたこのルイにとっての嫡子とは、生れたときからの嫡出でなければならなかった。マンフレディのように、愛人から生れ十二歳になるまで庶子であった子は、生涯にわたって庶出子であり、「bastardo」(雑種)であったのだ。

要するにこの一点が、マンフレディは「雑種」だという一点が、それまでは長くためらっていたルイに、決定的な一歩を踏み出させることになる。十二歳で王位に就いた当時のルイにとってどれほどフリードリッヒによる不可侵路線がありがたかったかがわかっていたルイに、長くつづいてきたその路線を破らせる、精神上の言いわけを与えたことになったのである。

それでもルイには、大敗に終わった十字軍による財政赤字で、弟に与える軍資金の余裕まではなかった。それも、ローマ法王が考えてあげる。法王はフィレンツェの金融業者を説得して、二十五万の小金貨、金塊にすれば九百キログラムを、シャルルに融資させることにしたのである。

こうして、資金面の心配からも解放されたルイが、弟シャルルのシチリア王国攻略にゴーサインを出したのは、フリードリッヒが死んだ年からは十三年が過ぎていた、一二六三年も末になってからであった。

事情がこうでは、実行は早々に成される必要がある。翌・一二六四年の五月には早くも、フランス軍の先発隊がローマに到着し、七月には、第一軍がローマに到着した。

十月、法王ウルバン四世は死んだ。だが、フランス人のこの法王はそれまでにフランス出身者を多数枢機卿に任命していたので、新法王選出の枢機卿会議（コンクラーベ）では、フランス出身者が多数派を占めるようになっていた。当然ながら、選出された新法王もフランス人のクレメンス四世。マンフレディ打倒の動きは、坂をころがり落ちる一方になっていた。

これより二百五十年が過ぎたルネサンス時代の人であるニコロ・マキアヴェッリは、宗教と政治は分離されるべきと説いた『君主論』や『政略論』を書いて今なお古典とされている政治思想家だが、その中で彼は、次のように書いている。

「ローマに本拠を置くキリスト教会がイタリアに害をもたらすのは、ローマ法王には、問題を解決できるだけの軍事力は自分では持っていないが、他国の軍事力を引き入れる力は持っている、というところにある。イタリア内の問題を解決するのに、このように常に他国の王に頼ってきた歴代のローマ法王のおかげで、イタリアは外国勢力の侵略に、長年にわたって、しかもくり返して苦しむことになったのである」

こう書いたマキアヴェッリの著作はローマ法王庁から禁書処分にされるが、ローマ法王庁などはスイスにでも移ってもらったほうがイタリアのためになる、などとも書いたから、著作が禁書に指定され官僚としての出世が頓挫(とんざ)したくらいで済んだのが幸いであった。

だが、こう考えたのはマキアヴェッリ一人ではない。マキアヴェッリとは同時代人のグイッチャルディーニは、死ぬ前に見たいと願うこと三つのうちの第一を、政治への介入をしない聖職者たち、としている。

しかし、フリードリッヒもマンフレディも、彼らよりは二百五十年も前に生きたのである。庶出という雑種でも、実力しだいでは王位を目指せるようになるルネサンス時代からは、二百五十年も昔に生きたのだった。そして、このマンフレディの例は、ローマ法王が他国の軍事力をイタリアに引き入れる、最初の例になるのである。

王弟シャルル

フランス軍のローマ到着がつづいた一二六四年も終わり、翌・一二六五年五月になって、王弟シャルルが、法王の大歓迎を受けてローマに到着する。

六月、ヴァティカンにある聖(サン)ピエトロ大聖堂では、ローマ法王からこのシャルルに、シチリア王国の統治権を授与する式典が行われた。

忘れてはならないのは、当時はまだ、百八十年後にはニセモノと実証されることになる『コンスタンティヌス大帝の寄進書』が、ホンモノと信じられていた時代であったことだ。大帝が寄贈したためにヨーロッパ全土の真の領有権はローマ法王にあると思われていた時代で、このときも法王はシャルルに、シチリア王国の「統治権を託した」ということになる。

これに一貫して反対してきたのが皇帝フリードリッヒであったが、シャルルは、この種のイデオロギー論争には関心はなかった。居候(いそうろう)の身の彼にとっての急務は、自分の王国の獲得でしかなかったから、領有権の授与ではなく統治権の授与でも、問題にもせずに受けたのである。法王の前にひざまずいたシャルルは、「ローマ法王の臣下として法王領の一部であるシチリア王国の統治を行う」と誓ったのだった。

ただし、このときの式典は正式のものではなかった。正式の戴冠式は、フランスからの最後の一兵がローマ入りしたときに行われる、となっていたからだ。

策を弄(ろう)する者は常に疑い深い。法王側にしてみれば、王国の統治権は与えたがほんとうに攻略はしてくれるのでしょうね、という想いであったのだろう。実際、正式の戴冠式は、フランス軍の全員がローマ入りした、翌・一二六六年の一月になって行われた。

ローマのヴァティカン、つまりそこを本拠にする法王権力の象徴である聖ピエトロ大聖堂で行われる戴冠式は、これまでは神聖ローマ帝国皇帝のみに与えられる特典であったのだ。皇帝よりは下位になる王に対してもこの特典が与えられたのは、このときが最初になる。ローマ法王側は、単なる他国への侵略にすぎない王弟シャルルの軍事行動に大義名分を与えるために、これまでの慣例さえも破ったのであった。

この間ずっと、マンフレディは何をしていたのか。

南伊とシチリア島から成るシチリア王国の、王をしていたのである。統治をしていたのだ。父の死の後、十六年目に入ろうとしていた。あれ以来、あらゆる不祥事が次々と起った。十八歳だった彼も三十四歳になり、王ぶりも身についていた。ヴィクトリアの焼失時に失われていた父の鷹狩りについての著作も、彼が編集し直した美しい絵入りの一書として完成していた。鷹狩りならばエキスパートと言ってよいマンフレディが監修したのだから、構成でも言語の選択でも充分に信用できる作品になっていたのである。文意からも、亡き父への贈物のつもりであったのがわかる。

しかし、金髪で容姿端麗な三十四歳が、父フリードリッヒとちがっていた点が二つあった。

第一は、フリードリッヒならば、いかなる危機に直面しても絶対に投げ出すことはなく、不屈の精神を持って挽回(ばんかい)策を探りつづけたが、マンフレディにはそこまでの根気がなかったことである。

彼もまた策を弄していれば、皇帝派(ギベリン)からは離れても法王派(グェルフィ)になったわけではない旧皇帝派の諸侯を、引きもどすことはまだできた。

フリードリッヒにはあった「悪意」、それに徹すればかえって他者のためになる「悪意」が、彼には充分ではなかったのだろう。

第二は、絶対に欲したから得たわけでもない王国の王になっていたマンフレディには、いかなる手段を用いても自分の王国を得たいシャルルの想いがわからなかったことである。想像できなければ、軽く見ることになってしまう。

また、王としては申し分なかったマンフレディが軽く見たのには、法王庁もあった。法王庁にしてみれば、生前は何をしようと倒すことができなかったフリードリッヒの死後十六年目にして、初めてつかんだ実効性ある駒(こま)がシャルルであったのだ。

このシャルルと法王が結託して南イタリアに侵攻してくる一二六六年が、フリードリッヒの死後に起ったほんとうの危機であることの自覚が、マンフレディには欠けていたのではないかと思われる。

一二六六年一月六日、ローマの聖ピエトロ大聖堂で、シャルル・ダンジューは法王クレメンス四世によって正式にシチリア王の統治権を授与された。

一月二十日、二万五千から成るフランス軍の南下が始まる。ラティーナ街道を通って、カプアを目指した。

二月十日、カプア、シャルルの前に開城。これが、シャルルによるシチリア王国侵攻の第一歩になった。

マンフレディも、迎撃に出ていた。絶対の忠誠を誓うルチェラ在住のサラセン兵七千を加えて、こちらも総勢二万を越える軍勢である。それを率いて、南下してくるフランス軍を、王国の北辺のどこかで迎え撃つつもりでいたのだった。

それを知ったシャルルは、自軍のほうからマンフレディの軍に向って行くことに決めた。つまり、敵の出方を待つのではなく、自分のほうから先手を打つと決めたのだ。

二月二十六日、両軍は、アッピア街道が通るベネヴェントの近くの平原で向い合った。

マンフレディの死

一二六六年二月二十六日に行われ、「ベネヴェントの戦闘」の名で知られる戦闘は、歴史的には重要でも、戦闘としては特筆に値する闘いではまったくない。軍勢の規模ならば、フランス側が少し優勢ではあっても互角であったにかかわらず、それを率いる司令官は二人とも、名将にはほど遠い司令官であったからである。

三十四歳のマンフレディには、せり合い程度の戦闘経験はあっても、本格的な会戦の経験まではなかった。四十歳のシャルルも、第七次十字軍には参戦していたのだから戦闘の経験はあったが、十字軍史始まって以来の大敗を喫したときの経験では、経験と言っても敗戦の経験だけである。また、この後もシャルルは、有能な司令官であることを示していない。

戦略戦術ともに秀(ひい)でた名将に率いられていない戦闘は、混戦になりやすい。「ベネヴェントの戦闘(バトル)」も、戦端が切られるやたちまち混戦になった。やみくもに、敵味方がぶつかり合うだけの戦闘だ。それでも、敗色はマンフレディ側に漂い始めていた。劣勢になり始めた場合に、司令官には採る道が二つある。いずれも、ユリウス・カエサルが使って成功したやり方だ。

第一は、自ら馬を駆って前線に出、おじ気づいて逃げ始めようとしていた味方の兵たちを叱咤し激励することでまとめあげ、時を置かずに反撃に打って出るやり方。

第二は、自ら馬を駆って兵士たちを叱咤激励するまでは同じだが、それによってまとめあげた兵士たちを率いてここは撤退し、捲土重来を期す、というやり方である。

第一の策を実行する能力はなくても、第二の策ならば、マンフレディには充分に可能だった。ここで勝ったとしてもシャルルは、以後は敵国内で闘うことになるのである。その「敵国内」とは、マンフレディの父フリードリッヒによる善政で、領民たちはそれに満足している南イタリア。ゆえに、自国内深く引き入れた後で、兵糧の補給から何から不利になった敵を倒すのは、充分に可能であったのだった。

だが、マンフレディは、そのどちらも採らなかった。騎兵の先頭に立って、敵中に斬りこんで行ったのである。その彼を見て味方が気をとり直し、敵に向って突っこんで行く司令官の後につづくのを期待していたのかもしれない。だが、このやり方でアレクサンダー大王が勝てたのは、配下の兵士たちが大王のこのやり方に慣れていたからであった。

中世時代の戦闘では、勝った側の兵士は、敵兵の遺体の甲冑(かっちゅう)から武器から下着まで剝(は)ぎ取り、裸体にしたままで放置するのが常になっていた。奪った物を売れば、それは彼らの稼ぎになるからである。

マンフレディの生死は、戦闘が終わった後でも確認できなかった。その日の夜にシャルルが法王に書き送った手紙でも、マンフレディの生死はまだ確認できていない、と書いている。

しかし、「金髪で容姿端麗」が仇(あだ)になる。つみ重なっていた中に他とはちがう遺体があるのに気づいた兵士の報告で、生前のマンフレディを知っている者が呼び出された。その人はランチア一門の中で法王側に鞍替えした男で、マンフレディには伯父にあたる人であったのだ。これで初めて、マンフレディの死が確認されたのである。

確認は終わったが、遺体はそのままで放って置かれた。マンフレディは、法王によって破門されている。破門された者には、カトリック教会は、墓を持つことを許さなかった。

だが、フランス人の兵士たちは、闘う者同士の情を感じていた。しかも、勇敢に闘った後で倒れた、敵方の総大将である。彼らは手に手に石を取り、それを放置されたままの敵将の裸体の上に積み上げていくことで、墓を作ってやったのであった。

たった一度の戦闘で、ノルマンの、次いではホーエンシュタウヘンの、シチリア王国は崩壊したのである。

その五日後、トラニの港から実家のあるギリシアに逃げようとしていた王妃ヘレネと子供たち四人が、乗船寸前に捕えられた。そのまま、ラーゴペーゾレの城に護送される。その城は内陸部にあり、海からは遠かったからである。

だが、生前のマンフレディが、他のどこよりも愛したという小さな湖に面したこの美しい城は、ほんの一時期の幽閉先でしかなかった。まもなく母子は引き離され、王妃は、これも内陸部にあるノチェラの城に移される。この幽閉先で、五年後に死んだ。

まだ幼かった娘一人と息子三人も引き離された。娘のベアトリーチェだけはナポリに連れて行かれてシャルルの居城の一画に幽閉されたが、十八年後に釈放され、義姉が嫁いでいたアラゴン家を頼ってスペインに行く。そこで、運が好転したのかイタリアの貴族と結婚し、三男一女に恵まれた平穏な結婚生活を送ることになる。

しかし、男の子三人は、カステル・デル・モンテに連れて行かれ、そこで長い幽閉生活を強いられることになった。あの美しい世界文化遺産は、幼くして捕囚の身に落とされたマンフレディの息子たちを、三十年以上にもわたって閉じこめておいた場所でもあったのだ。広い平野の中央にそびえ立つ城だから、幽閉先としても適していたのだろう。

三十年後に幽閉先はナポリに変わったが、移動中に脱走に成功してイギリスに逃げた一人を除いて、二人の王子たちは、ナポリでさらに二十年も幽閉されたままで死を迎えることになる。シチリア王国の王になったシャルルにしてみれば、マンフレディの血を引く者を自由にしておく気にはなれなかったのだろう。

ベネヴェントの戦闘から二年しか過ぎていない一二六八年、マンフレディの血は引いてはいなくても、コンラッドの遺児なのだからホーエンシュタウヘンの血は引いているコラディンが、ドイツの皇帝派の諸侯に押された感じでイタリアに南下してきた。驚いた法王は早速コラディンを破門にしたが、シャルルにも、どうにかせよとの手紙を送ってくる。どうにかしなければならないのは、シャルルとて同じだ。南イタリアの制圧は中絶して、軍を率いて北上した。

ドイツやイタリアの皇帝派(ギベリン)の最後の望みの人であったことから兵力は集まっていたのだが、戦闘の経験ゼロの十六歳が相手では、シャルルでも簡単に倒せる。

一二六八年八月二十三日、ローマの東にあるティヴォリのさらに東にあるタリアコッツォで闘われた戦闘は、シャルルの勝利で終わった。逃げたコラディンは捕われ、ただちにナポリに連行される。そして、戦闘からは二ヵ月しか過ぎていない十月二十九日、ナポリの中央広場で斬首(ざんしゅ)刑に処された。

戦争を始めただけでは死罪にはならないのは、古代のローマ法ですでに決められていたことであった。だが、シャルルにもローマ法王にも、ローマ法などは知ったことではない。血を絶やすことのほうが重要であったのだ。十六歳の少年に罪があったとすれば、フリードリッヒの血を継ぐ孫であった、ということだけであった。

この二年後の一二七〇年、フランス王ルイ九世は宿願であった再度の十字軍の遠征に乗り出す。だが、第八次になるこの十字軍は、シャルルも参加していたのだが、キリスト教徒が聖地と呼んでいるパレスティーナにも、中近東のイスラム勢力の中心であるエジプトにも向わず、チュニジアに上陸しただけで終わった十字軍になった。王ルイが、上陸はしたものの病いにかかって死んだので、そのままUターンするしかなかったからである。

それでもカトリック教会はこのルイを、二十七年後にしても聖人に列した。キリスト教では、結果よりも動機が重視されるのである。これが、遠征には成功したフリードリッヒを異端として糾弾しておきながら、二度までも失敗したルイに列聖という栄誉を授けた理由であった。

一二七二年、幽閉先のボローニャで、マンフレディにとっては義兄にあたるエンツォが死んだ。

その一年後の一二七三年、かつてはフリードリッヒの忠臣でありコンラッドにも仕えたハプスブルグ家のルドルフが、神聖ローマ帝国皇帝に選ばれる。フリードリッヒの死以来つづいていた皇帝の空位時代も、二十年後にようやく終わったことになる。だがこの人も、ローマでの戴冠式までは果たせないで死ぬ。

ローマ法王たちの、強力な皇帝に対するアレルギーは、フリードリッヒが死んだ後も長く残っていたということであった。

十六歳の少年の首を切ってまで自前の王国獲得に努めたシャルルも、それから十四年が過ぎた一二八二年になって、痛烈なしっぺ返しを食らうことになる。これには、一人の男の執念と、一人の女の気丈さが働いていた。

男は、フリードリッヒの最後を看取(みと)り、皇帝の遺言書にも、立ち会った側近の一人として署名していた侍医のジョヴァンニ・ダ・プロチダ。

女は、スペインのアラゴン王家に嫁いでいた、マンフレディの長女のコスタンツァ。

「シチリアの晩鐘」

コラディンが斬首されて以後のシャルルによる皇帝派(ギベリン)追討は厳しく、シチリア王国内の皇帝派はスペインに逃げていたのである。アラゴン王の妃(きさき)になっているコスタンツァの宮廷が、この人々の亡命先になっていた。群衆に混じってコラディンの処刑を見ていた医師ジョヴァンニも、その一人である。この医師は、皇帝の死後はマンフレディのそばにあり、その死後はコラディンの下に馳(は)せ参じた皇帝派(ギベリン)の一人であったのだ。

医師ジョヴァンニからすべてを聴いた王妃コスタンツァは、夫である王の説得を始める。医師の考える復讐を成功させるには、王の命令一下、一丸となって動く軍勢が欠かせなかった。同時に、いかにフランス人による高圧的な支配に不満が高まっていたにせよ、民衆を説得し、彼らを蜂起に向けて組織する時間も必要になる。それが完了するのに、十四年を要したのである。執念以外の、何ものでもなかった。この決起のすべては細目に至るまで、医師ジョヴァンニとランチア一門で皇帝派に残っていたコラードと、マンフレディ下で海軍提督を務めていたラウリアの間で練り上げていた。

一二八二年の復活祭は、三月三十一日に訪れる。その日の晩鐘が、決起の合図だった。すでに沖合には、数日前にバルセロナを出港していたスペインの軍船団が姿を現わしつつあった。陸側での決起と呼応して、海からも上陸する計画になっていたのである。

教会という教会からいっせいに晩鐘が鳴り響く中、「フランス兵を殺せ」と叫ぶ人々が、それを着実に実行に移していた。戦闘と言うよりも、殺戮だった。シチリア人の胸の中には、フランス憎しの想いが充満していたのである。上陸してきたスペイン兵たちも、こちらはプロであるだけに、より高い確率で殺して行く。まったく一夜のうちに、シチリア島全土からフランス勢は一掃されたのである。
ナポリでそれを知ったシャルルが、急遽軍を派遣してきたが遅かった。周囲が海のシチリアでは、強力な海軍を送らないかぎりは上陸するのさえもむずかしい。そして、強力な海軍は、マンフレディ時代の生き残りとスペインの連合軍のほうにあったのである。

実に一夜にして、シャルルは、南イタリアとシチリア島から成っていた「シチリア王国」の、半ばを失ってしまったのである。ナポリを首都にしシチリア島は税の徴収先としか見てこなかったシャルルの統治が、失敗したということでもあった。

フランス人の王を追い出した後のシチリアの統治者には、アラゴン王妃のコスタンツァが就任する。マンフレディの娘が、帰ってきたのであった。

このときの蜂起は六百年後に、ジュゼッペ・ヴェルディによってオペラに作られる。「I Vespri siciliani」（シチリアの晩鐘）と題された一作だ。主人公がバリトンであるのは、フリードリッヒの侍医であった医師のジョヴァンニが主人公になっているからである。

だが、一二八二年の「シチリアの晩鐘」は、メッシーナ海峡を越えた本土の南イタリアにまで鳴り響くことまではなかった。それでシャルルは、本土側の南イタリアの王ではありつづけたのである。カステル・デル・モンテに幽閉されているマンフレディの男子三人もナポリに捕われている女子も、その運命は変わらなかった。

それでもシャルルにとって「晩鐘」は打撃であったことはまちがいなく、この三年後に、憤怒に燃えながら死んだという。当然だ。この時代のシチリアは、風光明媚で温暖な気候で文化の香りも高いだけでなく、イスラム諸国との交易も盛んなところから裕福で、それゆえ税収も多く見こめる土地であったのだから。フリードリッヒのたび重なる軍事行動を資金面でささえてきたのも、このシチリアであった。

「シチリアの晩鐘」から九年が過ぎた一二九一年、最後の砦であったアッコンが陥落したことで、シリア・パレスティーナの地に二百年の間つづいてきた十字軍国家が崩壊する。イスラム教徒の宿願であった、キリスト教徒の最後の一人まで地中海に突き落としてやる、は、二百年後に実現したのだった。そしてこれは、第一次以来の十字軍遠征の旗振り役であったローマ法王の、権威の失墜につながっていくのである。

しかし、既存の権威の失墜は、新時代の幕開けにもなりうる。

十字軍精神の衰退が決定的になるのはアッコンの陥落からだが、新時代の到来は、勝ったイスラム側よりも敗れたキリスト教側に訪れたのだから不思議だ。いや、不思議でも何でもないのかもしれない。「不安」からは何も生れないが、「危機」からは生れるのだ。危機の語源であるラテン語の「crisis」には、「蘇生」の意味もあるのだから。ただしそれは、危機を自覚した人にとって、ではあるけれど。

一二九八年、中部イタリアにあるアッシジでは、画家のジョットーが、聖フランチェスコの生涯を絵で物語る、フレスコ技法による壁画の制作を開始していた。

同時期のフィレンツェでは、フリードリッヒの死の十五年後に生れたダンテが、著作活動の真最中。

ルネサンスの訪れを告げる曙が、地平線を紅色に染め始めていたのである。

皇帝フリードリッヒ二世の死んだ年から、四十八年しか過ぎていなかった。

終焉の地

フリードリッヒ終焉の地であるカステル・フィオレンティーノを訪れたのは真夏だったが、良く晴れたどころか、灼熱の太陽が容赦なく照りつける一日だった。プーリア地方を訪れるのは避暑も兼ねているので、彼が死んだ冬ではなく夏になってしまうのである。

周辺一帯には麦畑が広がる中央に立つ小高い丘が、カステル・フィオレンティーノだ。彼が生きていた時代は、狩り用の城と小さな教会と、日中は畑仕事に従事する農民が晩鐘の音とともに帰る家がかたまっている村であった。八百年近くも過ぎた今では、まったく何も残っていない。長年の風雨と長年にわたっての人間による略奪によって、廃墟に変わってしまってしまっているからである。

その廃墟に登っていく道も、舗装どころか踏み固めた跡さえも見えず、ジープタイプの車で来るのだったと後悔した。

登りついた先も、遺跡の名に値するものは何一つ残っていない。そこから眺める平野にも、真夏のこととて人の姿はなく、遠くを通る車さえもない。まったく、気持が良いくらいに何も残っていない。

かつては存在した村への入口には、後代に作られたらしい鉄製の扉が半開きになって残っていたが、それもすっかり錆びついて赤く変わっていた。それをくぐり抜けて中に入っても、枯れきった草がつづくだけで、南欧の陽光は、夏草や強者どもの夢の跡、のような感傷さえも許さない。火を点ければたちまち燃え広がるだろうと、即物的な想いにしかならなかった。

それでも、三六〇度ぐるりと見晴らせるこの丘の最も高い場所には、西暦二〇〇〇年の十二月十三日に、死去七百五十年を記念して立てられたという、八角形の柱が立っていた。八角形にしたのは、何もかもが八角に作られているカステル・デル・モンテにあやかったのにちがいない。

そしてその八角柱には、これこそが皇帝フリードリッヒの墓碑とでも言いたいかのように、ラテン語で次のように彫られてあった。

——FRIDERICVS　DEI　GRATIA　ROMANORVM　IMPERATOR　ET　SEMPER
AVGVSTVS
REX　IERVSALEM　ET　SICILIE　DVX　SVEVIAE

フリードリッヒを記念する八角形の石碑

26-XII-1194 IESI　13-XII-1250　FIORENTINO

「フリデリクス、神の恩寵によって、ローマ帝国皇帝、常にアウグストゥス、イェルサレムとシチリアの王、ズヴェヴィア（シュワーベン）の公爵

一一九四年十二月二十六日イエージに生れ、一二五〇年十二月十三日、フィオレンティーノにて死す」

シュワーベン地方はホーエンシュタウヘン一門の出生の地であったところで、そこから後の文字を除けば、フリードリッヒが常に公文書の冒頭に記させていた彼の称号であった。

だが、この八角柱の残る三面には、ベネディクト宗派に属す修道士でイギリス生れの、年代記作者のマシュー・パリス（Matthew Paris）の年代記中の一文が彫られている。

三面だから、一面にはこの年代記の原文であるラテン語。もう一面にはそれをドイツ語に訳したもの。最後の一面にはイタリア語の訳、という順序になっている。名さえもラテン語読みだと「フリデリクス」、または「フレデリクス」、ドイツ語だと「フリードリッヒ」、イタリア語になると「フェデリーコ」だから、この三言語で記されるのも当然なのであった。

一二二〇年に生れ一二五九年に死んだこの修道士は、フリードリッヒとは同時代に生きた人である。皇帝とは一度も会ったことはない。だが、当時のヨーロッパ政界の中心人物でありつづけたフリードリッヒの死を知って、その年三十歳になっていたイギリス人の修道士は次のように書いたのだった。

「この年、皇帝フリードリッヒが死んだ。世俗の君主の中では最も偉大な統治者であり、世界の驚異であり、多くの面ですばらしくも新しいことを成した改革者であった」

「STVPOR MVNDI」（世界の驚異）が、以後のフリードリッヒの代名詞になるのである。「ストゥポール・ムンディ」と言うだけで、ヨーロッパの教養人ならば誰のことかわかる。今でもなお、これをメインタイトルにしてサブタイトルを、皇帝フリードドリッヒ二世の生涯、とした書物も少なくない。

廃墟には、腰を降ろせる場所さえもなかった。一本だけ立っているひょろりと伸びた樹の下の地面に、直に坐るしかなかった。

見るものは何一つなくても、考えることはできる。

皇帝フリードリッヒ二世は、彼を専門に研究した人の何人かが言うように、歴史上の敗者であったのか。

彼自身は皇帝のままで死んだが、彼の子孫はシュワーベンの公爵でさえもなくなったのだから、家系の継続が一門の家長の最重要事とするならば、それに失敗した彼は敗者であったとするしかない。

しかし、フリードリッヒの死後からならば五十三年、マンフレディの死からならば三十七年後の一三〇三年、フランス王フィリップ美男王によってローマ法王ボニファチウス八世が捕われるという事件が発生する。そして、その二年後の一三〇五年から一三七七年までの七十二年間にわたって、歴史で言う「アヴィニョン捕囚」がつづくのだ。実に七代にわたってローマ法王が、南仏の小都市アヴィニョンに、フランスの王たちによって幽閉されつづけたのであった。ローマもイタリア半島も、この間ずっと法王不在がつづいたのである。

他者の軍事力をあてにすることを宿命づけられていたローマ法王が、絶対に避けねばならなかったのは、他者のうちの一人だけを強力にすることであった。フリードリッヒ憎しの一念で、ドイツとイタリアにまたがっていた神聖ローマ帝国皇帝を弱体化した法王庁は、それによってフランス王の力を強化してしまったのである。そして、もはや誰にも遠慮する必要もなくなったフランス王は、アヴィニョンにローマ法王を幽閉するという、前例のない行動まで決行することができたのだ。ならば、半世紀の後とはいえ、真の意味の敗者はローマ法王たちではなかったのか。

ちなみに、十三世紀にはフリードリッヒを裁き、十六世紀にはガリレオ・ガリレイを裁いた「Inquisizione」(異端裁判所)は、二十一世紀の今でも「Congregazione per la Dottrina della Fede」(教理聖庁)と名称は変わっても存続している。ただし現代では、信仰のしかたが正しいか誤っているかを裁かれるのは、カトリック教会の聖職者にかぎるとされている。一般の世俗人は、対象外となったのだ。この程度には、歴史は進歩したということだろう。

と考えていたら突然、ある想いに襲われた。死んだフリードリッヒは鷹に変わって、ここから飛び立って行ったのではないか、と。

生前に、あれほども愛していた鷹である。死後にその鷹に変身するのも、本望ではなかったか。小高い丘の上に立つフリードリッヒ終焉の地は、それこそ鷹が飛び立って行くには最適の地であった。

そして、飛び立っていく鷹にとっては、勝者か敗者かなどということは、関係なくなっているのではないか。生ききった、と思える人間にとって、勝者も敗者も関係なくなるのに似て。

完

FRIDERICVS
DEI GRATIA
ROMANORVM
IMPERATOR
ET SEMPER
AVGVSTVS
REX IERVSALEM
ET SICILIE
DVX SVEVIAE
26·XII·1194
IESI
13·XII·1250
FIORENTINO

皇帝フリードリッヒ二世の生涯（下）

新潮文庫　し-12-103

令和二年一月一日発行

著者　塩野七生

発行者　佐藤隆信

発行所　株式会社新潮社

郵便番号　一六二―八七一一
東京都新宿区矢来町七一
電話　編集部（〇三）三二六六―五四四〇
　　　読者係（〇三）三二六六―五一一一
https://www.shinchosha.co.jp

価格はカバーに表示してあります。

乱丁・落丁本は、ご面倒ですが小社読者係宛ご送付ください。送料小社負担にてお取替えいたします。

印刷・錦明印刷株式会社　製本・錦明印刷株式会社

ISBN978-4-10-118149-3 C0122

新潮文庫最新刊

平山瑞穂著

ドクダミと桜

あの頃は、何も心配することなく幸せだったのに——生まれも育ちも、住む世界も違う二人の女性の友情と葛藤と再生を描く書下ろし。

伊吹有喜著

カンパニー

離婚、リストラ予告、まさかのバレエ団出向——。47歳の青柳誠一は、「白鳥の湖」公演にすべてを賭ける。崖っぷちお仕事小説！

浅葉なつ著

カカノムモノ3
—呪いを欲しがった者たち—

海の女神に呪われることで選ばれた者と選ばれなかった者。カカノムモノを巡る悲しい相剋が今、決着を迎える。シリーズ最終巻。

梓澤要著

万葉恋づくし

一三〇〇年前も、この国の女性は泣きたいほど不器用でした——。歌人たちのいとおしい恋と人生の一瞬を鮮やかに描き出す傑作。

池波正太郎・藤沢周平
笹沢左保・菊池寛著
山本周五郎
縄田一男編

志に死す
—人情時代小説傑作選—

誰のために死ぬのか。男の真価はそこにある——。信念に従い命を賭して闘った男たちが描かれる、落涙の傑作時代小説5編を収録。

津村節子著

時の名残り

夫・吉村昭との懐かしき日々、そして、今もふと甦る夫の面影——来し方に想いを馳せ、人生の哀歓をあたたかく綴る、珠玉の随筆集。

塩野七生著　わが友マキアヴェッリ
―フィレンツェ存亡―
（1～3）

権力を間近で見つめ、自由な精神で政治と統治の本質を考え続けた政治思想家の実像に迫る。塩野ルネサンス文学の最高峰、全三巻。

塩野七生著　ルネサンスの女たち

ルネサンス、それは政治もまた偉大な芸術であった時代。戦乱の世を見事に生き抜いた女性たちを描き出す、塩野文学の出発点！

塩野七生著　神の代理人

信仰と権力の頂点から見えたものは何だったのか――。個性的な四人のローマ法王をとりあげた、塩野ルネサンス文学初期の傑作。

塩野七生著　チェーザレ・ボルジア
あるいは優雅なる冷酷
毎日出版文化賞受賞

ルネサンス期、初めてイタリア統一の野望をいだいた一人の若者――〈毒を盛る男〉としてその名を歴史に残した男の栄光と悲劇。

塩野七生著　マキアヴェッリ語録

浅薄な倫理や道徳を排し、現実の社会のみを直視した中世イタリアの思想家・マキアヴェッリ。その真髄を一冊にまとめた箴言集。

塩野七生著　愛の年代記

欲望、権謀のうず巻くイタリアの中世末期からルネサンスにかけて、激しく美しく恋に身をこがした女たちの華麗なる愛の物語9編。

塩野七生著

ローマ人の物語 35・36・37
最後の努力
（上・中・下）

ディオクレティアヌス帝は「四頭政」を導入。複数の皇帝による防衛体制を構築するも、帝国はまったく別の形に変容してしまった――。

塩野七生著

ローマ人の物語 38・39・40
キリストの勝利
（上・中・下）

ローマ帝国はついにキリスト教に呑込まれる。帝国繁栄の基礎だった「寛容の精神」は消え、異教を認めぬキリスト教が国教となる――。

塩野七生著

ローマ人の物語 41・42・43
ローマ世界の終焉
（上・中・下）

ローマ帝国は東西に分割され、「永遠の都」は蛮族に蹂躙される。空前絶後の大帝国はいつ、どのように滅亡の時を迎えたのか――。

塩野七生著

ローマ亡き後の地中海世界
―海賊、そして海軍―
（1～4）

ローマ帝国滅亡後の地中海は、北アフリカの海賊に支配される「パクス」なき世界だった！　大作『ローマ人の物語』の衝撃的続編。

塩野七生著

十字軍物語
（1～4）

中世ヨーロッパ史最大の事件「十字軍」。それは侵略だったのか、進出だったのか。信仰の「大義」を正面から問う傑作歴史長編。

塩野七生著

海の都の物語
―ヴェネツィア共和国の一千年―
サントリー学芸賞（1～6）

外交と貿易、軍事力を武器に、自由と独立を守り続けた「地中海の女王」ヴェネツィア共和国。その一千年の興亡史を描いた歴史大作。

ローマ人の物語 17・18・19・20
悪名高き皇帝たち（一・二・三・四）
塩野七生著

アウグストゥスの後に続いた四皇帝は、同時代の人々から「悪帝」と断罪される。その一人はネロ。後に暴君の代名詞となったが……。

ローマ人の物語 21・22・23
危機と克服（上・中・下）
塩野七生著

一年に三人もの皇帝が次々と倒れ、帝国内の異民族が反乱を起こす――帝政では初の危機、だがそれがローマの底力をも明らかにする。

ローマ人の物語 24・25・26
賢帝の世紀（上・中・下）
塩野七生著

彼らはなぜ「賢帝」たりえたのか――紀元二世紀、ローマに「黄金の世紀」と呼ばれる絶頂期をもたらした、三皇帝の実像に迫る。

ローマ人の物語 27・28
すべての道はローマに通ず（上・下）
塩野七生著

街道、橋、水道――ローマ一千年の繁栄を支えた陰の主役、インフラにスポットをあてる。豊富なカラー図版で古代ローマが蘇る！

ローマ人の物語 29・30・31
終わりの始まり（上・中・下）
塩野七生著

空前絶後の帝国の繁栄に翳りが生じたのは、賢帝中の賢帝として名高い哲人皇帝の時代だった――新たな「衰亡史」がここから始まる。

ローマ人の物語 32・33・34
迷走する帝国（上・中・下）
塩野七生著

皇帝が敵国に捕囚されるという前代未聞の不祥事がローマを襲う――。紀元三世紀、ローマ帝国は「危機の世紀」を迎えた。

塩野七生著　ローマ人の物語 1・2　ローマは一日にして成らず（上・下）

なぜかくも壮大な帝国をローマ人だけが築くことができたのか。一千年にわたる古代ローマ興亡の物語、ついに文庫刊行開始！

塩野七生著　ローマ人の物語 3・4・5　ハンニバル戦記（上・中・下）

ローマとカルタゴが地中海の覇権を賭けて争ったポエニ戦役を、ハンニバルとスキピオという稀代の名将二人の対決を中心に描く。

塩野七生著　ローマ人の物語 6・7　勝者の混迷（上・下）

ローマは地中海の覇者となるも、「内なる敵」を抱え混迷していた。秩序を再建すべく、全力を賭して改革断行に挑んだ男たちの苦闘。

塩野七生著　ローマ人の物語 8・9・10　ユリウス・カエサル　ルビコン以前（上・中・下）

「ローマが生んだ唯一の創造的天才」は、大改革を断行し壮大なる世界帝国の礎を築く。その生い立ちから、〝ルビコンを渡る〟まで。

塩野七生著　ローマ人の物語 11・12・13　ユリウス・カエサル　ルビコン以後（上・中・下）

ルビコンを渡ったカエサルは、わずか五年であらゆる改革を断行。帝国の礎を築き、強大な権力を手にした直後、暗殺の刃に倒れた。

塩野七生著　ローマ人の物語 14・15・16　パクス・ロマーナ（上・中・下）

「共和政」を廃止せずに帝政を築き上げる――それは初代皇帝アウグストゥスの「戦い」であった。いよいよローマは帝政期に。

この作品は平成二十五年十二月新潮社より刊行された。

参考文献

Abulafia D., *Henry Count of Malta and his Mediterranean Activities: 1203-1230,* in: *Malta 1240-1450,* A. Luttrell（ed.）, s.l. 1975.

Abulafia D., *The Two Italies: economic relations between the Norman kingdom of Sicily and the northern communes,* Cambridge 1977.

Abulafia D., *Charles of Anjou and the Sicilian Vespers,* in:《History Today》, XXXII, may 1982.

Abulafia D., *Italy, Sicily and the Mediterranean, 1050-1400,* London 1987.

Abulafia D., *Frederick II. A medieval emperor,* London 1988.

Abulafia D., *Commerce and Conquest in the Mediterranean, 1100-1500,* Aldershot 1993.

Ahmad A., *History of Islamic Sicily,* London 1975.

Akasoy A., *Ibn Sab'īn's Sicilian questions: the text, its sources, and their historical context,* in: *Al-Qantara,* a. XXIX, n. 1, enero-junio de 2008, pp. 115–146.

Albertus Magnus, De animalibus libri XXVI, H. Stadler（ed.）, in : *Beiträge zur Geschichte der Philosophie und Theologie des Mittelalters,* 15-16, Münster 1916-20, 2 voll..

Alphandéry P. – Dupront A., *La Chrétienté et l'idée de croisade,* 2 voll., Paris 1954-59.

Amari M., *Questions philosophiques adressés aux savants musulmans par l' empeur Frédéric II,* Journal asiatique, sième série, tome II, Paris 1853, pp. 240-274.

Amari M., *Storia dei Musulmani di Sicilia,* 3 voll., Firenze 1854-72.

Andenna C., *Tra nord e sud : Federico II e le città,* in : *Federico II "Puer Apuliae". Storia, arte e cultura,* H. Houben - O. Limone（ed.）, Galatina 2001, pp.7-26.

Andenna C., *Autonomie cittadine del Mezzogiorno dai Normanni alla morte di Federico II,* in: *Federico II nel Regno di Sicilia. Realtà locali e aspirazioni universali,* H. Houben - G. Vogeler（ed.）, Bari 2008, pp.35-121.

Angermeier H., *Landfriedenspolitik und Landfriedensgesetzgebung unter den Staufern,* in: *Probleme um Friedrich II.,* J. Fleckenstein（ed.）,

Sigmaringen 1974, pp.167-86.

Anonimo di Trani, *I notamenti di Matteo Spinelli da Giovinazzo,* Minieri Riccio (ed.), Napoli 1870.

Anonymi Vaticani, *Historia Sicula ab ingressu Normannorum in Apuliam usque ab a. 1282,* L.A. Muratori (ed.), *Rerum Italicarum Scriptores,* VIII, Milano 1726, pp.741-80.

Antonelli R., *La scuola poetica alla corte di Federico II,* in: *Federico II e le scienze,* P. Toubert e A. Paravicini Bagliani (ed.), Palermo 1995, pp.309-23.

Arricchi G., *La fortuna di Leonardo Pisano alla corte di Federico II.* Atti del Convegno di Melfi su Dante e la cultura sveva, Melfi: novembre 1969 - Firenze 1970.

Ascheri M., *Tribunali, giuristi e istituzioni dal medioevo all'età moderna,* Bologna 1989.

Ascheri M., *I diritti del medioevo italiano,* Roma 2000.

Averrois Cordubensis, *Commentarium magnum in Aristotelis 'De Anima' libros,* F. S. Crawford (ed.), in: *Corpus Commentariorum Averrois in Aristotelem. Versionum Latinarum Volumen 6/1,* Cambridge (Mass.) 1953.

Averrois Cordubensis, *Commentarium medium in Porphyrii 'Isagonen' et Aristotelis 'Categorias',* Hebrew text H. A. Davidson (ed.). Cambridge (Mass.) 1969.

Baader G., *Die Schule von Salerno,* in 《Medizinhistorisches Journal》, 13, 1978, pp.124-45.

Babudri F., *Federico II nella tradizione culturale e popolare pugliese,* in: 《Archivio Storico Pugliese》, 15, 1962.

Baldwin J.W., *The Government of Philip Augustus,* Baltimore-London 1986.

Barlow F., *The Feudal Kingdom of England, 1042–1216,* Pearson Education, Harlow 1999.

Barone G., *Frate Elia da Cortona,* in: 《Bollettino Storico Italiano per il Medio Evo》, 85, 1973.

Barone G., *La propaganda antiimperiale nell'Italia federiciana: l'azione degli Ordini Mendicanti,* in: *Federico II e le città italiane,* P. Toubert - A. Paravicini Bagliani (ed.), Palermo 1994, pp.278-289.

Baroni M.F., *Gli atti del comune di Milano nel secolo XIII, I. 1217-1250,* Milano 1976.

Bauer U., *Der 'Liber introductorius' des Michael Scotus in der Abschrift clm 10268 der Bayerischen Staatbibliothek München. Ein illustrierter astronomisch-astrologischer Codex aus Padua, 14. Jahrhundert,* München 1983.

Becker H. -J., *Die Appellation vom Papst an ein allgemeines Konzil. Historische Entwicklung und kanonistische Diskussion in späten Mittelalter und in der frühen Neuzeit,* Köln 1988.

Bellafiore G., *Architettura in Sicilia nell'età islamica e normanna (827-1194),* Palermo 1990.

Bellafiore G., *Architettura nell'età sveva (1194-1266),* Palermo 1993.

Bellafiore G., *La Zisa di Palermo,* Flacconio Editore, Palermo 2008.

Bellucci M., *Il palazzo imperiale di Foggia,* in: 《Archivio Storico Pugliese》, 4, 1951.

Benvenisti M., *The Crusader's Fortress of Montfort,* Jerusalem 1983.

Benz E., *La teologia imperiale di Federico II,* in: 《Antologia di critica storica》, Bari 1957.

Berger E., *Saint Louis et Innocent IV. Etude sur les rapports de la France et du Saint Siège,* Paris 1893.

Bernini F., *I comuni italiani e Federico II di Svevia. Gli inizi: 1212-1219,* Milano 1949.

Biondolillo F., *La poesia siciliana sotto gli Svevi,* in: *Studi meridionali,* 1, 1968.

Blasius H., *König Enzio, Ein Beitrag zur Geschichte Kaiser Friedrich II.,* Diss., Breslau 1884.

Blondel G., *Etude sur la politique de l'empereur Frédéric II en Allemagne et sur les transformations de la constitution allemande dans la première moitié du XIIIe siècle,* Paris 1892.

Bonfil R., *Tra due mondi. Cultura ebraica e cultura cristiana nel Medioevo,* Napoli 1996.

Bontempi P., *La battaglia di Tagliacozzo ovvero dei Campi Palentini,* Casamari-Veroli 1968.

Bordone R., *La società urbana nell'Italia comunale (secoli XI-XIV),* Torino

1984.

Boscolo A., *La figura di re Enzo, in: Annali della Facoltà di Lettere e Filosofia dell'Università di Cagliari,* 17, 1950.

Bradbury J., *Philip Augustus and King John: Personality and History,* in : Church (ed) 2007.

Brezzi P., *La personalità di Federico II nella storiografia del suo tempo,* in: *Politica e cultura nell'Italia di Federico II,* S. Gensini (ed.), Pisa 1986, pp. 11-37.

Brühl C., *L'itinerario italiano dell'imperatore: 1220-1250,* in: *Federico II e le città italiane,* P. Toubert e A. Paravicini Balgiani (ed.), Palermo 1994, pp. 34-47.

Burnett C., *Michael Scot and the Transmission of Scientific Culture from Toledo to Bologna via the Court of Frederick II Hohenstaufen,* in: *Le scienze alla corte di Federico II,* direz. di A. Paravicini Bagliani, Palermo 1994, pp. 101-126.

Burnett C., *Master Theodore, Frederick II's Philosopher,* in: *Federico II e le nuove culture.* Atti del XXXI Convegno storico internazionale (Todi, 9-12 ottobre 1994), Spoleto 1995, pp. 266-277.

Burnett C., *Antioch as a Link between Arabic and Latin Culture in the Twelfth and Thirteenth Centuries,* in *Occident et Proche-Orient: Contacts scientifiques au temps des Croisades,* I. Draelants-A. Tihon-B. van den Abeele (ed.), Turnhout-Louvain 2000, pp. 1-78.

Burns J.H. (ed.), *The Cambridge History of Medieval Political Thought (c. 350 – c.1450),* Cambridge-New York 1988.

Butler F., *The Lombard Communes,* London 1906 (reprint: Westport (Conn.) 1969).

Buyken T., *Das römische Recht in den Constitutionen von Melfi,* Wissenschaftl. Abh. d. Arbeitsgemeinschaft für Forschung des Landes Nordrhein-Westfallen, XVII, Köln 1960.

Cadei A., *Castel del Monte,* in: *Enciclopedia dell'arte medievale,* vol. III, Istituto della Enciclopedia Italiana Treccani, Roma 1992, pp.377-92.

Cadei A., *I castelli federiciani: concezione architettonica e realizzazione tecnica,* in: *Federico II e le scienze,* P. Toubert – A. Paravicini Bagliani

(ed.), Palermo 1994, pp.253-271.

Cafaro P., *Il palazzo di Federico II a Foggia,* Foggia 1957.

Campitelli A., *La classe mercantile e la giurisdizione consolare in Puglia nell' età federiciana,* in: *Atti delle Quarte Giornate Federiciane,* Oria: ottobre 1977 - Bari 1980.

Cantù C., *Ezzelino da Romano. Storia di un ghibellino,* Milano 1848.

Capasso B., *Pietro della Vigna. Osservazioni e documenti,* Caserta 1882.

Caproni R., *La battaglia di Cortenova,* Bergamo, 1987.

Cardini F., *Gerusalemme d'oro, di rame, di luce: pellegrini, crociati, sognatori d'Oriente fra XI e XV secolo,* Milano 1991.

Cardini F., *In Terrasanta: pellegrini italiani tra Medioevo e prima età moderna,* Bologna 2002.

Caspar E., *Hermann von Salza und die Gründung des Deutschordensstaates in Preussen,* Tübingen 1924.

Centore G., *Taddeo da Sessa,* Caramanica, Minturno 2006.

Chalandon F., *Histoire de la domination normande en Italie et en Sicilie,* Paris 1907, 2 voll. (reprint : New York 1960).

Ciccia C., *Il 'De gloria paradisi' di Gioacchino da Fiore e la 'Divina Commedia' di Dante Alighieri,* in: Saggi su Dante e altri scrittori, Pellegrini, Cosenza, 2007.

Cilento A., *I mosaici bizantini nella Sicilia normanna: Palermo, Monreale, Cefalù,* Magnus, Udine 2009.

Cioppi A., *Enzo Re di Sardegna,* Sassari 1995.

Cleve H., *Kaiser Friedrich II. und die Ritterorden,* in: 《Deutsches Archiv für Erforschung des Mittelalters》, 49, 1993, pp.39-73.

Cocchiara G., *Federigo II legislatore e il regno di Sicilia,* Torino 1927.

Cohn W., *Hermann von Salza,* M. & H. Marcus, Breslau 1930.

Colasanti G., *La sepoltura di Manfredi lungo il fiume Liri,* in: 《Archivio Deputazione Romana Storia Patria》, 47, 1924.

Comitato organizzatore presso la Società Siciliana di Storia Patria (ed.), *Atti del Convegno Internazionale di Studi Federiciani,* VII Centenario della morte di Federico II imperatore e re di Sicilia - (10-18 dicembre 1950), Università di Palermo, Catania e Messina, Stabilimento d'Arti Grafiche A.

Renna, Palermo 1952.

Custodero G., *Castelli di Puglia,* Capone Editore, Lecce 2004.

Dante Alighieri, *La Divina Commedia,* G. Petrocchi (ed.), Torino 1975.

Dante Alighieri, *De Vulgari Eloquentia,* P.V. Mengaldo (ed.), in: Dante Alighieri, *Opere minori,* II, Milano-Napoli 1978, pp.3-237.

Dante Alighieri, *Monarchia,* F. Sanguineti (ed.), V edition, Garzanti, Milano 2007.

Davico R., *Cultura araba ed ebraica nella scuola medica salernitana del medioevo,* in: *Salerno e la scuola medica,* I. Gallo (ed.), Salerno 1994, pp.53-87.

David M., *La souveraineté et les limites juridiques du pouvoir monarchique du IX*[e] *au XV*[e] *siècle,* Paris 1954.

De Blasiis G., *Della vita e delle opere di Pietro della Vigna,* Napoli 1860.

Del Giudice G., *Riccardo Filangieri sotto il regno di Federico II, Corrado IV e Manfredi,* in: 《Archivio Storico Province napoletane》, 15, 1980.

Dell'Erba L., *La monetazione sveva nell'Italia meridionale e in Sicilia,* in: 《Bollettino Circolo Numismatico Napoletano》, 13, 1929.

Del Vecchio A., *La legislazione di Federico II,* Sala Bolognese 1984 (first edition: 1874).

Demandt K. E., *Der Endkampf des staufischen Kaiserhauses im Rhein-Maingebiet,* in: 《Hessisches Jahrbuch für Landesgeschichte》, 7, 1957, pp. 102-64.

De Renzi S., *Il secolo decimo terzo e Giovanni da Procida,* Napoli 1860.

De Robertis F.M., *La politica economica di Federico II di Svevia,* in: 《Atti delle seconde giornate federiciane, Oria, 16-17 ottobre 1971》, Società di Storia patria per la Puglia, Convegni, IV, Bari 1974, pp.27-40.

Deslandres P., *Innocent IV et la chute des Hohenstaufen,* Paris 1907.

De Stefano A., *L'idea imperiale di Federico II,* Bologna 1952.

De Vergottini G., *Studi sulla legislazione imperiale di Federico II in Italia,* Milano 1952.

De Vita R. (ed.), *Castelli, torri ed opere fortificate di Puglia,* Bari 1974.

Di Cesare G., *Storia di Manfredi, re di Sicilia e di Puglia,* 2 voll., Napoli 1837.

Dilcher H., *Die sizilische Gesetzgebung Kaiser Friedrichs II. Quellen der*

Constitutionen von Melfi und ihrer Novellen, Köln-Wien 1975.

Di Martino M., *Federico II fondatore dell'Università di Napoli,* Napoli 1922.

Di Taranto C., *La Capitanata al tempo dei Normanni e degli Svevi,* Matera 1925.

Dito O., *Castel Fiorentino. Nota storica,* Lucera 1894.

Duby G., *Le dimanche de Bouvines (27 juillet 1214),* Les Éditions Gallimard 《Trente journées qui ont fait la France》, Paris 1973.

Ducci A., *Re Enzo,* Bologna 2008.

Edbury P. W., *The Kingdom of Cyprus and the Crusades, 1191-1374,* Cambridge 1991.

Egidi P., *La colonia saracena di Lucera e la sua distruzione,* Napoli 1915.

Enzensberger H., *La struttura del potere nel Regno: corte, uffici, cancelleria,* in: *Potere, società e popolo nell'età sveva (1210-1266).* Atti delle seste Giornate normanno-sveve, Bari-Castel del Monte-Melfi 17-20 ottobre 1983, Bari 1985, pp.49-69.

Fasoli G., *Federico II e la Lega Lombarda. Linee di ricerca,* in: 《Annali dell' Istituto storico italo-germanico in Trento》, 2, 1976, pp.39-74.

Fasoli G., *Castelli e strade nel "Regnum Siciliae". L'itinerario di Federico II.* in: *Federico II e l'arte del Duecento italiano,* A.M. Romanini (ed.), Galatina 1980, I, pp.27-52.

Fasoli G., *Organizzazione delle città ed economia urbana,* in: *Potere, società e popolo nell'età sveva (1210-1266).* Atti delle seste Giornate normanno-sveve, Bari-Castel del Monte- Melfi 17-20 ottobre 1983, Bari 1985, pp.167-89.

Fava F., *Le idee religiose di Federico II di Svevia,* Messina 1899.

Federico II di Svevia, *De Arte Venandi cum Avibus,* Anna Laura Trombetti Budriesi (ed.), VIII edition, Centro Europeo di Studi Normanni, Editori Laterza, Bari 2011 (I edition: Bari 2000).

Fibonacci tra arte e scienza, Luigi Arialdo Radicati di Brozolo (ed.), Pisa, Cassa di risparmio, 2002.

Fischer M. - Pedrotti W., *Le città italiane nel Medioevo,* Verona 1997.

Filippo da Novara, *Guerra di Federico II in Oriente (1223-1242),* S. Melani (ed.), Napoli 1994.

Fliche A., *Le procès de Frédéric II au Concile de Lyon,* in: *Atti del Convegno di*

Studi Federiciani, Palermo: dicembre 1950 - Palermo 1952.

Flori J., *Philippe Auguste,* Tallandier/Historia, Paris 2002.

Folz A., *Kaiser Friedrich II. und Papst Innozenz IV. Ihr Kampf in den Jahren 1244 und 1245,* Strassburg 1905.

Fornaciari G., *La lebbra di Enrico VII (1211-1242), figlio di Federico II e re di Germania,* Divisione di Paleopatologia dell'Università di Pisa, 2004.

Fortini A., *Francesco d'Assisi e l'Italia del suo tempo,* Biblioteca di Storia Patria, Roma 1968.

Fortunato G., *Il castello di Lagopesole,* Trani 1902.

Fournier P., *Il regno di Borgogna o d'Arles dal XI al XV secolo,* cap. XI, vol. VII *(L'autunno del Medioevo e la nascita del mondo moderno)* della *Storia del Mondo Medievale,* 1999, pp. 383-410.

Friedrich II, *Reliquia librorum Friderici II imperatoris De arte venandi cum avibus,* Johann Gottlieb Schneider (ed.), Leipzig 1788-89.

Friedrich II, *De arte venandi cum avibus, nunc primum integrum ed. Carl Arnold Willemsen,* Leipzig 1942, I-II.

Frugoni C. (ed.), *Il Villani illustrato. Firenze e l'Italia medievale nelle 253 immagini del ms. Chigiano L VIII 296 della Biblioteca Vaticana,* Biblioteca Apostolica Vaticana, Casa Editrice Le Lettere, Fireze-Città del Vaticano 2005.

Fuiano M., *Carlo I d'Angiò in Italia,* Napoli 1977.

Gabrieli F., *Storici arabi delle crociate,* Torino 1973.

Gabrieli F., *La colonia saracena di Lucera e la sua fine,* (reprinted) in: *Atti delle quarte Giornate federiciane, Oria 29-30 ottobre 1977,* Bari 1980, pp. 73-79.

Gabrieli F. - Scerrato U., *Gli Arabi in Italia,* Milano 1979.

Garfagnini G.C., *Aristotelismo e scolastica,* Torino 1979.

Garufi C.A., *Documenti dell'epoca sveva,* in: 《Quellen u. Forschungen aus ital. Archiven u. Bibliotheken》, 8, 1905.

Gensini S. (ed.), *Politica e Cultura nell'Italia di Federico II, Collana di Studi e Ricerche 1, Centro di Studi sulla Civiltà del Tardo Medioevo San Miniato,* Pacini Editore, Pisa 1986.

Gensini S. (ed.), *Europa e Mediterraneo tra Medioevo e prima età moderna: l'*

osservatorio italiano, Pisa 1992.

Ghirardini L.L., *Il triste destino di Corradino di Svevia (1252-68),* in: *Pagine di storia medioevale,* 5, Parma 1982.

Gioacchino da Fiore, *Expositio in Apocalypsim,* Venezia 1519.

Giochi matematici del Medioevo, i "conigli di Fibonacci" e altri rompicapi liberamente tratti dal Liber abaci, a cura N. Geronimi (ed.), prefazione di Pietro Nastasi, con quattro installazioni di Mario Merz, Milano, B. Mondadori, 2006.

Giunta F., *La politica antiereticale di Federico II,* in: *Atti del Convegno Internazionale di Studi Federiciani,* Palermo: dicembre 1950 - Palermo 1952.

Giunta F., *L'arcivescovo Berardo,* in: 《Archivio Storico Siciliano》, 4, 1954.

Glessgen D., *La traduzione arabo-latina del Moamin eseguita per Federico II: tra filologia testuale e storia,* "Medioevo Romanzo", 25, 2001, pp. 63-81.

Gorski K., *L'ordine teutonico,* Torino 1971.

Gottschalk H.L., *Al-Malik al-Kāmil von Egyptien und seine Zeit,* Wiesbaden 1958.

Götze H., *Castel del Monte. Gestalt und Symbol der Architektur Friedrichs II.,* München 1991.

Grabmann M., *Kaiser Friedrich II. und sein Verhältnis zur aristotelischen und arabiscen Philosophie,* in: *Mittelalterliches Geistesleben,* vol. II, München 1936.

Grant E., *Physical Science in the Middle Ages,* in: 《The Cambridge History of Science Series》, 1978.

Grebner G., *Der 'Liber Introductorius' des Michael Scotus und die Aristotelesrezeption: der Hof Friedrichs II. als Drehscheibe der Kulturtransfers,* in: *Kaiser Friedrich II. (1194-1250). Welt und Kultur des Mittelmeerraums,* M. Fansa - K. Ermete (ed.), Mainz 2008, pp.251-57.

Greci R., *Eserciti cittadini e guerra nell'età di Federico II,* in: *Federico II e le città italiane,* P. Toubert - A. Paravicini Bagliani (ed.), Palermo 1994, pp. 344-363.

Grégoire IX, *Les Registres de Grégoire IX,* L. Auvray (ed.), I-III, Paris 1896-1910.

Gregorovius F., *Geschichte der Stadt Rom im Mittelalter,* Stuttgart 1865.

Grossi P., *L'ordine giuridico medievale,* Roma-Bari 1997.

Guerrazzi F., *La battaglia di Benevento,* Milano 1871.

Guidoni E., *L'urbanistica dei comuni italiani in età federiciana,* in: *Federico II e l'arte del Duecento,* Galatina 1980.

Guyotjeannin O., *I podestà imperiali nell'Italia centro-settentrionale (1237-1250),* in : *Federico II e le città italiane,* P. Toubert - A. Paravicini Bagliani (ed.), Palermo 1994, pp.115-28.

Hampe K., *Ein ungedrucker Bericht über das Konklave von 1241,* Sitzungsberg. der Heidelb. Akad. der Wissenscahften, 1913.

Hampe K., *Papst Innozenz IV. Und die sizilische Verschwörung von 1246,* Heidelberg 1923.

Hampe K., *Zur Gründungsgeschichte der Universität Neapel,* Heidelberg 1923.

Hartmann H., *Die Urkunden Konrads IV.,* 1944, S. 38-163.

Hartwig O., *Über den Totestag und das Testament Friedrichs II.,* in: "Forschungen zur Deutschen Geschichte", 12, 1872.

Haskins C.H., *Studies in the History of mediaeval Science,* Cambridge, Mass. 1927.

Haskins C.H., *Studies in mediaeval Culture,* Oxford 1929.

Herde P., *Ein Pamphlet der päpstlichen Kurie gegen Kaiser Friedrich II. von 1245/46 (《Eger cui lenia》),* in: 《Deutsches Archiv für Erforschung des Mittelalters》, 23, 1967, pp.468-538.

Herde P., *Literary Activities of the Imperial and Papal Chanceries during the Struggle between Frederick II and the Pope,* in: *Intellectual Life at the Court of Frederick II Hohenstaufen,* W. Tronzo (ed.), Yale 1994, pp.227-39.

Herde P., *Mongolensturm und Endzeiterwartung. Die Schlacht auf der Wahlstatt bei Liegnitz und die mongolischen Feldzüge in Osteuropa und im Nahen Osten,* in: P. Herde, *Gesammelte Abhandlungen und Aufsätze,* Stuttgart 2002, II/1, pp.181-216.

Heupel W. E., *Schriftuntersuchungen zur Registerführung in der Kanzlei Kaiser Friedrichs II.,* in: 《Quellen und Foschungen aus italienischen Archiven und Bibliotheken》, 46, 1996, pp.1-90.

Hiestand R., *Ierusalem et Sicilie rez. Zur Titular Friedrichs II.*, in: 《Deutsches Archiv für Erforschung des Mittelalters》, 52, 1996, pp.181-89.

Hilpert H.E., *Kaiser und Papstbriefe in den 'Chronica maiora'des Matthaeus Paris,* Stuttgart 1981.

Holt J.C., *Magna Carta,* Cambridge University Press, Cambridge 1992.

Honorius III, *Regesta Honorii Papae III.*, P. Pressuti (ed.), I.II, Roma 1888-95.

Horst E., *Friedrick der Staufer. Eine Biographie,* Classen-Verlag GmbH, Düsseldorf 1977.

Houben H., *Enrico di Malta,* in: *Dizionario Biografico degli Italiani,* 42, Roma 1993, pp.746-50.

Houben H., *I vescovi e l'imperatore,* in: *Federico II nel Regno di Sicilia. Realtà locali e aspirazioni universali.* Atti del Convegno internazionale di Barletta, 19-20 ottobre 2007, H. Houben - G. Vogeler (ed.), Bari 2008, pp.173-88.

Houben H., *Kaiser Friedrich II. (1194-1250). Herrscher, Menson und Mythos,* Stuttgart 2008.

Huillard-Bréholles J.L.A., *Historia diplomatica Friderici II,* I-III, voll., Paris 1852-61.

Huillard-Bréholles J. L. A., *Vie et correspondance de Pierre de la Vigne, ministre de l'empereur Frédéric II,* Paris 1865.

Humphreys R.S., *Gli avversari musulmani dell'imperatore: gli eserciti della confederazione ayyubida,* in: *Federico II e il mondo mediterraneo,* P. Toubert - A. Paravicini Bagliani (ed.), Palermo 1994, pp.302-19.

Iacovelli G., *Ordinamenti sanitari nelle costituzioni di Federico II,* in: *Atti delle seste Giornate federiciane, Oria, 22-23 ottobre 1983,* Bari 1986, pp. 227-37.

Ibn Sab'īn, *Trattato sulle domande siciliane. Domanda II. Traduzione e commento,* M. Grignaschi (ed.), in: 《Archivio storico siciliano》, s.III, 7, 1956, pp.7-91.

Ibn Sab'īn al-Haqq, *Le questioni siciliane. Federico II e l'universo filosofico,* P. Spallino (ed.), Palermo 2002.

Idrisi, *Il libro di Ruggero,* translated by Umberto Rizzano, Flaccovio Editore, Palermo 2008.

Imperiale di Sant'Angelo C., *Genova e le sue relazioni con Federico II,* Venezia

1923.

Innocent III, *De contemptu mundi sive de miseria conditionis humanae Libri Tres,* in: *Patrologiae cursus completus. Serie latina,* 217, J.P. Migne (ed.), Paris 1841-64.

Innocent IV, *Les registres d'Innocent IV,* Paris 1889-1921.

Innocenzo III, *Urbs et orbis. Atti del Congresso internazionale di Roma,* 9-15 settembre 1998, A. Sommerlechner (ed.), Roma 2003, 2 voll..

Iorio R., *Federico II costruttore di castelli,* in : *La Puglia fra medioevo ed età moderna,* vol.III, Milano 1981.

Jacobs W., *Patriarch Gerold von Jerusalem, Ein Beitrag zur Kreuzzugsgeschichte Friedrichs II.,* Diss., Bonn 1905.

Jacquart D., *La fisionomia: il trattato di Michele Scoto,* in: *Federico II e le scienze,* P. Toubert - A. Paravicini Bagliani (ed.), Palermo 1994, pp.338-353.

Jennings I., *Magna Carta and its influence in the world today,* H.M. Stationery Office, 1965.

Jones Ph., *The Italian City-State. From "Comune" to "Signoria",* Oxford 1997.

Jordan E., *Les origines de la domination angevine en Italie,* Paris 1909.

Kamp N., *Andrea di Cicala,* in: *Dizionario Biografico degli Italiani,* Roma 1981, 25, pp.290-93.

Kamp N., *Paolo di Cicala,* in: *Dizionario Biografico degli Italiani,* Roma 1981, 25, pp.318-20.

Kamp N., *Costanza d'Aragona,* in: *Dizionario Biografico degli Italiani,* Roma 1984, 30, pp.356-59.

Kamp N., *Der Episkopat und die Monarchie im staufischen Königreich Sizilien,* in: 《Quellen und Forschungen aus italienischen Archiven und Bibliotheken》, 64, 1984, pp.84-115.

Kamp N., *Morra Heinrich v.,* in: *Lexikon des Mittelalters,* VI, 1993, col.845.

Kamp N., *Fasanella (Matteo, Pandolfo, Riccardo, Tommaso),* in: *Dizionario Biografico degli Italiani,* Roma 1995, 45, pp.194-204.

Kamp N., *Moneta regis. Königliche Münzstätten und königliche Münzpolitik in der Stauferzeit,* Hannover 2006.

Kantorowicz E., *Kaiser Friedrich der Zweite,* Berlin 1927.

Kedar B.Z. - Kohlberg E., *The Intercultural Career of Theodore of Antioch,* in: 《Mediterranean Historical Review》, 10, 1995, pp.164-76.

Kennan E., *Innocent III and the first political crusade: a comment on the limitations of papal power,* in: 《Traditio》, XXVII, 1971.

Kington T.L., *History of Frederick the Second, Emperor of the Romans,* voll.1-2, Cambridge, London 1862.

Kisch G., *The Jews of Medieval Germany,* New York 1970.

Kluger H., *Hochmeister Hermann von Salza und Kaiser Friedrich II. Ein Beitrag zur Frühgeschichte des deutschen Ordens,* Marburg 1987.

Koch A., *Hermann von Salza, Meister des deutschen Ordens,* Leipzig 1884.

Kölzer Th., *Costanza d'Altavilla,* in: *Dizionario Biografico degli Italiani,* Roma 1984, 30, pp.346-56.

Kölzer Th., *Magna imperialis curia. Die Zentralverwaltung im Königreich Sizilien unter Friedrich II.,* in: 《Historisches Jahrbuch》, 114, 1994, pp.287-311.

Kowalski H., *Zu den Münzbildnissen Friedrichs II. von Hohenstaufen,* in: 《Schriftenreihe der Numismatischen Gesellschaft》, 25, 1985, pp.55-68.

Langley E.F., *The Poetry of Giacomo da Lentini, Sicilian poet of the thirteenth century,* Cambridge (Mass.) 1915.

Laudage J., *Friedrich Barbarossa. Eine Biographie,* Pustet, Regensburg 2009.

Le Goff J., *Saint Louis,* Éditions Gallimard, Paris 1996.

Le Goff J., *Saint François d'Assise,* Éditions Gallimard, Paris 1999.

Lejeune P., *Walter von Palearia,* Bonn 1906.

[Leonardo Pisano (Fibonacci)], *Scritti di Leonardo Pisano,* B. Boncompagni (ed.), Roma 1857-62, 2 voll..

Levi G., *Il cardinale Ottaviano degli Ubaldini,* in: 《Archivio Deputazione Romana di Storia Patria》, 14, 1891.

Licinio R., *Le masserie regie in Puglia nel secolo XIII. Ambienti, attrezzi e tecniche,* in: 《Quaderni medievali》, 2, 1976, pp.73-111.

Licinio R., *Uomini e terre nella Puglia medievale. Dagli Svevi agli Aragonesi,* Bari 1983.

Licinio R., *Castelli medievali. Puglia e Basilicata: dai Normanni a Federico II e Carlo I d'Angiò,* Bari 1994.

Licinio R. (ed.), *Castel del Monte e il sistema castellare nella Puglia di Federico II,* Modugno 2001.

Lorck A., *Hermann von Salza: sein Itinerar.* 1880 (reprint: Bad Langensalza 2005).

Lorenzo Valla, *La falsa donazione di Costantino,* Olga Pugliese (ed.), Biblioteca Universale Rizzoli, II ed., Milano 2001 (I edition: Milano 1194).

Lotharii Cardinalis (Innocentii III), *De miseria humanae conditionis,* M. Maccarone (ed.), Lucca 1955.

Lothmann J., *Erzbischof Engelbert I. von Köln (1216-1225). Graf von Berg, Erzbischof und Herzog, Reichsverweser,* Köln 1993.

Maccarone M. (ed.), *Chiesa e Stato nella dottrina di papa Innocenzo III,* Ateneo lateranense, Roma 1941.

Maffei D., *Un'epitome in volgare del "Liber Augustalis",* Editori Laterza, Bari 1995.

Magaletta G., *Musica e poesia alla corte di Federico II di Svevia,* Foggia 1989.

Maissoneuve H., *Études sur les origines de l'inquisition,* Paris 1960.

Maleczek W., *La propaganda antiimperiale nell'Italia federiciana: l'attività dei legati papali, in: Federico II e le città italiane,* P. Toubert - A. Paravicini Bagliani (ed.), Palermo 1994, pp.290-303.

Manfroni C., *Storia della marina ital. dalle invasioni barbariche al trattato di Ninfeo,* Livorno 1899.

Manselli D. (ed.), *Eretici e ribelli del XIII e XIV secolo,* Pistoia 1974.

Manselli R., *Ezzelino da Romano nella politica italiana del sec.XIII,* in: 《Studi ezzeliniani. Studi storici》, 45-47, 1963, pp.35-79.

Manselli R., *La corte di Federico II e Michele Scoto,* in: *L'Averroismo in Italia.* Atti del Convegno internazionale di Roma, 18-20 aprile 1977, Roma 1979, pp.63-80.

Marçais G., *L'architecture musulmane d'Occident,* Paris 1954.

Marongiù A., *Le "Curie Generali" del Regno di Sicilia sotto gli Svevi, 1194-1266,* Roma 1949.

Marongiù A., *Uno 《stato modello》 nel medioevo italiano: Il regno normanno-svevo di Sicilia,* in: "Critica storica", 1963.

Martin J.M., *Le città demaniali,* in: *Federico II e le città italiane,* P. Toubert -

A. Paravicini Bagliani (ed.), Palermo 1994, pp.179-95.

Martin J.M. - Cuozzo E., *Federico II. Le tre capitali del regno: Palermo-Foggia-Napoli,* Generoso Procaccini, Napoli 1995.

Matthew Paris (or Matther the Parisian), *Matthaei Parisiensis monachi S. Albani, Chronica Maiora,* H.R. Luard (ed.), 7 voll., London 1872-83.

Maurici F., *L'emirato sulle montagne. Note per una storia della resistenza musulmana in Sicilia nell'età di Federico II,* Palermo 1987.

Mayer H.E., *Das Pontifikale von Tyrus und die Krönung der lateinischen Könige von Jerusalem,* in: 《Dumbarton Oak Papers》, 21, 1967, pp.141-232.

Mazzoleni J., *La registrazione dei documenti delle cancellerie meridionali dall'epoca sveva all'epoca viceregnale,* Napoli 1971, vol.I.

Mc Vaughn M., *Medical Knowledge at the Time of Frederick II,* in: 《Micrologus》, 2, 1994, pp.3-17.

Mehren A.F., *Correspondance du Philosophie soufi Ubn Sab'în abd Oul-Haqq avec l'empereur Frédéric II de Hohenstaufen publiéé d'après le manuscrit de la bibliothèque Bodléienne contenant l' analyse générale de cette correspondance et la traduction du quatrième traité sur l'immortalité de l' âme,* in : "Journal asiatique", 7ième série, tome XIV, Paris 1879.

Meier H. - Welcker, *Das Militärwesen Kaiser Friedrichs II.,* in: 《Militärgeschichtliche Mitteilungen》, 17, 1975, pp.9-48.

Melloni A., *Innocenzo IV. La concezione e l'esperienza della cristianità come "regimen unius personae",* Genova 1990.

Meriggi A., *Federico d' Antiochia, vicario imperiale in Toscana,* in: *Federiciana,* Treccani, Roma 2005.

Merkel C., *L'opinione dei contemporanei sull'impresa italiana di Carlo d' Angiò,* Atti Acc. Lincei, 1889.

Minieri Riccio C., *Alcuni studi storici intorno a Manfredi e Corradino della imperiale casa di Hohenstaufen,* Napoli 1850.

Minieri Riccio C., *I notamenti di Matteo Spinelli da Giovenazzo,* Napoli 1870.

Mola S., *La Cattedrale di Trani,* Mario Adda Editore, Bari 1996.

Mola S., *Itinerario federiciano in Puglia. Sulle tracce dell'imperatore,* reprint, Mario Adda Editore, Bari 2003.

Momigliano *E., Gli Svevi,* Milano 1968.

Monaco G., *L'uccisore di Corradino. La spietata ferocia dei due angioini Carlo I e Carlo II documentata dal loro epistolario,* Napoli 1968.

Monti G.M., *Per la storia dell'Università di Napoli,* Napoli 1924.

Monti G.M., *Pier della Vigna e le Costituzioni del 1231,* Bari 1930.

Morghen R., *Il tramonto della potenza sveva in Italia: 1250-1266,* Roma 1936.

Morpurgo P., *Philosophia naturalis at the Court of Frederick II: From the Theological Method to the "ratio secundum physicam" in Michael Scot's 'De anima', in: Intellectual Life at the Court of Frederich II Hohenstaufen,* W. Tronzo (ed.), Yale 1994, pp.241-48.

Neuenschwander E., *Leonardo Fibonacci, in: Lexicon des Mittelalters,* V, 1991, coll.1893.

Nicolai de Jamsilla [Nicolò di Jamsilla], *Historia de rebus gestis Frederici II imperatoris eiusque filiorum Conradi et Manfredi Apuliae et Siciliae regum,* G. Del Re (ed.), in: *Cronisti e scrittori sincroni napoletani editi e inediti,* G. Del Re (ed.), Napoli 1868, II, pp.101-200.

Nörr K. W., *Institutional Foundations of the New Jurisprudence, in: Renaissance and Renewal in the Twelfth Century,* R. L. Benson - G. Constable (ed.), Oxford 1985, pp.324-38.

Norwich J.J., *The Normans in the South (1016-1130),* Longmans, Green and Co. Ltd Publishers, London 1967.

Norwich J.J., *The Kingdom in the Sun (1130-1194),* Longmans, Green and Co. Ltd Publishers, London 1970.

Orioli R., *Eresia e ghibellinismo,* in: *Federico II e le città italiane,* P. Toubert - A. Paravicini Bagliani (ed.), Palermo 1994, pp.420-431.

Ostrogorsky G., *Geschichte des Byzantinischen Staates,* München 1965.

Palumbo P.F., *La fondazione di Manfredonia,* in: 《Archivio Storico Pugliese》, 6, 1953.

Panvini Br., *La scuola poetica siciliana. Le canzoni dei rimatori nativi di Sicilia,* I-II, Firenze 1954-58.

Paolucci G., *Le Finanze e la corte di Federico II di Svevia,* in: *Atti della R. Accademia di Palermo,* ser.III, tom.7, Palermo 1904.

Parisio N., *Giovanni da Procida, cancelliere del Regno,* in: 《Archivio Storico Gentilizio Napoletano》, 1, 1894.

Partner P., *The Lands of St. Peter,* London 1972.

Pepe G., *Taddeo da Sessa e la politica religiosa di Federico II,* in: 《Civiltà moderna. Rassegna di critica storica》, 3, 1931.

Percivaldi E., *I Lombardi che fecero l'impresa. La Lega Lombarda e il Barbarossa tra storia e leggenda,* Ancora Editrice, Milano, 2009.

Petersohn J., *Heinrich Raspe und die Apostelhäupter oder: Die Kosten der Rompolitik Kaiser Friedrichs II.,* Franz Steiner Verlag, Stuttgart 2002.

Piazzoni A. M., *Storia delle elezioni pontificie,* Casale Monferrato (AL), Edizioni Piemme S.p.A., 2005.

Piccinni G., *Il Medioevo,* Milano 2004.

Pirenne H., *Histoire économique et sociale du Moyen Age,* Presses Universitaires de France, 1963.

Pispisa E., *Niccolò di Jamsilla, un intellettuale alla corte di Manfredi,* Messina 1984.

Pispisa E., *Il Regno di Manfredi,* Messina 1991.

Porsia F., *Indirizzi della tecnica e delle scienze in età federiciana,* in: 《Archivio Storico Pugliese》, 31, 1978.

Powell J.M., *The Liber Augustalis or Constitutions of Melfi promulgated by the Emperor Frederick II for the Kingdom of Sicily in 1231,* Siracuse (N.Y.) 1971.

Prodi P., *Il sacramento del potere: il giuramento politico nella storia costituzionale dell'Occidente,* Bologna 1992.

Pryor J.H., *The Crusade of Emperor Frederick II, 1220-29: The Implications of the Maritime Evidence,* in: 《The American Neptune》, 52, 1992, pp.113-32.

Pybus H. J., The *Emperor Frederick II and the Sicilian Church,* in: 《Cambridge Historical Journal》, III, 1929-30, pp.134-63.

Raccagni G., *The Lombard League, 1167-1225* (Oxford, 2010).

Raffiotta G., *Alcuni saggi della politica fiscale di Federico II in Sicilia,* in: 《Archivio della facoltà di economia e commercio dell' Università di Palermo》, 7, 1953.

Rashed R., *Fibonacci et les mathématiques arabes,* in: 《Micrologus》, 2, 1994, pp.145-60.

Renouard Y., *Les Villes d'Italie de la fin du Xe siècle au début du XIVe siècle,* Nouvelle édition par Ph. Braunstein, 1975.

Riccardo di San Germano, *La Cronaca,* translated by Giuseppe Sperduti, Cassino 1999.

Ries R., *Regesten der Kaiserin Constanze, Königin von Sizilien. Germahlin Heinrichs VI.,* in: 《Quellen und Forschungen aus italienischen Archiven und Bibliotheken》, 18, 1926, pp.30-100.

Rodenberg C., *Die Friedensverhandlungen zwischen Friedrich II. und Innozenz IV. 1243-44,* in: *Festgabe F.G. Meyer von Knonau,* Zürich 1913.

Rolandino da Padova, *Vita e morte di Ezzelino da Romano,* F. Fiorese (ed.), Fondazione Valla, Milano 2004.

Ronzi A., *Re Manfredi,* Siracusa 1883.

Rossi G., *Gualtieri da Ocra, Gran Cancelliere del Regno di Sicilia sotto Federico II, Corrado IV e Manfredi,* Napoli 1829.

Rossini G., *Federico II e l'assedio di Faenza,* in: *Atti e memorie Deputazione Storia Patria per le provincie dell'Emilia,* 6 (1941), Bologna 1941.

Runciman S., *Geschichte der Kreuzzüge,* München 1957-60, 3 voll..

Runciman S., *The Sicilian Vespers; a history of Mediterranean world in the later thirteenth century,* Cambridge 1958.

Russo R., *Federico II legislatore,* II edition, Editrice Rotas, Barletta 1997 (I edition: Barletta 1996).

Russo R., *Federico II. Cronaca della vita di un imperatore e della sua discendenza,* V edition, Editrice Rotas, Barletta 2006 (I edition: Barletta 1994).

Russo R., *Federico II. Album della vita,* Editrice Rotas, Barletta 2007 (I edition: Barletta 2004).

Ruta C., *Federico II e la Sicilia. Fonti. Storiografie a confronto,* Promolibri, Palermo 2007.

Sacchetti F., *Il Trecentonovelle,* E. Faccioli (ed.), Giulio Einaudi editore, Torino 1970.

Salimbene de Adam, *Cronaca,* translated by Giuseppe Tonna, Reggio Emilia 2006.

Santangelo S., *Re Enzo prigioniero e poeta,* in: *Atti delle Giornate Federiciane,*

Palermo: dicembre 1950 - Palermo 1952.

Santini G., *Giuristi e collaboratori di Federico II*, in: *Atti delle Terze Giornate Federiciane,* Oria: ottobre 1974 - Bari 1977.

Savagnone F. G., *I compilatori delle "Constitutiones" di Federico II,* in: 《Archivio Storico Siciliano》, 46, 1925.

Sbriccoli M., *Crimen laesae maiestatis. Il problema del reato politico alle soglie della scienza penalistica moderna,* Milano 1974.

Scandone F., *Margherita di Svevia, figlia naturale di Federico II, contessa di Acerra,* in: 《Archivio Storico Provincie Napoletane》, 31, 1906.

Schaller H. M., *Politische Propaganda Kaiser Friedrichs II. und seiner Gegner.,* Germering b. München 1965.

Schaller H.M., *Della Vigna, Pietro, in: Dizionario Biografico degli Italiani,* Roma 1989, 37, pp.776-84.

Schipa M., *Sicilia e Italia sotto Federico II,* Napoli 1929.

Schmidinger H., *Gregor von Montelongo,* in: *Lexicon des Mittelalters,* IV, 1989, coll.1675 sg..

Schminck C.U., *Crimen laesae maiestatis. Das politische Strafrecht Siziliens nach den Assinen von Ariano (1140) und den Konstitutionen von Melfi (1231),* Aalen 1970.

Settia A., *Comuni in guerra. Armi ed eserciti nell'Italia delle città,* Bologna 1965.

Settia A., *Rapine, assedi e battaglie: la guerra nel medioevo,* Roma-Bari 2002.

Siberry E., *Criticism of Crusading 1095-1274,* Oxford 1985.

Simeoni L., *Note sulla formazione della seconda Lega Lombarda,* in: L. Simeoni, *Studi su Verona nel Medioevo,* IV, Verona 1962, pp.281-353.

Simonde de Sismondi J.C.L., *Histoire des Républiques Italiennes du Moyen Age,* 1968.

Smith D.M., *A History of Sicily: Medieval Sicily (800-1713), Moderno Sicily (after 1713),* Chatto & Windus, London 1968.

Sommerlechner A., *Stupor mundi? Kaiser Friedrich II. und die mitteralterliche Geschichtsschreibung,* Wien 1999.

Sorio B., *Due Lettere: Missiva di Federico II (1857),* Kessinger Publishing, 2010.

Sperle C., *König Enzo von Sardinien und Friedrich von Antiochia,* Frankfurt a.M. 2001.

Steinen W. von den, *Staatsbriefe Kaiser Friedrichs des Zweiten,* Breslau 1923.

Sthamer E., *Die vatikanischen Handschriften der Konstitutionen Friedrichs II. für das Königreich Sizilien,* in: *Papsttum und Kaisertum, Paul Kehr dargebracht,* München 1926, pp.508-525.

Stürner W., *Rerum necessitas und divina provisio. Zur Interpretation des Prooemiums der Konstitutionen von Melfi (1231),* in: 《Deutsches Archiv für Erforschung des Mittelalters》, 39, 1983, pp.467-554.

Stürner W., *Hagenau,* in: *Federico II. Enciclopedia Fridericiana,* I, p.811.

Stürner W., *Magonza (1235), Pace di,* in: *Federico II. Enciclopedia Fridericiana,* II, pp.254-60.

Stürner W., *Friedrich II, 1194-1250,* WBG (Wissenschaftliche Buchgesellschaft), Darmstadt 2009.

Sudhoff K., *Zum 'Regimen Sanitatis Salernitatum',* in: 《Sudhoffs Archiv für Geschichte der Medizin》, 12, 1920, pp.149-80.

Summo G., *Gli Ebrei in Puglia dall'XI al XVI secolo,* Bari 1939.

Tabacco G., *La relazione fra i concetti di potere temporale e potere spirituale nella tradizione cristiana sino al secolo XIV,* Torino 1950.

Tabacco G., *Ghibellinismo e lotte di partito nella vita comunale italiana,* in: *Federico II e le città italiane,* P. Toubert - A. Paravicini Bagliani (ed.), Palermo 1994, pp.335-343.

高山博　全著作

Tardioli F., *Le Costituzioni di Melfi di Federico II,* Roma 1985.

Tavolaro A., *Elementi di astronomia nella architettura di Castel del Monte,* Bari 1974-1991.

Tenckoff F., *Der Kampf der Hohenstaufen um die Mark Ancona und das Herzogtum Spoleto von der zweiten Exkommunikation Friedrichs II., bis zum Tode Konradins,* Diss., Münster 1893.

Theiner A., *Codex diplomaticus dominii temporalis S. Sedis,* Roma 1861-62, 3 voll..

Thorau P., *König Heinrich (VII.), das Reich und die Territorien. Untersuchungen zur Phase der Minderjährigkeit und der "Regentschafen"*

Erzbishof Engelberts I. von Köln und Herzog Ludwigs I. von Bayern (1211) 1220-1228, Berlin 1998.

Thorndike L., *Sanitation Baths and Street-Cleaning in the Middle Ages and Renaissance,* in: 《Speculum》, 3, 1928, pp.192-203.

Thorndike L., *Michael Scot,* London-Edinburg 1965.

Thouzellier C., *Catharisme et Valdéisme en Languedoc à la fin du XIIe et au début du XIIIe siècle,* Louvain-Paris 1969.

Tjerneld H., *Moamin et Ghatrif. Traités de fauconnerie et des chiens de chasse. Édition princeps de la version franco-italienne,* Stockholm-Paris 1945.

Toomaspoeg K., *La politica fiscale di Federico II,* in: *Federico II nel Regno di Sicilia. Realtà locali ed aspirazioni universali,* H. Houben - G. Vogeler (ed.), Bari 2008, pp.231-47.

Topsfield L.T., *Troubadours and Love,* Cambridge 1975.

Travaini L., *Federico II mutator monetae: continuità e innovazione nella politica monetaria (1220-1250),* in: *Friedrichs II.* Tagung des Deutschen Historischen Instituts in Rom im Gedenkjahr 1994, A. Esch - N. Kamp (ed.), Tübingen 1996, pp.339-62.

Trombetti Budriesi A.L., *Il 《Liber Augustalis》 di Federico II di Svevia nella storiografia,* Bologna 1987.

Udovich A.L., *I Musulmani e gli Ebrei nel mondo di Federico II: linee di demarcazione e di comunicazione,* in: *Federico II e il mondo mediterraneo,* P.Toubert - A. Paravicini Bagliani (ed.), Palermo 1994, pp.191-213.

Van Cleve Th. C., *Markwald Anweiler and the Sicilian Regency,* Princeton 1937.

Van Cleve Th.C., *The Emperor Frederick II of Hohenstaufen, Immutator Mundi,* Oxford 1972.

Verger J., *Istituzioni e sapere nel XIII secolo,* Milano 1991.

Verger J., *La politica universitaria di Federico II nel contesto europeo,* in: *Federico II e le città italiane,* P. Toubert - A. Paravicini Bagliani (ed.), Palermo 1994, pp.129-43.

Villani G.M.F., *Croniche,* vol.I, Tipografia del Lloyd Austriaco, Trieste 1857.

Villani F., *Foggia al tempo degli Hohenstaufen e degli Angioini,* Trani 1894.

Vogel K., *Leonardo Fibonacci,* in: *Dictionary of Scientific Biography,* New York 1971, IV, pp.604-13.

Voltmer E., *Personaggi intorno all' Imperatore: consiglieri e militari, collaboratori e nemici di Federico II,* in: *Atti del Convegno su Politica e Cultura nell'Italia di Federico II,* Pisa 1986.

Voltmer E., *Federico d'Antiochia,* in: *Dizionario Biografico degli Italiani,* Roma 1995, 45, pp.663-68.

Waldburg-Wolfegg H.G., *Vom Südreich der Hohenstaufen,* München 1954 (III edition: 1960).

Waley D., *The Papal State in the Thirteenth Century,* London 1961.

Waley D., *Die italianischen Stadtstaaten,* München 1969.

Watt W.M., *Muslim-Christian Encounters: Perceptions and Misperceptions,* London 1991.

Weber H., *Der Kampf zwischen Papst Innozenz IV. und Kaiser Friedrich II. bis zur Flucht des Papstes nach Lyon,* Berlin 1900.

Weiler B., *Henry III of England and the Staufen Empire, 1216-1272,* Woodbridge 2006.

Wenck K., *Die heilige Elisabet von Thüringen,* in: 《Historische Zeitschrift》, 69, 1982.

Werner M., *Prälatenschulden und home Politik im 13. Jahrhundert. Die Verschuldung der Kölner Erzbischöfe bei italienischen Bankiers und ihre politischen Implikationen,* in: *Köln. Stadt und Bistum in Kirche und Reich des Mittelalters. Fs. für O. Engels,* Köln 1993, pp.511-70.

Wesener G., *De actionibus inter Innocentium papam et Fridericum II anno 1243/44 et Concilio Lugdunnensi,* Bonn 1870.

Wiegler P., *The Infidel Emperor,* London 1930.

Willemsen C.A., *Die Falkenjagd,* Leipzig 1943.

Willemsen C.A., *Apulien: Kathedral und Kastellen,* DuMont Reiseführer, Köln 1973.

Winkelmann E., *Zu den Regestes der Päpste Honorius III., Gregor IX., Coelestin IV. und Innozenz IV.,* in: "Forschungen zur Deutschen Geschichte", 10, 1870, pp.247-271.

Winkelmann E., *Zur Geschichte Kaiser Friedrichs II. in den Jahren 1239 bis*

1241, in: "Forschungen zur Deutschen Geschichte", 12, 1872, pp.261-294, 521-566.

Winkelmann E., *Philipp von Schwaben und Otto IV. von Braunschweig*, 1.Bd., *König Philipp von Schwaben, 1197-1208*, Leipzig 1873, Neudruck Darmstadt 1963.

Wolf G., *Die Testamente Kaiser Friedrichs II.*, in: "Zeitschrift der Savigny-Stiftung für Rechtsgeschichte", 79, 1962, pp.314 e sgg.

Zahlten J., *Medizinische Vorstellungen im Falkenbuch Kaiser Friedrichs II.*, in: 《Sudhoffs Archiv》, 54, 1970, pp.49-103.

Zazo A., *La battaglia del 26 febbraio 1266*, in: 《Saggi Biblioteca di Benevento》, 1, 1968.

Zecchino O., *Le Assise di Ruggero II. Problemi di storia delle fonti e di diritto penale*, Napoli 1980.

Ziegler J., *The Beginning of Medieval Physiognomy: The Case of Michael Scotus*, in: *Kulturtransfer und Hofgesellschaft im Mittelalter. Wissenskultur am sizilianischen und kastilischen Hof im 13. Jahrhundert*, G. Grebner – J. Fried (ed.), Berlin 2008, pp.299-319.

Zorzi A., *La giustizia imperiale nell'Italia comunale*, in: *Federico II e le città italiane*, P. Toubert – A. Paravicini Bagliani (ed.), Palermo 1994, pp.85-103.

Zweig F., *Puer Apuliae*, Esslingen 1949.

図版出典一覧

口絵	フリードリッヒ二世著『鷹狩りの書（De Arte Venandi cum Avibus)』ヴァティカン図書館蔵（ヴァティカン／イタリア）の挿絵より
p. 17	作者不詳『ケルン大年代記（Chronica regia Coloniensis)』ベルギー王立図書館蔵（ブリュッセル／ベルギー）
p. 84	作者不詳「ルイ九世と王妃マルグリットの像」、Renato Russo, *Federico II; Cronaca della vita di un imperatore e della sua discendenza,* Editorice Rotas(Barletta), 1994
p. 94	作図：畠山モグ
p. 149	ラファエッロ作「アテネの学堂」、ヴァティカン宮殿蔵（ヴァティカン／イタリア） © Bridgeman Art Library
p. 184	「カステル・デル・モンテ」（バーリ近郊／イタリア）© ARTEPHOT/PAF
p. 197	口絵と同じ
p. 240	ジョヴァンニ・ヴィッラーニ著『ヌオヴァ・クロニカ(Nuova Cronica)』ヴァティカン図書館蔵（ヴァティカン／イタリア）の挿絵より
p. 310	同上
p. 331	同上
p. 381	同上
p. 410	「フリードリッヒ二世記念石碑」（カステル・フィオレンティーノ／イタリア）© Antonio Scimone
p. 415	同上
地図作製	綜合精図研究所（p.9, p.15, p.20, p.27, p.64, p.75, p.169, p.226, p.290, p.302, p.356, p.383）

一三〇三		仏王フィリップ四世により、ローマ法王が捕えられる（二年後からローマ法王が七代にわたって捕えられる「アヴィニョン捕囚」が始まる）	（日本）嘉元の乱（一三〇五）
二〇〇〇	十二月十三日、フリードリッヒ二世没後七百五十年を記念し、終焉の地カステル・フィオレンティーノの城跡に八角形の記念石碑が建てられる		

一二七〇		ルイ九世、第八次十字軍を率いて出発するも、上陸先のチュニジアで客死	(中国)元朝成立(一二七一)
一二七二	エンツォ、幽閉先のボローニャで死去		
一二七三	フリードリッヒの忠臣でハプスブルグ家のルドルフ、神聖ローマ帝国皇帝に即位		
			(日本)元寇、文永の役(一二七四)
一二八二	スペインのアラゴン家に嫁いでいたマンフレディの長女コスタンツァ、フリードリッヒの侍医ジョヴァンニらの率いるスペイン軍がシチリアに向かい、復活祭の晩鐘を合図に上陸。フランス兵をシチリアから一掃(「シチリアの晩鐘」)。シャルルは失脚し、三年後に死去コスタンツァ、シチリアの統治者となる		(中国)マルコ・ポーロ、フビライ汗に会見(一二七五)
			(日本)元寇、弘安の役(一二八一)
一二九一		中東のキリスト教勢力の町アッコンがイスラム勢力により陥落。十字軍国家が消滅	
一二九八	この頃よりダンテや画家ジョットーらの活動が盛んとなり、ルネサンスの訪れを見せ始める		(日本)永仁の徳政令(一二九七)

	歳）		
一二五八	八月、マンフレディがパレルモの主教会でシチリア王位を戴冠 マンフレディ、前法王により閉鎖中のナポリ大学を再開。海港都市マンフレドニアを建設		（中近東）蒙古軍、バグダッドを占拠
一二六一		アレクサンデル四世死去。ウルバン四世が新法王に即位	（日本）親鸞死去（一二六二）
一二六四		ウルバン四世死去。クレメンス四世が新法王に就任	
一二六五	マンフレディ、この頃までに父フリードリッヒの遺した草稿などをもとに「鷹狩りの書」を編纂復元し、完成させる		
一二六六	二月、マンフレディが仏王ルイ九世の弟シャルル率いるフランス軍との「ベネヴェントの戦闘」で敗れ戦死（三四歳）。ホーエンシュタウヘン家によるシチリア王朝が崩壊		
一二六八	コンラッドの子コラディン、シャルル軍に捕われ斬首刑に（一六歳）		

年			
	公とする、④長子ハインリッヒの子をオーストリア公とするなど） 十二月十三日、カステル・フィオレンティーノにて死去（五五歳十一ヵ月） 法王の推挙する皇帝候補オランダ公ウィルヘルム、コンラッドに敗れオランダへ帰還		
一二五一	二月、パレルモの主教会で葬礼 ドイツの諸侯、コンラッドの統治に不安を見せる コンラッド、イタリアへ向けドイツを発つ	インノケンティウス四世、ローマへ帰還	
一二五二	コンラッドの長男コラディインが生れる 九月、最側近のベラルドが死去	法王、コンラッドを断罪	
一二五三	ヴェネツィアを除く北イタリア、皇帝派から法王派となる コンラッドに次ぐ相続人エンリコが死去（一五歳）		（日本）道元死去
一二五四	コンラッド死去（二六歳） 九月、マンフレディ、インノケンティウス四世により破門される	十二月、インノケンティウス四世が死去。アレクサンデル四世が新法王に即位	

	れ焼失。側近タッデオ・ダ・セッサが死去。自著「鷹狩りの書」も持ち出される 三月からパルマ周辺も含めたロンバルディア全域の掌握に成功 ビアンカ・ランチアが死去（三八歳）		
一二四九 （五五）	一月、体に不調（紅斑性狼瘡）が起こる 二月、最側近のヴィーニャを反逆罪で捕縛。ヴィーニャは一ヵ月後に自死 五月、リカルド（キエーティ伯）死去 サルデーニャ王となっていた庶子エンツォがボローニャ軍との間の戦闘中に捕縛される		
一二五〇 （五六）	エンツォに代わり配下の武将パッラヴィチーノを北イタリア統治担当とし、同地で皇帝派回復される 九月より静養と視察を兼ね南イタリアで過ごす 十一月、鷹狩りに出た先で発病、近くのカステル・フィオレンティーノへ運ばれる 十二月七日、遺言を口述させる（①コンラッドを筆頭相続人とし、神聖ローマ帝国皇帝とシチリア王国を託す、②エンリコをイェルサレム王とする、③マンフレディをターラント	第七次十字軍、エジプトのダミエッタ付近でイスラム勢に完敗、全員捕虜となる	（エジプト）マメルーク朝が成立

一二四五 （五一）	リヨン公会議へ皇帝代理としてタッデオ・ダ・セッサを送る 七月、公会議でタッデオの主張が破棄され、異端者として断罪される。皇帝位、シチリア王位の剝奪も決議される	六月、法王がリヨンでの公会議を開催 公会議後、法王はチューリンゲン伯ラスペをドイツ王とし、またオランダ公ウィルヘルムを皇帝とするなどして現ドイツ王コンラッドの追い落としを図るも、いずれも失敗	
一二四六 （五二）	三月、部下のパンドルフォとジャコモら、法王義弟を介した法王の意を受け、フリードリッヒとエンツォ殺害を計画。実行前に発覚し、陰謀者一味は捕われ断罪される コンラッド、法王の推すラスペ軍との戦いに敗れるも、六ヵ月後の再戦に勝利 ビアンカ・ランチアと正式に結婚。ビアンカとの間に生れた庶子マンフレディが嫡子となる		
一二四七 （五三）	二月、イタリア全土の統治新体制を決定 パルマでインノケンティウスの意を受けたクーデターが勃発。反皇帝派となる 夏、パルマ包囲のため近くに基地ヴィクトリアを建設	法王、義弟や枢機卿らを通じてパルマで皇帝反旗のクーデターを計画	（日本）宝治合戦
一二四八	二月、ヴィクトリアへ移る。鷹狩りに出てい	仏王ルイ九世、第七次十字軍遠征に発つ	

	モナに撤退 イザベルとの間に三男エンリコを得る（のちイェルサレム王）		
一二三九（四五）	三月、グレゴリウスにより三度目となる破門を受ける		
一二四〇（四六）	法王との対立が深まる。この頃、ヴィーニャとともにタッデオ・ダ・セッサを側近とする		（ロシア）蒙古軍、キエフ大公国を攻め落とす
一二四一（四七）	五月、メロリアの海戦でジェノヴァ側を破り、公会議出席予定の聖職者を捕縛し、南イタリアに幽閉 八月、法王領への侵攻を開始するも、グレゴリウス死去の報に接し撤退 冬、イザベル死去（二七歳）	グレゴリウス九世、ローマでの公会議開催を公表 八月、グレゴリウス死去。以後二十二ヵ月の間、法王の空位が続く	
一二四三（四九）		六月、新法王にインノケンティウス四世が即位	
一二四四（五〇）	法王に直接会談を申し入れ	インノケンティウス四世、会談の約束を破棄しリヨンへ逃亡	（日本）道元が永平寺を開山

年			
一二三二 （三八）	ドイツで長男ハインリッヒの統治への不満が高まる。叱責されたハインリッヒが反皇帝派と結ぶ 愛人ビアンカ・ランチアとの間に庶子マンフレディが生れる（のちシチリア王）		（日本）貞永式目制定 （中国）蒙古、金を滅ぼす（一二三四）
一二三五 （四一）	次男コンラッドを連れドイツへ。ハインリッヒを終身刑に処す（一二四二年に自死） 英王女イザベル（ジョンの娘、現王ヘンリー三世の実妹）と結婚		（中国）蒙古、首都カラコルム建設
一二三六 （四二）	法王側に立ち皇帝と対立してきた北イタリアのロンバルディア地方の諸都市（ロンバルディア同盟）との戦闘に勝利。北イタリアの東半分が皇帝側につく コンラッドをドイツ王に就ける		
一二三七 （四三）	ロンバルディア同盟軍と再戦、コルテヌオーヴァでの戦闘で撃破。ロンバルディア同盟は事実上の解散		
一二三八 （四四）	三月、同盟の盟主ミラノが講和を申し入れるも交渉は決裂 七月、イタリア最北部のブレッシアを攻める	エジプトのスルタン、アル・カミールが死去	（タイ）タイ民族によるスコータイ王朝成立

	と交渉。話し合いによる和平とイェルサレムの再復を図る		
一二二九（三五）	二月、アル・カミールとの交渉が妥結し、イェルサレム再復を実現。同地にはイスラム地区が維持され、ベイルート～ヤッファ間の海港都市はキリスト教側の領土となる。有効期間は十年とされ、双方の意思によって更新可能なものとされた 三月、イェルサレム入りを果たし、イェルサレム王として戴冠式を挙行 五月、法王の意を受けた前イェルサレム王ブリエンヌがシチリア王国内に侵入。南イタリアに向けアッコンを発つ 六月、ブリンディシ入港		
一二三〇（三六）	九月、法王の生家アナーニで法王と「平和の接吻」を交わし和解。破門が解かれる パレルモ大司教ベラルドの姪との間に庶子リカルドを得る（のちキエーティ伯、スポレート公）		
一二三一（三七）	九月、「メルフィ憲章」を発布。法治国家設立を目指す	グレゴリウス九世、憲章発布を「神と信徒への敵対行為」と非難	（朝鮮）蒙古軍、高麗に侵入

	に従事させる。また、フィボナッチの紹介でアリストテレス研究者のマイケル・スコットを知る エジプトのスルタン、アル・カミールの使者ファラディンと会見 女官アナイスとの間に娘ビアンコフィオーレが生れる 皇帝派の重鎮ランチア侯の娘ビアンカ・ランチアと出会う	帝派と対立	
一二二七（三三）	九月、十字軍を率いブリンディシを発つも、疫病発生のためオートラントへ避難。ヘルマンをオリエントに先行させ、ポッツォーリで静養 十一月、グレゴリウス九世に破門される ヨランダから次男コンラッドを得る ヨランダ死去（一六歳）	三月、ホノリウス三世が死去。グレゴリウス九世が新法王に即位	（中国）チンギス汗が死去 （日本）道元、宋より帰朝
一二二八（三四）	三月、グレゴリウスにより二度目の破門を受ける 六月、十字軍を率いブリンディシを出港。七月、キプロス島着。同地で内政の混乱を処理した後、九月にアッコン上陸 アッコンおよびヤッファ（現在のテル・アヴ		

（二八）			
一二二三（二九）	プーリア全域で城塞建設を開始。フォッジアに王宮を建設する 五月、シチリアで蜂起に加わったアラブ人とその家族をプーリアの町ルチェラに集団移住させる この頃、シチリア海軍の再興を図り、マルタ島生れのエンリコを登用	仏王フィリップ二世死去	
一二二四（三〇）	ヨーロッパ初の国立大学となるナポリ大学（現在のフェデリーコ二世大学）を開設。初代校長にエピファーニオを任命。同大学はトマス・アクィナスらを輩出する アンティオキアのマリアとの間に庶子アンテイオキアのフェデリーコが生れる（のちアルバ伯、トスカーナ地方統治代理）		
一二二五（三一）	七月、法王から正式に十字軍遠征を要請される 十一月、イェルサレム王女ヨランダと結婚		
一二二六（三二）	数学者フィボナッチと知り合い、アラビア数字導入を図り、これに年金を与えて数学研究	三月、ミラノを中心とした北イタリアの諸都市で「ロンバルディア同盟」が再興され、皇	（中国）西夏が蒙古軍に投降

	会議へ派遣。以後ヘルマンも生涯の協力者となる		
一二一六（二二）	秋、皇后コスタンツァと長男ハインリッヒをシチリアからドイツへ呼び寄せる 冬、ハインリッヒをシュワーベン公爵とするドイツ貴族の娘アデライデとの間に庶子エンツォを得る（のちのサルデーニャ王）	七月、インノケンティウス三世が死去。ホノリウス三世が新法王に即位	（中国）チンギス汗の西征が始まる（一二一九） （日本）北条氏の執権政治が始まる（一二一九）
一二二〇（二六）	ボローニャ大学を視察。法学者エピファーニオと知り合い、後に重用する。同時期に修辞学をよくしたピエール・デッラ・ヴィーニャと知り合い、側近とする 十一月二十日、ローマで戴冠式 十一月末、「カプア憲章」を発布。法治国家の基礎とする。エンリコ・ディ・モッラを法務大臣に任命		
一二二一（二七）	カプアからナポリへ。ナポリ大学開校の構想を得る エピファーニオを伴いナポリからサレルノへ。同地の医学校を強化 二月、はじめてプーリア入りを果たす	冬、シチリアの農村でイスラム教徒の暴動が勃発	（日本）承久の乱

（一五）	インのアラゴン王女コスタンツァと結婚	が神聖ローマ帝国皇帝に即位	ッジ大学成立
一二一〇 （一六）		十月、オットーが法王領ならびにシチリア王国の諸都市を侵略し、破門される	
一二一一 （一七）	パレルモ大司教ベラルドを相談役とする。以後ベラルドは生涯の協力者となる コスタンツァとの間に長男ハインリッヒ（エンリコ）を得る		
一二一二 （一八）	ドイツ諸侯から新皇帝に選定される。パレルモの主教会で長男ハインリッヒをシチリア王に即位させ、ドイツへ向う 十二月、マインツの主教会で神聖ローマ帝国皇帝の帝位を受ける 仏王フィリップ二世と同盟を結ぶ		（日本）「方丈記」が成立 （日本）和田合戦（一二一三）
一二一四 （二〇）		ブーヴィーヌの会戦。フィリップ二世、英国王のジョンとオットーの同盟軍を撃破	
一二一五 （二一）	ドイツ領西端のアーヘンの主教会で正式に皇帝冠を授けられる。十字軍遠征を宣誓 この頃、チュートン騎士団団長ヘルマンを側近として登用。ベラルドとともにラテラノ公	敗れたジョン、マグナ・カルタに署名し、翌年に死去 法王、ラテラノ公会議を開催	

西暦（満年齢）	皇帝フリードリッヒ二世	関連事項	その他の世界
一一九四	十二月二十六日、のちの神聖ローマ帝国皇帝フリードリッヒ二世、イタリア中西部の町イエージにて生れる。父ハインリッヒ六世（神聖ローマ帝国皇帝。その父も皇帝で、「赤ひげ」の綽名で呼ばれたフリードリッヒ一世）、母コスタンツァ（ノルマン朝シチリア王ルッジェロ二世の娘）		（日本）源頼朝が征夷大将軍となる（一一九二）
一一九七（三）	父ハインリッヒ死去		
一一九八（四）	五月、パレルモの主教会でシチリア王に即位。あわせてプーリア公爵、カプア公爵となる 十一月、母コスタンツァが死去。母の指定したインノケンティウスを後見人として、以後パレルモで自由に学び過ごす	一月、インノケンティウス三世がローマ法王に即位	（日本）源頼朝が死去（一一九九）
一二〇八（一四）	六月、叔父フィリップ、ドイツで対立派に暗殺される 十二月二十六日、自ら成人に達したとし独立を宣言	法王の提唱で「アルビジョア十字軍」始まる（一二三四年まで）	（日本）「新古今和歌集」が成立（一二〇五）
一二〇九	八月、インノケンティウスの勧めによりスペ	十月、法王の推挙によりザクセン公オットー	（英）ケンブリ